由宁波市江北区教育局资助出版

中城之间

基于办学理念的
学校办学探索

徐扬威 著

ZHEJIANG UNIVERSITY PRESS
浙江大学出版社
·杭州·

图书在版编目(CIP)数据

中城之间：基于办学理念的学校办学探索／徐扬威
著. -- 杭州：浙江大学出版社，2024. 6. -- ISBN 978-
7-308-25187-7

Ⅰ. G627

中国国家版本馆 CIP 数据核字第 2024V997R4 号

中城之间——基于办学理念的学校办学探索

徐扬威　著

策划编辑	吴伟伟
责任编辑	陈　翮
文字编辑	刘婧雯
责任校对	丁沛岚
封面设计	雷建军
出版发行	浙江大学出版社
	（杭州市天目山路 148 号　邮政编码 310007）
	（网址：http://www.zjupress.com）
排　　版	杭州星云光电图文制作有限公司
印　　刷	杭州高腾印务有限公司
开　　本	710mm×1000mm　1/16
印　　张	18.75
字　　数	218 千
版 印 次	2024 年 6 月第 1 版　2024 年 6 月第 1 次印刷
书　　号	ISBN 978-7-308-25187-7
定　　价	88.00 元

总　序

　　学校教育质量改进是一个涉及诸多因素、极其复杂的过程,大学和中小学以合作的方式,结伴而行,共同致力于学校教育质量改进,能够在很大程度上保证学校教育的品质。坚守这样的信念,随着基础教育课程改革不断深化,在中国大地上大学与中小学教师合作研究已逐渐成为常态。

　　于我而言,自2005年进入华东师范大学课程与教学研究所师从胡惠闵教授以来,就一直跟随导师和其他教授深入中小学,通过观摩、反思这一典型的“合法的边缘性参与”方式学习如何与中小学合作。在这个过程中,我逐步感受到中小学实践的魅力,也感受到大学与中小学教师合作的魅力,并由衷地钦慕被称为“学校改进的外部变革能动者”的引领实践改进的大学研究者。在我看来,正是这样的一群人,从大学中走出来,将理论研究与实践经验进行了有机整合,带来了直观可感的学校教育质量提升,也因而让研究具有了蓬勃的生命力。

　　2014年我入职宁波大学以来,在领导和前辈的支持和带领下开始了以宁波这片热土为基地的、指向学校教育质量提升的大学、中小学教师合作研究。从学习者到学校变革的能动者,随着角色转变与合作的不断深入,除深切体会到属于能动者的艰辛外,也看到了更多的风景,对大学、中小学合作有了新的感悟。这些新的感悟也成为指导我们与中小学合作的基本思路。具体而言,在坚持尽量少折腾(尽量少地干扰正常教学,尽量多地带来些微帮助)的大前提下,主要遵循三个方面的基本准则。

第一,从实践上升到理论,找到中小学教师发展的独特理论。

理论与实践的转化是教育的永恒话题,学界也一直致力于消弭"理论—实践"的鸿沟。在诸多努力中,理论引领(联系)实践、理论应用于实践(实践对接理论)一直占据主流。在很多人看来,理论工作者与实践者分属于两个互不相交的阵营,各有不同的任务:前者研究、开发理论,后者学习、应用理论。曾经我也认同这一主流观点。不过,随着对中小学教育教学工作了解的不断加深,我逐渐转变了自己的观点,觉得从实践出发,从实践上升到理论,也是消弭"理论—实践"鸿沟的一种路径。我的观念发生转变是因为一方面对中小学教师来说理论一直是个难题,在理论联系实际的过程中他们会遇到太多的阻力;另一方面我也深切地感受到中小学教育教学中蕴藏着太多的实践智慧。基于此,我意识到,转换思路,从中小学教育教学的实践出发,以此来对接理论未尝不是一种选择。

随着观念的转变,我也摸索出了"从实践上升到理论"这一沟通理论与实践的做法:在认识理论的重要性以及理论之于研究的重要性的基础上,对理论进行细分,找到属于中小学教师发展的独特理论——实践性知识,通过"三步走"的策略不断丰富教师的实践性知识。

首先,重视教师的实践,不断丰富教师的实践。教师在教学实践活动中会形成和积累一些行之有效的做法,我们称之为教学经验。这是真正原发性的东西,是教学的宝贵资源。

其次,唤醒教师的实践,不断发掘和提炼教师的实践。创造机会让教师能够把自己的所行、所见、所闻、所得和自己的经验加以提炼、加工,从而将实践理论化。

最后,让唤醒的实践与理论性知识对话,进一步巩固所形成的实践性知识并与已有的理论进行对照,不断反思、批判、充实自己的实践性知识。

通过这样的"三步走",教师逐步从"实践"走向"实践性知识",实现了理论与实践的转化。

正因为如此,在合作之初,我会尽可能多地了解学校的实践,了解校长、老师和学生们的想法及需求,了解发生在中小学教师身上的"芝麻绿豆"的小事,进而采取相应的行动。比如,在与宁波市镇海区实验小学达成合作意向以后,通过访谈、观察、资料查阅等诸多途径了解学校,尤其是对校长展开系列访谈之后,我们对这所学校有了整体的认识,发现这是一所异地新建的百年老校,大量的教师也是刚刚走出大学校门、走上小学讲台的新教师。学生需要慢慢成长,年轻教师也需要慢慢进步,教师队伍建设成为关乎学校发展的重要议题。于是,将办学理念与教师队伍建设结合起来通盘考虑,成了我们共同的选择。再比如,与徐扬威校长的合作,起始于宁波市江北区广厦小学。2014 年,我们开始参与与宁波市江北区广厦小学的合作研究,见证了徐校长"让每一个孩子获得最优发展"这一办学理念诞生、实践与提炼的全过程,也见证了徐校长"生态教育"思想形成与优化的过程。2018 年,因为工作调动,徐校长来到了有着百余年办学历程的宁波市中城小学。因为合作良好,我们又继续与宁波市中城小学展开了合作。在与徐校长、宁波市江北区广厦小学以及宁波市中城小学持续合作的这些年中,我们共同见证了徐校长教育思想与具体学校办学理念的双向互动与共同提升。我们也以徐校长为个案,逐步提炼出办学实践、办学理念与教育思想的关系模型。

第二,基于办学理念,从整体上对学校进行系统改进。

办学理念在学校办学和学校内涵发展中的重要性不言而喻。《义务教育学校校长专业标准》特别强调校长要在"尊重学校传统和学校实际"的前提下"提炼学校办学理念";《义务教育学校管理标准》明确指出要"立足学校实际和文化积淀,结合区域特点,建设体现学校办学理念和思想的学校文化,发展办学特色,引领学校内涵发展"。可见,办学理念是促进学校内涵发展的重要内容。

毋庸讳言,人们基于各自的角度对办学理念做出了各不相同的界定,但大体都认同办学理念是统领学校教育教学行为的总体指导思想,需要站在学校整体的高度来认识办学理念。与办学理念紧密相关的两个概念分别是育人目标和办学特色,若是这三者形成联动,就能从源头上保障办学理念对学校工作的整体指导。因此,办学理念一是指向对学校发展的定位以及学校发展思路的系统思考,主要回答"把学生培养成什么人"这一根本性问题,办学理念必须与育人目标相一致,基于办学理念细化学校的育人目标,进而转化为课程目标,打通"办学理念—育人目标—课程目标"这一链条;二是将学校办学特色进行高度概括,并将其具体化至学校教育教学的方方面面。易言之,围绕办学理念进行的课程、教学、师资、制度、评价、管理、校本教研等的整体改革,应成为学校特色办学的基本途径。

基于这样的考虑,我们尝试从整体上对学校进行系统改进。例如,宁波市江北区广厦小学提出"让每一个孩子获得最优发展"这一办学理念之后,为了让其能够真正统领学校的工作,我们基于学校实际,主要从社团活动、小班化教学以及智慧教室等方面予以贯彻落实。依据多元智能理论,为了发挥每一个孩子的智能优势,学校开设了丰富多样的社团活动,尽力满足每一个学生参与活动的需求。我们希望这一举措让学生都能有展示自我、发展兴趣、成就梦想的舞台。几年下来,从最初大规模开设社团到后来改为主题社团活动,乃至社团活动课程化,学校社团逐渐成为"让每一个孩子获得最优发展"的重要依托。借助浙江省试点小班化的东风,经过积极争取,该校成为试点学校,小班成了"让每一个孩子获得最优发展"这一办学理念与教学有机结合的载体。由 IRS(即时反馈系统)遥控器、HITEACH 软件、电子白板组成的"智慧教室"将智慧教室系统和小班化教学有机整合,提升了课堂互动性、主动性、生动性,老师能更加精准地关注到了每一个孩子的课堂生长。宁波市中城小学创办于 1904 年,历经风雨,迄今已逾百年,是一所有着深厚底蕴的学校。通过梳理学校的历史,我们认识到建校之初,由于学校选址位于慈城中心的孔庙,因此学校取名为"中城",既有表示学校位于城市的中央之意,又有锐意进取,走向未来之意。100 多年来,学校校名从最早的中城蒙学堂到现在宁波市中城小学,中间多次更替,前后总共有七个校名,兜兜转转,最终还是回到了"中城"二字上来。在这 100 多年的岁月里,"中城"也从一开始作为校名,而逐渐成为学校发展的精神家园。此外,历任校长也都围绕"中城"进行办学探索。在凌受益、应星耀、周信泉等老一辈校长身上,我们看到了他们办学中对中华优秀传统文化的坚守,也看到了孜孜不倦的时代探索;从宋家琪、周雪珍、戴孟雷、王定波、王洪乾这一批在现代化建设、新时代发展中成长起来的校长身上,我们也看到了抱"中"求精、彰显特色、追求卓越的可贵精神。基于对学校历史的了解,对历任校长办学的分析,我们发现"中城"是这所学校的精神家园,在某种意义上"中城"就代表着这所学校。结合校长徐扬威对生态教育的理解,以及其对办学理念的实践,通过多次研讨、论证,我们最终明确并完善了"中·城"这一办学理念。

第三,以课题研究为抓手,和老师们携起手来边做边改进。

要保证合作研究成效和质量,就有必要为两者的相互理解和沟通提供平台。否则,可能在讨论过程中,大家各说各的话,难以进行实质性的沟通,就谈不上开展有效的交流活动了。我们了解到不少的大学中小学合作,都倾向于采用讲座等方式开展活动。这种方式既符合大学研究者的工作习惯,也以效率见长。受惠于师长的教导,以及实践的触动,在我们看来,以课题研究为抓手,和老师们边做边改进,这种方式更容易与教师打成一片。所以,我们更愿意和老师们一起碰撞,携手完成一个又一个课题研究。

为了使我们与中小学之间建立起真正的合作,我们主张"教育研究自愿者组合",以建立起一种真正的合作关系。在这种"自愿者组合"里面,参与研究的教师都是"研究自愿者",都是有研究兴趣的,不是靠行政命令组织起来的。另外,研究的课题是由中小学教师提出来的,大学教师负责将纷杂的问题归结到一个概念之下,并负责将中小学教师的发现、尝试、体会和感悟用比较清晰的话语表达出来。就研究的全过程来说,包括问题的澄清与分析、研究计划的制定、研究方案的实施、研究结果的总结,"困惑—讨论—澄清——起做"成了我们惯常的合作方式。

　　在这个过程中,我们尤为关注那些中小学教师迫切需要解决的问题。我们认为,中小学的教育研究只有来自教育实践,与教育实践紧密结合,在教育实践中激发研究的灵感并解决教育实践中的问题,才是有生命力并符合中小学实际的研究。为此,我们在鼓励教师做研究时,十分注意从教师的基础和已有条件出发,不搞教师力所不能及的课题;选择那些教师感到迫切需要解决的问题为研究的方向,不选对教师实际工作意义不大的课题;要求课题就是教师正在做的日常工作中的问题,这样既不加重教师的负担,又有利于解决教师面对的困难。因此,我们非常注重大学研究者和中小学教师的直线交流。

　　对很多学校和教师而言,这种合作都是第一次尝试,我们是一起"摸着石头过河"。因此,也特别感谢各个中小学学校领导给予我们足够的空间并为我们的合作营造了宽松的氛围。

　　在上述三个基本准则的指引下,我们的合作在有序推进。随着合作的不断开展,陆续产出了一些具体的合作成果,包括课题立项、获奖并在各级教学成果奖中脱颖而出,公开发表论文,以及出版著作,等等。在著作出版的过程中,通盘考虑各种因素,逐渐萌生了做成丛书的想法,这一想法也得到了合作学校和浙江大学出版社吴伟伟老师的鼎力支持。考虑到我们所进行的大学与中小学合作主要是探索基于大学与中小学合作基础上的中小学教育质量的提升,故而命名为"中小学研究与改进丛书"。需要说明的是,本丛书是一个开放式丛书,随着伙伴的不断增多,以及合作的不断深入,我们会不断丰富这套丛书。

　　我一直很喜欢"桥梁"这个词,也愿意将我们所做的事情称为在大学与中小学之间搭建桥梁。我们深知,承担起"桥梁"的功能,关键在于熟悉双边,突破边界,做好转化,这样,"桥梁"才能名副其实。我们团队会朝着这个目标不断努力。

　　是为序。

2024 年 3 月

目　录

第 一 章

办学理念与"中·城"办学理念的确立

校长在学校发展中的责任和担当毋庸置疑。陶行知先生说过:"做一个学校校长,谈何容易! 说得小些,他关系千百人的学业前途;说得大些,他关系国家与学术之兴衰。"①随着教育形势的发展,校长的责任和担当越来越被社会重视,校长在学校发展中的影响也越来越深远。为更好更快地适应教育发展形势的需要,校长应该义不容辞地肩负起时代赋予的使命,不断加强自身的修炼,努力提高自身的思想素质、业务能力和管理水平。在日益强调科学、专业、高质量和高品质办学的今天,学校越来越渴求理念指导下的办学。基于办学理念从而进行校本改进,整体促进发展,成为新时代校长的重要使命。

第一节　学校办学为什么需要办学理念

从 20 世纪 70 年代末 80 年代初开始,伴随经济合作与发展组织（OECD）提出的"国际校本改进计划"（International School Improvement Project, ISIP）,以"校本改进"（school improvement）为

①方明.陶行知教育名篇[M].北京:教育科学出版社,2005:65.

主题的教育改革逐渐成为世界各国教育发展与研究的重要主题。我国也不例外。校本改进成为我国众多学校赖以生存的生命线。"没有学校层面的变革,就不可能有真正的教育变革。"①这已成为教育界的共识。这种改革一方面给学校带来了活力,另一方面也给学校带来了很多事务。正如佐藤学教授所指出的那样:

> 现今学校的一大危机就在于,无论是在教室还是在办公室里,教师皆处于手忙脚乱的抛接球状态,手中已有数不清的球在抛接轮替。但是,学校以外依然不断有"请做这个""请做那个"的新球向教师抛来。教师最大的不满就在于"被校外丢来过多的课题",要求过剩的教育改革导致教室与教师办公室中的抛接球状态愈演愈烈。②

在这样的背景下,作为学校的"大管家",校长尤为需要有清晰的办学主张,确立改革的愿景,以此精神底色引领学校发展。

> 当学校已经处于应接不暇的抛接球状态时,没有改革愿景的校长,会忙于接住校外抛来的所有的球,进而压垮教师与学生;没有改革愿景的教师,会忙于接住教室外抛来的所有的球,进而压垮学生。因此,愿景是学校改革的第一要件。具有明确改革愿景的校长,可以把不必要的球放在腋下,只抛接最重要的球,以便将教师与学生从忙乱的抛接球状态中

---

① 卞松泉,胡惠闵.为学生开设这样的课程——上海市打虎山路第一小学学校课程发展研究[M].上海:华东师范大学出版社,2009:代总序.

② 佐藤学.学校改革:学习共同体的构想与实践[M].于莉莉,译.北京:北京师范大学出版社,2020:12.

> 解放出来;具有明确改革愿景的教师,可以把不必要的球放在一边,只抛接必要的球,以保障每一名学生的学习权,确保高质量学习的实现。①

"任何一个成功的组织,都是一个拥有高度统一的价值观的组织。高度的价值认同,能够提高团队的凝聚力和执行力,促使员工自觉履行责任、降低管理成本,并最终形成学校的信念使命、教师的职业精神。"②近几年来,许多学校也都相继确立了自己的办学理念,以此作为学校的精神底色。办学理念,是一所学校办学的总体指导思想,亦称为"学校教育哲学"(educational philosophy of school)。③ 很多校长逐渐认识到,要想办好一所学校,其中一个关键要素就是校长经过长期的实践探索,形成的成熟的、系统的关于办学的理性思考,也就是办学理念。"办学理念是学校改革的灵魂,它对学校各项工作均有渗透性的指导价值。任何一项学校工作的改革,首先要求具备先进的办学理念,然后才能促进学校的可持续发展。"④对办学理念的关注和重视,是校长从经验办学迈向专业办学的重要标志,是历史性的进步。

办学理念在学校办学和学校内涵发展中的重要性不言而喻。2013 年颁布的《义务教育学校校长专业标准》就特别强调校长要在

---

①佐藤学.学校改革:学习共同体的构想与实践[M].于莉莉,译.北京:北京师范大学出版社,2020:12-13.

②清华大学附属小学.为聪慧与高尚的人生奠基:清华大学附属小学办学行动纲领[M].北京:教育科学出版社,2018:前言.

③徐金海,李洋.校长需加强对办学理念的理解与实施——基于对中小学校长办学理念的现状调查[J].教育科学研究,2016(9):42-47.

④陈建华.论中小学办学理念的提炼与表达[J].上海师范大学学报(哲学社会科学版),2020(4):70-77.

"尊重学校传统和学校实际"的前提下"提炼学校办学理念";2017年出台的《义务教育学校管理标准》也明确指出要"立足学校实际和文化积淀,结合区域特点,建设体现学校办学理念和思想的学校文化,发展办学特色,引领学校内涵发展"。事实上,自20世纪90年代以来,办学理念在学校办学过程中的引领和指导作用就不断得到强调。很多研究者都明确表示校长应该从仰仗经验或者根据政令进行办学的思路中跳出来,用"办学理念武装头脑",指导办学活动,规范办学行为。不少研究者对校长办学理念的诸多议题展开了研究,如办学理念的内涵研究、办学理念形成和提炼路径研究、基于办学理念的办学实践研究等。① 可见,基于办学理念的办学成为促进学校内涵发展的重要举措。全国知名校长仇忠海就是通过确立"全面发展,人文见长"这一办学理念,为七宝中学的发展插上了腾飞的翅膀。他坦言:"找个正确的理念来带动学校的发展,是一条'大道'。"②

问题在于,相关调研发现,在现实办学中,教育实践工作者尤其是校长对"什么是办学理念"存在混淆,比如对"办学理念"和"教育理念"混用的现象比较突出。③ 为了正确理解、科学把握办学理念,通过办学理念引领办学实践,使学校走上理性发展之路,我们有必要在明晰办学理念内涵的基础上,审视现实当中学校对办学理念的理解与运用,进而明确办学理念提炼的关键指标,加深对

---

①汪明帅,夏田豪.办学理念的"诞生":一项质性研究[J].全球教育展望,2007(5):104-112.

②仇忠海,梁伟国,李帆.一位教育家型校长的成长轨迹[J].人民教育,2009(9):6-10.

③徐金海,李洋.校长需加强对办学理念的理解与实施——基于对中小学校长办学理念的现状调查[J].教育科学研究,2016(9):42-47.

办学理念的理解和认识。

一、办学理念是学校整体发展的"主心骨"

办学理念是校长基于"办什么样的学校"和"怎样办好学校"的深层次思考的结晶。从这个意义上说,办学理念就是学校发展基础、发展动力、发展展望的有机构成,是关于学校整体发展的理性认识和价值追求,是学校整体发展的"主心骨"。为了深入了解办学理念,我们需要从不同角度对办学理念加以理解和把握。

首先,办学理念是教育规律的集中体现。"办学理念对内是学校一切人、事、物得以运转的精神指引和行动蓝图,对外则是学校的形象标识,直接关涉社会对学校的印象。"[①]办学理念是在对教育本质和规律问题深层理解的基础上形成的。教育本质内在地蕴含着教育教学的逻辑起点,教育规律则是教育发展过程中的本质联系和必然趋势。对这些问题的认识、理解和把握,直接影响到学校办学宗旨和教育目的的确立、培养目标和治校策略的选择,进而影响和决定办学主体的教育行为方式和价值取向。办学理念必然要从教育本质这一逻辑起点出发,根据对教育规律的认识来确定自身的取向,是对这些认识和看法进行理性审视和深层梳理的结果,集中反映了办学主体的教育思想。

其次,办学理念是学校精神的内核。现代教育制度下的每一所学校,都应形成属于自己的学校精神,为践行教育思想,实现办学理想和发展目标提供精神动力和信念支持。学校精神是一所学校稳定的、被学校成员所认同的价值观、信念和追求,是学校赖以

---

①徐志勇,高敏,赵志红.让学校诗意地栖居:办学理念的需求场景与凝练策略[J].中小学管理,2020(4):51-54.

生存与发展的精神支柱。学校精神具有对内动员师生员工力量,对外展示学校形象的重要功能。学校精神作为高度自觉的、强烈的理性精神,必然受有关学校整体发展的理性认识和价值追求影响,由办学理念派生。办学理念是学校精神的内核,学校精神贯穿着办学理念。①

最后,办学理念是办学理想的特殊表达。办学理念重点回答"应如何"和"怎么做"的问题,实际上是一种办学主张。它是在理性认识的基础上对办学实践的一种积极构想,是从实践出发关于未来办学应达到状态的设想和期待,具有明确的目的性和理想意图。这就以一种特殊的方式表达了办学理想,在更深层次上寄托着办学的终极目的和目标,反映出办学的取向与追求,而这种目的性和理想意图引导和支配着学校运行的全过程。有了理念才有信仰,有了信仰才有追求,有了追求才有成功。科学的办学理念作为办学理想的特殊表达,不仅明确了学校的目标导向,而且会成为实现办学理想的强大动力,对学校的发展产生积极的影响。从这个意义上说,校长只有在找到了属于自己个性化的办学理念后,才能开始真正意义上的自主办学。

正因为如此,学校在形成和提出办学理念时,应充分遵循以下的基本要求:(1)具有特定的精神内涵;(2)有科学性、理论性和鲜明的个性;(3)考虑学校所在的地域、学校的特色、学校的层次、培养对象;(4)不能太逼近现实,也不能脱离实际,要有一定的超越时空性和稳定性;(5)要由学校校长在教师共同意愿的基础上形成;(6)要有一个稳定的语言结构形式,以标示自己学校的个性。学校

---

①史燕来.中小学校办学理念探析[J].中国教育学刊,2004(5):59-62.

办学理念的形成和提出,能否遵循上述这些基本要求,决定了它能否被全体学校成员所认可和支持,能否成为学校的主流理念,乃至成为全体学校成员共同持有的理念。那些内容陈旧、缺乏特色、脱离学校实际、不符合教育现实、没有反映时代要求和先进的教育思想的观点,无疑不可能得到支持。

二、办学理念提炼的三个指标

了解了办学理念的内涵之后,学校办学理念的形成和提出究竟经历了一个什么样的过程,采取了什么样的途径与形式,这些问题就摆在我们的面前。参照学校的具体情况,凝练特定而独特的办学理念,并将所凝练的办学理念运用到具体办学实践中去,引领办学行为,规范办学活动,成为现代校长的必修课。在此语境下,对很多校长而言,一个绕不过的问题就是:好的办学理念是怎样提炼出来的。

一般来说,办学理念的形成、提出有两种途径和形式。第一种途径和形式是经全体学校成员广泛研讨、征求意见、民主表决等,对学校办学的一些基本问题达成共识,并通过教职工代表大会或由校长提出。这一途径和形式充分体现了办学理念形成的公众性和民主性。这对许多欧美学校来说已是长期形成的传统,无论在学校办学理念的形成过程中还是在日常管理中,欧美学校校长都非常重视教师的意见,往往还成立相应的组织机构来研讨问题、整理意见、提炼观点并上升到办学理念的高度。在他们看来,学校办学理念的形成不是校长一人所为,而是学校成员集体意志的体现。所以,这种理念一经提出就很容易获得学校成员的认同和支持,通常不会产生分歧,若非特殊情况,它总是能保持长久不变,贯彻于学校发展始终。第二种途径和形式是,校长在学校中处于强势地位,他通常对如何办学持有自己固定的、独到的看法,通过某种方式提出自己的办学主张,并努力落实于办学实践中。与第一种途径和形式相比,这种途径和形式更多地含有校长个人的意志、经验和主张,由此带来的重要问题是,校长个人提出的办学理念能否得到学校成员的广泛认可和支持,他的办学理念能否成为学校的办学理念。这需要具体问题具体分析。虽然校长在办学理念的形成或提出中起到关键作用,但应当清醒地认识到,办学理念的形成绝不仅仅是部分人商定的,它是包括教师、学生、家长在内的学校成员的集体意识的结晶,是大家反复研讨、互相沟通,最后统一认识共同确定的。理念在实践中还要进一步验证、调整、充实和提高。只有这样,理念才会在具体办学过程中不断得以巩固和发展,成为学校精神,作为共同的思想资源为全体学校成员所拥有。[①] 问题在于,作为一个新事物,不少学校在提炼办学理念的过程中存在这样或那样的问题,突出表现在这样两个方面:一方面,不少研究采用逻辑思辨的方法,从应然的角度对办学理念重要性展开研究,但缺乏对现实的观照,很少关注当事人是怎么认识办学理念的,具体办学理念是怎样被提炼出来的,办学理念又经历了怎样的修正过程。办学理念的"诞生"是一个有待揭秘的黑箱,理论和实践脱节现象突出。另一方面,部分研究采用实证的方法,开始观照实践,将视角转向当事人,不过这些实证研究大多仅以当事人作为收集资料的对象,而忽略了来自当事人自主的声音,当事人在办学理念"诞生"过程中的所思所想、所作所为。

　　基于对这一问题的思考和实践,为了更好地提炼学校的办学

---

①陈如平.学校办学理念的"二元结构"现象剖析[J].教育发展研究,2005(10):60-63.

理念,在我们看来,以下三个方面尤为需要重视。

(一)本土性:办学理念是扎根于本校生长出来的

在办学理念的重要性逐渐被体察的当下,出现了一个值得关注的现象:不少学校为了迎合要求,纷纷提出各自的办学理念,而且大多雷同。针对这一现象,我们深刻地感受到,办学理念是从特定的学校土壤里生长出来的,需要对学校进行具体而深入的分析。正如有学者所言,办学理念是沉淀了学校的历史传统、整合了学校的社区资源,以及融合了学校师生诉求的教育思想体系。从这个意义上说,办学理念应充分考虑学校的办学层次、文化积淀、地理位置、生源特点和学校特色等具体情况。清华大学附属小学的办学理念"立人为本,成志于学",基于其前身是"成志学校",体现了儿童内心所向往的理想与抱负,师生追求自我完善、追求人生价值的过程与目标。可以说,只有对学校历史与现状做充分的分析,才能增强办学理念对具体学校的适应性。否则,就会出现石中英教授所诟病的"一些学校的办学理念和核心价值校长很清楚,教师与学生却并不清楚"的尴尬局面。

2010年,我来到一所建成不久的城乡接合部小学——广厦小学。为了从根本上促进学校发展,我们系统阅读完学校三年发展规划和相关制度,分析了学校师资现状和各科教学的实际,与教师进行深入交流,并对学生和家长进行问卷调查。通过广泛调查,结合学校小学教育的办学情况、生源情况、区位情况,我们重新对学校进行了定位,对原有的办学理念进行了归纳和提炼,最终正式提出"让每一个孩子获得最优发展"这一办学理念,目的就是在教育公平思想的指引下,让我们这所处于城乡接合部、外来务工人员子女占据70%的学校里的每一位学生,都能获得长足的进步。实践证明,"让每一个孩子获得最优发展"这一办学理念对当时只有16个班级、500多位学生,而且70%的学生是外来务工人员子女的学校来讲,无疑注入了充满希望的强心剂。我们的社团活动、小班化教学以及智慧教室,都为"让每一个孩子获得最优发展"提供了可能。

这里需要特别指出的是,由于学校办学理念总是通过校长提出来或表述清楚的,这就容易造成一种误解,甚至有些校长会错误地认为,自己的办学理念就是学校的办学理念。这种认识经常在办学实践中得到强化,出现有些校长轻视乃至无视教师及其他学校成员意愿的现象。正如前面所指出的,虽然校长的办学理念占主要地位,但校长的办学理念绝对不是学校办学理念的全部。我们必须将校长个人的办学理念与学校现实的办学理念区分开来。校长的办学理念需要获得学校成员的认可和支持,才能成为学校的办学理念。[①]

(二)统领性:办学理念应该系统指导学校的各项工作

毋庸讳言,人们基于各自的角度对办学理念做出了有所不同的界定,但大体都认同办学理念是统领学校教育教学行为的总体指导思想,需要站在学校整体的高度来认识办学理念,用办学理念带领教师们"做正确的事"[②]。办学理念也被称为学校的教育哲学,是引领学校发展的灵魂,是学校发展的指导思想,只有渗透在学校的教育教学行为之中才能够发挥作用。这就尤其需要考虑办学理

①陈如平.学校办学理念的"二元结构"现象剖析[J].教育发展研究,2005(10):60-63.
②徐志勇,高敏,赵志红.让学校诗意地栖居:办学理念的需求场景与凝练策略[J].中小学管理,2020(4):51-54.

念的结构体系。与办学理念紧密相关的两个概念分别是培养目标和办学特色,若是这三者形成联动,就能从源头上保障办学理念对学校工作的整体指导。因此,其一,办学理念必须与培养目标相一致,基于办学理念细化学校的培养目标。其二,办学理念应该是学校办学特色的高度概括,并已经被具体化为学校教育教学的方方面面。易言之,围绕办学理念进行的课程、教学、师资、制度、评价、管理、校本教研等的整体改革,应成为学校特色办学的基本途径。另外,一所学校的办学理念往往反映了校长的理论水平、事业追求、办学思想和教育信念,而办学理念也依赖校长在实践中予以贯彻和修正。与这一要求相左,目前我国学校办学理念的话语系统比较混乱,这一情况需要规避。

以广厦小学为例,在提出了"让每一个孩子获得最优发展"这一办学理念之后,为了让其能够真正统领学校的工作,我们基于学校实际,主要从社团活动、小班化教学以及智慧教室等方面予以贯彻落实。依据多元智能理论,为了发挥每一个孩子的智能优势,学校开设了丰富多样的社团活动,尽力满足每一个学生参与活动的需求。我们希望通过这一举措,让学生都能有展示自我、发展兴趣、成就梦想的舞台。几年下来,从最初大规模开设社团,到后来上升为主题社团活动,乃至社团活动课程化,学校社团逐渐成为"让每一个孩子获得最优发展"的重要依托。借助浙江省试点小班化的东风,通过积极争取,广厦小学成为试点学校。顺理成章,小班化教学成了"让每一个孩子获得最优发展"这一办学理念与教学有机结合的载体。由 IRS 遥控器、HITEACH 软件、电子白板组成的"智慧教室"将智慧教室系统和小班化教学有机整合,提升了课堂的互动性、主动性、生动性,更加精准地关注到了每一个孩子的课堂生长。事实证明,虽然智慧教室引进不久,但已经给小班化教学带来新的面貌,使得"让每一个孩子获得最优发展"进一步落到实处。

(三)前瞻性:办学理念在相当长时期内引领学校发展

办学理念主要指向对学校发展的定位以及学校发展思路的系统思考,主要回答"把学生培养成什么人"这一根本性问题。易言之,办学理念承载着引领学校发展方向、凝聚师生人心、塑造学校内外形象的重要作用。可以说,好的办学理念不仅能够观照过去,还需要能够指引未来,具有鲜明的前瞻性。

具体而言,办学理念的前瞻性主要体现在两个方面:一方面,所提炼出来的办学理念要有内涵、有张力,值得深入挖掘。办学理念不是为了应付检查、招生宣传,而是学校决策者对办学目标和办学特色的取向所做出的选择。另一方面,需要基于办学实践不断对所贯彻的办学理念进行校正。办学实践在不断推进,办学理念的校正也需要不断推进。只有坚持与时俱进,办学理念才能不断引领办学实践,真正成为指引学校内涵发展的主心骨。需要强调的是,办学理念的校正,不能止步于各种细节方面的修修补补,而应上升到更为整体的层面。例如,如何看待办学理念"千校一面"的现象,如何在贯彻的过程中彰显办学理念的本土性,如何让办学理念的贯彻得到更多的制度支持,等等。一言以蔽之,一定时期内,学校的办学理念需要保持相对稳定,但随着时代的发展,学校面临的主客观条件不断变化,办学理念更应该被注入独特而强烈的时代气息。

三、办学理念关键在于实践

办学理念的形成有一个过程,校长要在实践中不断磨合自己的理念。现实是螺旋式发展的,校长的思想和理念,也必须根据实际,第一轮、第二轮不断地攀升发展。哪怕是同一个理念,它也要螺旋上升。正如仇忠海校长所言:

> 　　我提出了"全面发展,人文见长"。这个理念,不是一下子蹦出来的,是在我对教育和社会长期关注的基础上提出来的:长期以来,我们的教育重理轻文,重智轻德,培养的学生人格不健全;社会上,人文精神的缺失导致了社会道德滑坡。吕型伟先生不是说过吗:德育如果是庄稼的话,那人文精神就是土壤,你要想庄稼长得健壮一点,就要有肥沃的土壤。①

　　需要说明的是,在现实当中,是否按照办学理念进行规范办学则另当别论。为此,陈桂生老先生的一番话让人印象深刻:

> 　　尽管价值有层级之别,一所学校不论作何教育价值选择,说出来、道出来的,大都属于正当的选择。至于这所或那所小学是否把所谓"教育理念"真正当作一回事,把它落实在教育行动中,其中固然存在治校是否有方、办学能力如何问题,如果只把所谓"理念"挂在嘴上,贴在墙上,那么不管说得多么堂皇,写得何等漂亮,在明眼人的眼中,不过是"伪观念"而已。
>
> 　　其实,识别一所学校价值追求的真伪并不困难。到一所学校,只要见到一堆又一堆头绪纷繁、互无内在关联的标语、口号,便可知该校无一定的价值追求和顺理成章的办学思路。②

---

①仇忠海,梁伟国,李帆.一位教育家型校长的成长轨迹[J].人民教育,2009(9):6-10.

②陈桂生.一种有梦又有数的治校方略——读卞松泉编著《治一校若烹小鲜》[J].基础教育,2013(2):111-112.

因此,对我们来说,真正做到用办学理念引领学校的办学,更关键的在于学校如何提炼出适合本校的办学理念,并将办学理念渗透到学校办学的方方面面,形成办学理念与具体实践之间内在联系的线索。这也是我作为校长的追求。一所学校办学理念的提出和落实,最为关键的两个因素在于:一方面,时任校长对办学理念的认识,需要交代校长的学校管理经历以及基于此而形成的学校管理理念;另一方面,学校的发展情况,需要交代具体学校与特定办学理念之间的关系。具体到中城小学"中·城"这一办学理念的提出和落实,同样需要从这两个方面进行交代。只有将这两者都交代清楚,"中·城"办学理念才能够立得住。

第二节　校长对办学理念的探索历程

"校长在改进学校生活和学习质量方面起着至关重要的作用,校长的专业素养及专业发展不仅仅关系到校长本身的有效管理,更关系到整个学校的发展。"[①]基于办学理念的办学实践,离不开两大关键因素,就是校长对学校办学的理解和实践,以及在此基础上对办学理念的认识。校长办学有不同的层次,比如遵循教育行政部门安排办学,按照规章制度办学,根据已有经验办学,不一而足。毋庸讳言,现在越来越要求校长能够遵循教育教学规律,按照规律管理学校。在这个过程中,办学理念的重要性不言而喻。从某种意义上说,遵循教育教学规律的办学就是依据办学理念的办学。

---

①张佳伟.中小学校长专业发展阶段的理论进展与批判性分析——与国际间校长专业发展标准的制定取向相结合[J].外国中小学教育,2015(11):44-51.

作为校长,我对于办学理念的认识,是随着我数十载的办学实践之路而不断形成的。在这个过程中,我对教育规律的认识也随之不断加深,经历了一个不断深化的过程。

一、校长成长史与办学理念的认识进阶

我是 1994 年 8 月参加工作的。工作前六年,从边远的乡村小学到乡镇点校,一直担任班主任和辅导员,每天从事的就是一个乡村教师最基本的教书育人工作,从全科包班到担任语文教学。这段初始经历让我对教学有着特别深刻的印象。正是在这种"潜泳式"的教学中,我追寻着自己对教学最本真的爱和理解;也正是这份坚守与执着,为我后来当选宁波市"教坛新秀"、江北区语文名师奠定了坚实的基础。

2000 年 7 月开始,我先后担任了江北区虹星小学校长、慈城中心小学教科室主任、唐弢学校副校长,其间还去杭州挂职学习了半年,赴边远海岛支教了一年。虽然有大队辅导员、教导副主任、校长助理的工作经历,但关于学校管理的历练,更多是在"自由生长"和"野蛮生长"中摸索。为了尽快胜任校长这一岗位,通行的办法也主要是向周边老校长讨教,向书本学习。没有针对性的培训,也没有"手把手"的帮扶,所有岗位角色和工作开展都源于"看着学""试一试""再加把劲"。而其中的挂职学习是我校长成长历程中重要的一个台阶。值得一提的是,2004 年 9 月,我来到杭州市拱墅区拱宸桥小学挂职,师从王崧舟校长。王崧舟校长不仅是小学语文特级教师,开创了"诗意语文"流派,而且在学校管理方面也展现出卓著的智慧与能力,提出并践行了"新成功教育"。在这一办学理念的引领下,学校由一所区内普通小学一跃成为杭州市的新兴名

校。耳濡目染之下,我开阔了学校管理的思路,提高了学校管理的能力,第一次认识到办学理念在学校管理中的重要性。这段挂职学习经历,带给我"柳暗花明又一村"的喜悦,内心中对办学有了"见山不是山"的感悟。此时,基于办学理念的学校管理已经在我的心中扎下了根,尽管还只是停留在认知层面,却让我对校长这一职位和学校管理工作有了新的感受。

2006年7月,从边远海岛嵊山小学支教回来,我担任了江北区宁镇路小学校长。一到学校,我就开始有意识地站在办学理念的高度从事学校办学活动,虽然只是"零敲碎打",但初步尝到了成功的滋味。四年时间把一所城郊小学办得有声有色,也让我第一次体验到校长的幸福感。多年的学习以及这四年的历练,让我对办学理念的认识不断丰富。

(一)办学理念扎根于自己的成长和学习经历中

"教师的行动与个人过去的生活历史密不可分,教师过去所发生的一切生活历史内容,都会慢慢发展成为足以支配教师日后思考与行动的'影响史',对教师后续的经验选择与重组具有重要的影响。"[1]校长对办学理念的思考与行动,也与自己的成长、学习经历密不可分。

我从小在农村长大。读书的时候父母循循善诱,希望我通过读书将来"跳农门"。功夫不负有心人,中考时我以优异的成绩通过了宁波师范学院的面试,成功跳出了"农门"。三年的师范学习,我从中学到了很多的教育教学理念和教师专业技能。更重要的是我不知不觉中喜欢上了师范,对教师职业充满了憧憬。教育学、心

---

①Goodson I. Studying the teacher's life and work[J]. Teaching and Teacher Education,1994(1):29-37.

理学、体艺、三笔字等课程,都让我觉得新奇而有趣。

三年的师范学习,虽然没有给我注入什么深邃的教育思想,却真真实实地让我第一次思考教育,思考将来要给孩子们带去怎样的教育,怎样让每一个孩子都健康快乐地成长,成为最好的自己。加德纳的多元智能理论认为,智能是在某种社会或文化环境的价值标准下,个体用以解决自己遇到的真正难题或生产及创造出有效产品所需要的能力。[①] 他认为每一个个体所具有的智能是不一样的,是各有特点的。所以每个人其实都有很多的先天潜能,关键在于后天的教育能否把这些潜能挖掘出来。在多元智能理论看来,个体智能的发展受到环境,包括社会环境、自然环境和教育条件的极大影响和制约,其发展的方向和程度会因为环境和教育的不同而表现出明显的差异,更何况每种智能之间本身也有差异。这也是我担任广厦小学校长后,努力去发现并发挥每一个孩子的潜能与禀赋,让他们做最好的自己的诱因。可以说,自己的成长和学习经历,铺垫了我对教育认识的基石。

(二)办学理念伴随着教育教学实践不断成长

实践出真知,对办学理念的提炼,尤为仰仗在实际教育教学中放手实践,大胆革新。只有在教育教学实践中被检验的理念,才能被有效地提炼出来。

刚毕业那年,我被分配到乡里最偏远的村校——半浦小学。学校当时只有三位老师——两位中年男老师,还有一位快退休的女老师。这是一所创办于1921年的老校,四合院式结构,小而精致。但是随着经济发展,年轻人大量外出工作、学习,农村人口不

①加德纳.多元智能[M].沈致隆,译.北京:新华出版社,1999:16.

断地减少，正好又遇上教育部门的"撤点并校"，当时学校只有一至四年级四个班级七十几个学生。报到后，我就成了二年级学生的全科教师。那个时候全科的概念就是：二年级所有的语文、数学、音乐、美术、体育都是我的教学任务。因为种种原因，当时农村老师除了语文、数学，很少上综合类学科。尽管学校软硬件条件不尽如人意，但是我依然坚持认真上好每一门课。由于我是这所学校里最年轻的，所以校长又让我当大队辅导员，定期组织其他几个班级搞搞活动、丰富校园生活。这是一个几乎没有任何压力与功利的环境，我却耕耘着教育的这片净土，我开始喜欢上了那一帮孩子，喜欢上了课堂，喜欢上了那一张张如花的笑脸！当年破落的环境、单调的校园、枯燥的教学并没有压倒我，反而给了我充分施展的空间和机会。尽管当时的城乡教育差异巨大，但是我并没有因为村小的贫穷、落后而消沉，更没有随波逐流。"长风破浪会有时，直挂云帆济沧海"，我相信岗位上的努力，自己一定能做出成绩。既然是我的学校，是我的班级，是我的学生，我就要尽我的所能。我也要让我的学生尽可能过一个完整丰富的小学生活。就这样，班级"活"起来了，文化味浓起来了。

工作第二年我调到了乡里的点校——乍浦乡虹星小学，任教五年级语文，同时兼任班主任与学校大队辅导员。那么重的工作量当时竟然一口答应下来了，也许应了那句"苦并快乐着"。农村学生很"野"，但这不代表他们没有优势智能，没有特长，只是学校、老师或者他们的父母没有给他们提供一个合适的教育机会或者优秀的教育平台。而我要做的，就是让我的"野"学生拥有"春天"。我对到虹星小学后带的第一届毕业班学生，倾注了全部的心血。我每天除了睡觉吃饭，基本上都泡在学校里，来得比学生早，走得比学生晚。我一个一个谈心,一户一户家访,真正做到了把每个家长、每个孩子都装在我的心里。为了这群"野"孩子,两年时间我认真地备好每一堂课,不仅备教材,还备学生、备课堂。毕业时我们班成绩不仅超过了学校平行班,还在乡里名列前茅。教育的成功,一方面是孩子兴趣上的成功,让每个人都学有所得、学有所长、学有所乐;另一方面就是让他们变得更加阳光、自信。说到班级管理、学生教育,我其实也并没有成功的经验,走上讲台才两年的新教师哪里来的经验呢? 我只是用心、用情罢了! 我研读了很多教育专家的专著,重温了《儿童心理学》,订阅了《演讲与口才》《小学语文教师》等杂志,那时候没有互联网,书成了我最好的老师。上课的时候我尽展所学,让课堂不再是枯燥乏味的讲授与说教,而是把学生放在学习的中心,师生互动、生生互动成为我们课堂的常态。下课的时候我跟孩子打成一片,一起跳橡皮筋、踢毽子、跳格子。走近孩子才能熟悉孩子,教育孩子。那时候我发现我班里的孩子眼里都有光。

实践出真知,正是那时候的放手实践,大胆革新,才为我教育教学生涯的发展打开了另一扇门。在教育实践与孩子们的交互中,我逐渐摸到了教育的脉搏,走进了孩子的世界。

(三)办学理念的思考很重要,关键要落地生根

2000 年 7 月,我受组织委托担任虹星小学校长。当年我 25 岁,一下子感觉压力好大。但通过两年的校长经历,我得到了历练,不仅学会了更加宏观地分析、解决问题,还学会了独当一面,学会了独立思考,更明白了如果小学老师必须是多面手,那么小学校长必须是全面手。

两年时间,我完成了别人也许七八年都不可能完成的两大飞跃:从班级管理者跃升为学校管理者;从校内视野跃升为以学校为中心的视野。以前一直觉得,我做个老师教好书管好学生就可以了,不是我的事不用去关心它。当了校长才发现,"书到用时方恨少"啊!校长要管的事情原来那么多:与乡政府、中心小学如何处理关系,20多个老师、300多个学生怎么管理,如何把钱用到刀刃上,等等,这都有学问。其实也要感谢那段摸爬滚打的岁月,没有它,我也许就不会站在如今这个校长岗位上。

2002年8月,我放弃了去乡中心小学——崇本小学任校长的机会,到镇里担任了慈城中心小学的教科室主任,一个更专注于教育教学研究的岗位。教科室使我能够静下心来思考教育,专心教学,学习理论。这段经历为我后来再回到校长岗位,大力推进学校的科研工作奠定了重要的基础。韩愈说:"师者,所以传道,授业,解惑也。"为师者须为生,为教,为校,此为根本焉。

2003年8月,我通过教育局公开招聘副校级领导干部,调任宁波市唐弢学校教学副校长。唐弢学校是原甬江镇中心小学,人文底蕴深厚,教育教学规范、严谨,但由于地处城郊接合部,生源多数是农民的孩子。在那里,我和团队一起共同为优质教育而努力着。那时候,学校开始研究、学习上海的小班化教学模式,探索高效的课堂教学。

2004年9月,我根据教育局的安排去杭州市拱宸桥小学挂职学习。在拱宸桥小学挂职的那半年,我认真学习他们团队的管理智慧、学校文化和王崧舟校长的语文思想。白天全程参与学校的教学和管理活动,晚上撰写学习体会,整理听课笔记、会议记录,梳理管理片段,并将它们内化为自己的理解。身在杭州市区,却一次都没出门去看看西湖夜景、逛逛商场!逐渐地,我对王崧舟校长的新成功教育理念和诗意语文有了更多的认识。"新成功教育"就是通过"尊重、理解,赏识、激励""让每一个孩子走向成功",还孩子一个成功的机会。他们创办"成功节",举办"成功课堂",每天提醒孩子"你获得成功了吗"。无论是校门的那一排醒目的标语,还是教室、走廊、雕塑、绿地等,都能让你感受到新成功教育的力量。这是我第一次真切地感受到一个校长的办学理念可以如此深入骨髓般地影响师生。它是学校的魂,学校的精神,是一所学校发展的不竭动力!

做过校长,又离开过校长岗位,如今又从另一个角度看校长的办学,这段挂职学习经历进一步提升和充实了我的管理理念。以往总觉得做校长就是管好老师上课,管好学生课余活动,管好学校建设,平平安安就可以了。"让每一个孩子走向成功"告诉我,学校需要魂,需要精神,更需要理想的彼岸,它是有生命的,校长只有拥有并践行办学理念,才能让学校走向成功,走向卓越。

2005 年,浙江省教育厅推出教育强县对口支援工程,宁波市江北区对口支援舟山市嵊泗县。我被派去支教的学校是嵊泗县外岛中最远的海岛小学——嵊山小学。据说那是东海最东边的一个有常住人口的小岛学校。学校当时还有九个班,老师队伍主要依赖支教,教学质量也下降明显。我担任的是六年级语文老师兼班主任。支教工作枯燥又辛苦,但正是这样一种没有世俗纷争和诱惑的世界,能够让人静下心来做学问、干事业。一年时间与岛上孩子朝夕相处,我们成了最好的学习伙伴,一起学习,一起实践,一起探究,学生们各方面能力不断提升,毕业统考时还进了全县前三;一年时间,我醉心语文学习,看了大量的书,为县里老师上了好几节展示课,也分享了自己的教育教学思考,受到了学校、县教育局的好评。

2006年7月,我结束支教工作回到了宁波,担任宁镇路小学校长。再次走上校长岗位,自己感觉沉甸甸的,不再像六年前那么彷徨、忐忑。宁镇路小学是一所紧靠宁波大学的完全小学,全校六个班,约230名学生。学校并没有因为紧邻大学而成为附小、名校,相反学校里80%的学生是周围的外地务工人员子女。也是在那里,我第一次真正意义上站在校长的位置模仿"新成功教育理念",开始探索"让每一个孩子走向成功"的办学实践。

二、"让每一个孩子获得最优发展"的实践

2010年10月,我任江北区广厦小学校长。一开始,我就明确了要基于办学理念的学校办学思路,并着手系统建构办学理念,还围绕办学理念进行了校本的实践。在认真阅读完学校的自主发展三年规划和相关的制度,分析了学校师资现状和各科教学的实际,并分批与老师们交流了如何更好地发展学校之后,我开始思考如何来办好这所学校。通过调研和分析,我结合广厦小学的办学优势、劣势,重新对学校进行了定位,并对学校原有的办学理念进行了提炼和归纳,将"关心每一个孩子,对每一个孩子负责,给每一个孩子同等的权利,让其得到最优发展"提炼为"让每一个孩子获得最优发展"。这个理念的提出,既是我对学校管理理念的一次再思考,也是对广厦小学未来发展的一个合适定位。从"让每一个孩子走向成功",到"让每一个孩子获得最优发展",也是我对办学理念认识的一个重要节点。

广厦小学从16个班的规模,逐渐扩展到23个班的规模,在大家的共同努力下,教学质量、社会声誉、家长口碑不断提高,学校文

化和特色不断积累,智慧小班、蓝天社团效应不断凸显。"让每一个孩子获得最优发展"正在逐步地实现,一大批优秀的学子在这片天地里快乐成长。

(一)蓝天社团:"让每一个孩子获得最优发展"的突破口

作为课外活动的一种,对中小学而言,"社团活动"主要是指在教师指导下,将具有相同兴趣和爱好的学生结成社团,从而发展学生的兴趣与特长,促进学生全面发展的一种活动。毋庸置疑,社团活动是学生学习生活中的重要组成部分,对学生的身心健康和全面发展具有重要的意义。"学生社团作为课堂教育的补充和延伸,以其年级的交叉性、活动的实践性、交流的民主性、组织的社会性而具有实践和教育功能,有利于调动青少年学生提高自身素质的主动性和积极性,为青少年学生道德素质的提高、科学与人文精神的培养、民主意识与组织管理能力的培养提供了广阔的舞台,让更多不同兴趣或特长的学生都能找到展示自己和释放个性的空间。"①《国家中长期教育改革和发展规划纲要(2010—2020 年)》也明确提出,要丰富学生课外活动,加强学生社团组织指导,给学生留下了解社会、深入思考、动手实践、健身娱乐的时间。问题在于,在社团活动开展的过程中,学校面临诸多难题,不少学校难以把社团活动真正有效地开展起来。有校长这样说道:"现在的社团活动,我们想办好也难,一方面,师资有限、资金有限,许多班开设不起来,满足不了学生的兴趣需求;另一方面,我们的社团老师都是各科任课老师,他们并不擅长指导艺术类、科技类等社团,他们宁可上数学、语文、英语等课,而对于社团活动,他们教得没兴趣,学

---

① 薛璐.中学生社团活动对培养创新型人才素质作用的影响研究——基于对青岛市部分学校的调查[J].中国青年研究,2013(1):110-113.

生自然学得无趣。"①有研究通过对中、日、美三国学生的调查和比较发现,中国学生的课外活动/社团活动最为贫乏,调查中回答没有参加任何课外小组活动/社团活动的学生比例达70%。② 在这些问题当中,以下几个问题尤为突出:社团活动应该秉承怎样的价值追求? 如何改进社团活动的杂乱现状? 社团活动进一步发展的出路又在何方? 基于此,为了充分发挥社团活动对学生全面发展不可替代的作用,本书即以一所新办学校社团活动的发展脉络为例,尝试对上述问题做出回答。

江北区广厦小学的前身是一所农村完全小学,2004年开始投入使用。当时学校有16个班级、500多位学生,其中,70%的学生为外来务工人员子女。他们的家长来自五湖四海,以从事零售业和粗加工为主。学生课余要么是放养式的,娱乐、打电子游戏没人管,要么就是被送进培训班补习。为了改善学生的课外活动状况,从而真正做到"让每一个孩子获得最优发展",学校根据自身特点和办学思路,决定从课外活动入手,面向全体学生开设课后社团活动。我们期望通过丰富的社团活动,最大限度地让学生在校园生活的舞台上激发潜能,展示自我,成就自我,最终成为学习与生活的主人,过上一段幸福完整的小学生活,真正实现学校教育的"减负增效"。

学校将社团所在的综合楼命名为"蓝天城"。以"蓝天"命名,意喻这是一个开放的,让学生充分发展的空间;在这儿,我们为孩子插上了飞翔的翅膀,撑起了一片蓝天,任孩子在蓝天中自由翱

---

①陈传锋,王玲凤,陈汉英,等.当前中小学生课外学习活动的现状调查与问题分析[J].教育研究,2014(6):109-116.

②胡霞.中日美中学生日常生活比较[J].当代青年研究,2001(4):45-48.

翔。此外,学校面向全体教师招募优秀的社团辅导员,还通过各种途径去联系少年宫师资、非遗传承人等来学校做学生们的校外辅导员。2011年9月中旬,一个面向全体学生、全免费的社团活动课在每天下午的3:30—5:00正式开始了。这一年,我们陆续推出了28个社团,学生参与率达到了100%,原本放学后静悄悄的校园再次活跃起来,因为孩子们在课后找到了属于自己的社团,他们既新奇、激动,又如饥似渴。

一年时间,社团活动就取得了明显的效果。原本嬉闹于马路、菜场、小区的"野"孩子不见了;原本的电视、游戏机逐步被歌声、琴声、航模作品、手工刺绣所替代。校园里到处挂满了学生的美术、书法、手工等作品。通过社团活动,学生们学会了自主、合作、分享,家长、社会对学校教育的认可度不断提升。就像一个家长看到橱窗里自己孩子作品时说的那句话一样:"看到我孩子画的这幅画,我仿佛看到了他在社团里快乐地学习。"虽然我们的社团起点低,设施设备也都很简陋,但是,孩子们在里面的学习是幸福的、快乐的!在广厦小学八年,我们的社团从散乱型走向主题型,又在2014年开始迈向了课程化。

几年来,无论是老师、家长还是走进学校的客人,都明显地发现广厦小学的社团文化氛围更浓郁了。无论是宣传窗、三楼平台的社团展示基地,还是各个楼层走廊及墙面,各个班级、各个社团室都是学生社团作品展示的舞台,这里的每幅字、每张画、每件作品都在快乐地诉说着它的经历和幸福。正是社团,让广厦小学的每一个孩子都在追寻自己喜爱的兴趣,在学习与活动中主动和同伴交流,展示自己在社团中成长的快乐点滴。总之一句话,他们变得比以往更加自信、阳光!社团活动是一份经历,一种体验,是一份与师生成长相伴相生的生命印记。社团活动课程更是学生选择性、适应性、自主性、发展性学习经历的体现。这些经历既让学生的当下校园生活更丰富、更有趣,也使其面对未来发展更自信,更从容。

(二)小班化小学:"让每一个孩子获得最优发展"渗透到课堂中

小班化教育是一种班级人数较少,有利于学生的全面和谐发展及个性充分发展的教育组织形式,是世界发达国家和地区普遍采用的基础教育发展模式。它绝非一般意义上所理解的学生人数的物理减少,而是在文化建设、课堂教学环节、班集体建设、个性化评价等方面都需要进行综合配套改革的教育形式。

2011 年,浙江省教育厅提出在全省试点推广小班化教学,而恰好《江北区教育事业"十二五"规划》提出要实现城乡教育一体化发展,努力推进高效均衡的义务教育,率先在宁波市实现区域教育现代化。当时,江北区教育系统正在寻找一种优质教育方式作为突破口,刚好浙江省小班化教学试点区来了。作为浙江省的小班化试点地区,江北区从 2011 年秋季起,率先在全市尝试小班化教学。广厦小学作为首批六所试点学校之一,为学校优质发展又找到了一条重要道路。

广厦小学做小班化教学,其实就两个内因,一个是我自己,一个是学校实际情况。我自己从毕业开始一直就醉心于课堂教学,喜欢孩子,热爱教育。作为一名语文老师,从农村最薄弱的村小慢慢地走出来,看多了先进与薄弱之间巨大的差距。此外,2003 年在唐弢学校近距离体验小班化教学实验这段经历,使我从一个小班化教学舞台下的观众上升到了舞台上的一名表演者。民主、平等、和谐的个性化教育,学校里每一个老师都能把学生放在心里,因材施教,关注他们的健康成长,关注他们的个性发展,这就是我理想中的校园。至于学校,那是因为广厦小学在优质发展、品牌提升方面需要寻找一个新的亮点。

广厦小学既然已经有物理概念上的小班属性,缺少的无非小班的文化、小班的课程和小班的教学,只要在师资这一块加强学习培训,转变大家的学生观和教学理念,齐心协力积极实践,就能够做出满意的成果,扭转学校在教育资源、社会口碑、学校品牌等方面的不足。"人无我有,人有我优",在当时所在区域中还没有一所学校正式地在做小班化教学,如果我们能够在小班化教学这个层面上做出自己特色来,这样"人无我有",广厦小学就可以站在一个新的平台提升和展示自己的办学特色了。

"蓝天社团"作为学校的第二课堂,重在发现和挖掘孩子潜能,激发兴趣,引导发展,最后成就最好的自己。但是,学生来学校毕竟是来学习知识、提升素养的,因此关键还是要落实到课堂上,所以我们开始考虑从社团建设逐步向课堂教学延伸,这样学校的办学理念才能更加丰满。

为了做好小班化教学,学校多次专题开会、交流,研究方案,制定策略,还安排了90学时的小班化主题培训,邀请市区教研员、宁波大学教授隔三岔五地来学校指导,通过高强度的培训、指导,目的就是要给老师们传递当前新课程改革的理念,小班化教学的策略、方法等。学校把四个小班化实验班重新进行装饰改建,主要是为了打造适合小班化教学和学生个性发展的四个区域:实践探究区、自主阅读区、合作学习区、自理能力提升区。然后又明确教科室从课题研究的角度重点管理和指导学校的小班化教学,组建小班化教育教学辅导中心,取消讲台,实行小班导师制、导师驻班等措施。

小班化教学要从改革课堂教学入手,环境再怎么变,硬件是没法变的,学校不可能推倒再造,有些设备不可能一下子配置到位,需要有个过程。所以小班化教学成功的关键还是在于教师教育教学理念的转变,在于课堂教学方法、策略是否围绕着"每一个学生"的发展来进行。当理念、方法、策略体现了小班化,做到了因材施教,环境就是次要的了。所以除了装饰小班化教学试点教室,凸显小班化物理环境,学校还单独设立了教科室,由专人来负责,全程规划、指导、关注小班化教育教学研究。同时,还专门成立了一个教辅中心,就是小班化教育教学辅导中心,由教导处主任挂帅,把参与一年级小班化实验的所有学科老师,定期地组织到一起,进行小班化教育教学工作的交流、反馈、研讨,共同分享获得的经验,畅谈对班级文化、小组合作、全员关注等的想法,提出并解决实施中的困难。

在教辅中心的带动下,小班化教室环境、文化的布置,小班化管理组织的架构,小班化教学评价策略,小班化小组合作方式等逐步实现了教研一体、立体推进、重点突破的局面。学校以"基于小班化教学时空变化的实践与研究"课题为引领,重点在语文、数学、英语三个学科进行推进,围绕各自的学科特点纷纷开展实践研究。语文的"5305"①,数学的"二次备课",英语的"长短课教学",等等,都取得了可喜的收获,英语在"长短课教学"上的研究与实践还在市里获了奖,学校也因此成为浙江省小班化教学联盟校之一,省教研室的相关领导还专门来学校调研小班化教育实施情况,我们的导师制、评价制度改革、课堂有益的探索等都受到了好评。

(三)智慧教室:"让每一个孩子获得最优发展"与技术比翼齐飞

随着信息化的不断推进,迎接教育信息化3.0到来的呼声渐渐深

---

①"5305"是学校基于小学语文小班化课堂教学研究的一项课题,指将课堂的40分钟按照"5 + 30 + 5"的方式划分,5分钟用于以学生为主导的口语交际、语文知识分享等,30分钟用于新课教授,5分钟用于巩固知识。

入人心,从最初的实物投影仪,到多媒体教学系统,再到交互式软硬件应用不断进入学校,进入课堂。2012 年初,在多方努力下,台湾最新的一套智慧教室系统进入了江北教育系统。由于自己前期的台湾访问学习及对智慧教室的了解,我也让广厦小学加入了区智慧教室、智慧教学实践研究的试点学校。三套智慧教室系统进入广厦小学课堂,主要包括:HITEACH 桌面系统、IRS 遥控器、实物提取机、互动式电子白板。一开始由于配备的数量不多,学校通过筛选,同时兼顾学科均衡性,组织了 10 位种子老师组成"智慧教室"研究团队先行实验,探究起来。

通过培训,种子老师们一周就学会使用这套系统,一个月后就能熟练运用系统上示范课。我也经常深入种子教师课堂,与他们一起听课、评课、磨课,一起设计环节,提炼"模式",学校也开启绿色通道并为研究提供一切人力、物力、财力的保障,创造条件让"智慧教室"研究团队不断地成长。正是广厦小学有一批敬业爱岗、追求教育理想的老师,所以大家齐心协力、共同实践研究,一年下来"智慧教室"与课堂教学整合研究反而比区内第一批试点的部分学校发展更快,成果更多。2013 年 3 月,学校在"智慧教室"基础上开发提炼了八个智慧课堂教学模式,在多项智慧教学、智慧教师比赛均取得了优异的成绩。2013 年 10 月,台湾科技领导与教学科技发展协会在台北召开了"2013 全球科技领导与教学科技高峰论坛暨第二届两岸教育竞争力论坛",我和惠贞书院小学部的崔丽霞校长作为第一批科技领导卓越奖获奖者到台湾去交流发言。

这项荣誉,更多的是给我一种责任,一种鞭策,它将激励我在科技辅助教学、在智慧教育甚至智慧学校建设中,再接再厉,继续把它做大做好做强。这几年不管科技教学系统如何眼花缭乱地来到我们周围,学校教育教学改革任务多么繁重,学校的"智慧教室"

研究团队一直在坚持、在努力，每学期向外展示开课、培训跟进，从HITEACH 系统到电子书包系统，从 IES(intelligent edge site，智能边缘小站)云空间到 TBL(team-based learning，团队合作学习)系统，老师们就在这种互相研讨、培训、交流中，不断发展提升。

"思考—学习—行动—再思考"，我正是在这样一个螺旋结构模式下，去考虑学校的发展愿景。通过查阅相关的资料，阅读许多成功教育管理类书籍，重新剖析前几年学习考察过的市内外名校，我发现，广厦小学除了做社团、做小班，还可以做智慧教育。因为凭学校目前的办学成果和师生素养，无论在学科领域，还是在校园文化、艺术领域等，我们都无法和旁边的一些中心学校、实验学校比，如果我把这些项目作为学校的重点工作，去践行"让每一个孩子获得最优发展"的办学理念，可能很难追上区域内这些重点学校。但是，就像做小班化教学一样，当大家都没有很多现成经验的时候，广厦小学尝试做小班化，这个时候我们和别人是同在一条起跑线的。而智慧教育更是如此，在江北区，乃至市内、省内，去尝鲜的学校也并不多。虽然宁波市有一些对信息技术敏感的重点学校已经有参与"微软的一对一教学""电子书包教学"，但深入的不多，推广的则更少。所以广厦小学参与智慧教育实践，引进"智慧教室"系统，相对市、区多数的学校来讲，我们还是站在第一层面的。即使他们也做，起码大家是公平竞争，都从零开始去探索与实践，而不像校园文化、学科教学，我们怎么可能赶得上？更何况学校70%是外来务工人员子女，家庭教育和教育投入、教育意识都存在较大差距。人无我有，人有我优。好的特色项目才是学校发展的关键所在，它既立足于学校现实，也着眼于学校未来。

2014 年，学校进一步加快了智慧教育推进步伐，成立了由中青年教师组成的"智慧研究工作坊",并兴建了电子书包教室,开始试点电子书包教学。同年10月,"智慧教育,两岸同心"第三届两岸教育竞争力论坛在宁波市江北区隆重举行,该次大会在主会场外还设了四个分会场进行教学展示、交流和智慧经验分享,其中一个分会场就设在广厦小学。当时来自包括台湾在内的全国各地200多名智慧教师一起观摩分享了广厦小学的智慧教育研究成果。

智慧教育现场会成功举办,使学校收获了良好的社会效应,之后全国各地教育界同人纷纷来校学习、参访,使广厦小学在宁波智慧教育发展史上留下了浓重的一笔。从江北区社团现场会,到宁波市小班化现场会,再到如今的智慧教育全国现场会,广厦小学一步一个脚印,努力向前迈进着。

广厦小学的经历,可以说是我前两个办学阶段的"集大成",从前面两个阶段的实践和思考形成的合力,让我在广厦小学提出了"让每一个孩子获得最优发展"办学理念,并在实践中有步骤、有节奏地落实,取得了不俗的成绩。

三、从"让每一个孩子获得最优发展"到"生态教育"

这10多年的办学实践,让我逐渐认识到校长办学需要思想,一种符合教育教学规律、符合学生的成长规律的教育思想。"当校长提出了自己个性化的教育理念后,他才在某种意义上开始了真正的'自主办学'。什么叫自主办学?就是在深刻把握教育规律和学生成长规律的基础上,对基础教育改革的发展趋势有一个宏观把握和一种内在的预见性,并能把教育理想果断地付诸教育实践。"[①]

---

①仇忠海,梁伟国,李帆.一位教育家型校长的成长轨迹[J].人民教育,2009(9):6-10.

从 2000 年任虹星小学校长起,中间我换了好几所学校,无论是在哪一个岗位,我一直在思考:如何办学?老百姓需要怎样的教育?我要办一所怎样的学校?用什么样的理念来指导我的办学?从模仿老校长们办学,到学习先进理念办学,再到探索用理念办学,随着自己认识的加深和人生阅历的不断丰富,我对"如何做个好校长"有了初步的思考。我越来越坚信,要想做好校长这份工作,一定要以学生为中心,让每一个来自不同家庭,具有不同文化背景和遗传基础的孩子都能在学校教育的大环境中得到茁壮成长,这也是我到了广厦小学后坚定地提出"让每一个孩子获得最优发展"办学理念的缘起。

随着教育实践的不断深入,我对教书育人这份工作有了特殊的情感,对办学的思考也逐步成熟,特别是对办学理念指导下校长办学有了更深层次的感悟,也逐渐形成了自己的教育追求。在我看来,对处于快速发展期的儿童而言,如何基于他们各自本来的样子,通过师生协作,同伴共进,不断丰盈他们的核心素养,让他们长成最好的自己,成为社会需要的人,是一个基础教育工作者的本职工作和不懈追求。那么,到底用什么样的概念来表达自己对于教育思想的那种追寻呢?

《新校长》其中一本开篇中关于"生态教育"的论述让我很有感触,其中谈到好的教育应该是"森林"的样子,相互依存,各有所长,始终保持一种微妙的平衡。其中更提出,做教育的人应该要向大自然学习,去破解理想教育发展过程当中文化、机制、新旧迭代、成本约束等困境,这是我们新时代或现代教育要体现的一个特征。从办学角度来讲,这个特征就是指公平、优质和均衡。因为森林是一个非常复杂的生态系统,既有高大的乔木、低矮的灌木,也有弱小的蘑菇、小草、小花;既有食草动物,也有食肉动物;等等。孩子也是如此,有的天生聪明,家庭教育好,后期成长环境也非常好,所以他具备长成高大树木的条件;有的孩子像小草、小花,生长在溪流边、石头缝中,条件恶劣,阳光少,但也在努力生长,而且他们的生长对整个教育生态,对未来社会有着至关重要的作用。"每一个"都不一样,"每一个"都在生长,"每一个"都是森林的重要一员,这就是森林的生态系统,好的森林一定有好的生态系统,同样,好的生态系统一定能孕育好的森林。回想起自己的办学经历,尤其是在广厦小学的办学经历,我突然意识到,在"让每一个孩子获得最优发展"这一办学理念的引领下的办学实践,说到底就是为了"每一个"不一样的学生,为了"每一个"都能得到最优的发展,并且能够考虑到社区的实际情况和学生的具体特性。这就是生态教育思想在广厦小学的展现。这对我产生了重要的启发:生态教育就是学校教育的理想模样,是我一直向往的教育。

抓住了这一概念,接下来,结合我的工作,我就努力丰富生态教育的内涵。

首先,生态教育是多样的教育。每一个孩子都是独一无二的,如何在学校创设"万物并育而不相害,道并行而不相悖"的差异化的生态环境,拥抱每一个各不相同的学生,是生态教育着重关注的问题,也成为学校办学的努力方向。学校不仅有个性化的文化内涵,使教师们关注差异,并重视差异,因材施教助力孩子努力生长,还有丰富的拓展性课程,每一个孩子都能在里面找到自己喜欢的学习内容,让身上的潜能得到最优发展。

其次,生态教育是共生的教育。生态教育追求和谐共生,注重整体效益,倡导和孩子一起结伴成长。校园就是森林,师生间、生生间、家校间都在为了"最优发展"不断合作、优化、互补、引领。因此,如何让教师、同伴、家长共同成为学生成长中的重要他人,让学生携手进步,结伴成长,帮助每一位师生孕育出和谐的生命力量,是生态教育的题中应有之义。

最后,生态教育是培优的教育。生态教育强调要把学生的目光引导到超越自我,进行深度学习,培养学生的创造性思维,让学生在审辨、质疑、沉思、追问、融通的过程中成就自我的智慧与卓越人生。如何基于学校的实际情况,为学生提供优质的教育,让学生体悟到学习的快乐和成长的价值,同样也是学校的奋斗目标。

至此,凝练我近30年教育生涯的"生态教育"思想初步明朗清晰起来。我也深刻地认识到:校长的教育思想决定校长想办什么样的学校,做怎么样的校长,也就是他最终一定会滋生适合那所学校的办学理念。同样校长在一所学校的办学理念实践也会不断丰富、滋养、完善他的教育思想。"生态教育"思想引领、指导我在中城小学优质办学,为"中·城"办学理念的深化和不断践行,奠定了坚实的思想和理论基础。

第三节 "中·城"是百年老校血脉里的基因

学校的办学理念,除了与时任校长的经历、对办学理念的认识以及对办学理念的实践有关,还与具体学校的发展脉络息息相关。"办学理念是沉淀了学校的历史传统,反映学校的社区背景,以及校长和广大教师共同愿景的教育思想体系。只有彰显学校特性的办学理念,才有可能促进学校的发展。"①宁波市中城小学,创办于1904年(清光绪三十年),历经风雨,迄今已逾百年,从最早纯基础性的、扫盲型的、普及型的教育,走到现在的素质教育、文化教育、内涵教育,培养有素养、有文化、有见识的公民,见证了中国基础教育百年发展的历史。建校之初,由于学校选址位于慈城中心的孔庙,因此学校就取名为"中城",既有表示学校位于城市的中央之意,又有锐意进取、走向未来之意。100多年来,学校校名从最早的中城蒙学堂到现在的宁波市中城小学,中间多次更替,前后总共有七个校名,兜兜转转,最终还是回到了"中城"二字上来。在这100多年的岁月里,"中城"也从一开始作为校名,而逐渐成为学校发展的精神家园。

一、"中·城"是我们的精神家园

清末,西风东渐,有识之士深知兴教育、倡科学的重要性。1904年,当地士绅任仲莘、凌受益、姚蕴之等倡议,借孔庙西侧办学,名"中城蒙学堂"。1905年,清政府下令废科举、兴新学,次年,学校更名为"中城高等小学堂",受业学生百余,各项设施初具规模。1911年,应星耀毕业于省立宁波高等师范学校,应聘来校执教,两年后举为校长。应星耀出任校长后,以新学制改革教学内容,增设音乐、体育、手工劳作等课程,提倡男女平等受教育,招收女生入学;制定"诚谨勤俭"的校训,并力求自立、自强、自勉;以爱心为教育重心,又设立专业独立会计主任。同时,在校董任士刚、陈润水、秦润卿等先生热心资助下筹募资金,改进学校设备。其后,美国著名哲

---

① 汪明帅,夏田豪.办学理念的"诞生":一项质性研究[J].全球教育展望,2017(5):104-112.

学家、教育家杜威来华讲学,一时,实用主义哲学甚为盛行。应星耀校长汲取教育新思潮,于校内建图书馆,设立小银行、小邮政局、小商店,以使学生学习管理;设小法庭,让学生学习自治;建巡察团,于课余让学生自行管理学生风纪;在高年级增设簿记、英语等课程,满足学生日后投身商业工作的需要;挂牌设立"民众问字处""民众代笔处",积极做到学校教育为社会服务,体现学校教育与社会、家庭相结合的教育思想,取得良好反响。应星耀校长又建立并亲自指导童子军乐队,在鄞、慈、镇、奉、象、定等县参加比赛,多次荣获第一。1928年,浙江省教育厅视学郑彤华在视察慈溪县教育状况后的报告中说:"城区区立中城小学校校长专心办学,学校日见发达,学校组织完备。图书馆、邮政局、商店尤切实际,成绩颇为可观。"学校声誉鹊起,规模迅速扩大,四乡学生,负笈来校。为此,学校增设学生宿舍,指派生活指导老师。1934年,中城建校30周年庆典,学校举办恳亲会,展出学生成绩,自上海聘唐平尘女士来校教授体育,辅导学生演出歌舞剧,表演团体操,极受社会好评,其时,学生已增至600余人。好景不长,1937年抗日战争全面爆发,山河破碎,国土变色。学校几经辗转、颠沛流离,1941年被迫停办。1945年8月,抗战胜利,国土重光,应星耀校长返回故里,在各方鼎力帮助下修复校舍,1946年初复学。

1949年,慈溪县城解放,学校由人民政府接管,更名为慈城第二小学。学校重视学生思想教育工作,开展"以英雄之名字命名班级"等活动,高低年级,建立友谊班,同学之间互帮互学,以求共同进步,取得良好效果,学生努力上进,气象一新。1954年,由于行政区划的缘故,学校定名为慈城区中心小学,负责区内各级小学之教学辅导,开办教师文化进修学校,由当时慈城镇镇长兼任校长。广大教师积极参加,有自十余里外农村赶来的学习者,努力进修,以求提高,蔚成风气。同年,开设幼儿班。1966年,教学秩序大乱,"工宣队"进驻学校,中城更名为粮机"五七"学校。1976年后,重建教学秩序,学校重名为慈城镇第二小学。学校教师解除思想重压,奋发努力,学校设备更新改善,教学质量不断提高。为解决幼儿园与小学教学的衔接问题,学校开办学前班。校内广泛开展围棋、书法、田径、篮球、铜管乐、舞蹈等活动,于市、区各级竞赛中,曾多次获奖,为宁波市江北区首批达到"办学纲要标准"的学校。

1988年9月,中城小学老校友,原校长应星耀先生哲嗣、台湾著名实业家应昌期先生,返故里探亲,并莅临母校,故地重游。他见学校所在地孔庙过于陈旧蔽败,不适于现代化教育,又缅怀先父办学业绩,决定重建校舍,造福桑梓。1989年5月4日举行捐资仪式,由应氏家属代表人应明皓先生捐资140余万美元,重建学校,老校友应昌世先生为总规划,聘请高级建筑师冯崇元精心设计。学校占地面积12000平方米,建筑面积达10035平方米,设计新颖,规模宏伟,设施齐全,为当时国内一流水平。新校舍于1989年9月14日奠基,历时两年完工,于1991年9月1日启用,恢复中城小学校名,并被宁波市教委确认为宁波市市级实验小学。

应昌期先生无条件奉献,独立捐资,重建新校,当时尚属先例。故市、区各级领导,对全面重建中城小学,极为重视,多次莅临指导。新校落成,任命宋家琪为校长,充实调配师资,学校班级达26个,学生增至1200余人。1989年,经批准中城小学校友会成立,这是宁波市第一个小学校友会,会长应昌明,副会长李浩然、周雪珍。1991年,老校友应昌世、汪宝书等捐资,成立围棋教育基金会。1995年,当地政府、应氏家属等又共同筹资100万元,充实中城小学围棋教育基金,为中城教育事业的发展奠定扎实的经济基础。

新校舍落成以来,学校坚持社会主义办学方向,发扬优良校风,笃实办学传统,在促进学生德、智、体、美、劳全面成长诸方面进行探索研究,并立足实际,因地制宜,在围棋、艺术与现代教育技术上努力显示学校特色,张扬学生个性,最终实现学生全面素质的提高。

【知识拓展】

关于应昌期先生重建中城小学

1988 年,应昌期先生回到慈城,拟投资重建中城小学,新建倡棋幼儿园和慈湖中学。当时我(冯崇元)与应先生不熟,是校友李浩然带我去华侨饭店会见先生小弟应昌世先生。应先生首先重建中城小学,在当时设计的四个方案中,应先生选中我的一个,时任宁波市市长耿典华让我举笔,并对我说:"一定要搞好,这是应氏一家第一次捐资,一定要达到一流水平,这也是应先生的要求,搞不好要打屁股。"就此拉开了参与母校建设的序幕。

重建中城小学时,我的爱人邹梅英时任宁波设计院院长。因此,我们夫妻俩,我设计倡棋幼儿园,因为幼儿园与小学是连成一体的校园内建筑,夫人设计慈湖中学。刚好设计完成整体构图,夫人又先后调任宁波大学设计院院长、宁波规划局总规划师,这一调动使得慈湖中学的设计剩余工作由我接替完成。这样我们夫妻俩参与了慈城当代最有影响的倡棋幼儿园、中城小学、慈湖中学三所学校的设计工作。后来慈湖中学、中城小学获得浙江省优秀设计一等奖,而中城小学还于 1993 年被评为建设部优秀规划设计村镇建设专业组二等奖(一等奖缺,村镇建设类,因校址在慈城镇,故属乡镇类)。中城小学还成为中小学优秀设计范例图例被编入《中小学建筑设计》。该书由西安建筑大学张宗尧教授编著,在此后张教授编著的中小学建筑设计教材中都选编我们俩设计的慈城三所校园的图例。慈城三所校园体现了应昌期先生心系故乡、回报桑梓的乡情,而我作为慈中学子、慈城的游子,为此借应先生的财力也为家乡、为母校尽了一些绵薄之力。①

二、历任校长也都围绕"中·城"进行办学探索

"敬教劝学,建国之大本;兴贤育才,为政之先务。"历来教育者都为天下计,为民生计。同样,在中城小学百年教育历史长河中的每位先贤,特别是校长们,也都心系家国天下,兢兢业业,克服各种困难,为国育才,为社会普及文明。无论是内忧外患、社会凋敝的晚清,还是改革开放迈向新时代的当下,中城小学的校长们始终致力于弘扬中华优秀传统文化,立足慈城乡情民风,响应时代脉搏,培养了一大批社会、国家的栋梁之材。虽然在很长一段时间里,并没有办学理念这样一种说法,但是,从各种资料中,从我们学校的办学实践中,我们可以看到,历任校长们也都围绕"中·城"这一关键词进行办学探索。

1919 年 9 月,民国政府正式公布了教育宗旨"注重道德教育,以实利教育,军国民教育辅之,以美感教育完成其道德",取消了中小学的读经、讲经课。当时国民政府较为重视推广"民众教育",正

---

①王静.千年望族慈城冯家:一个宁波氏族的田野调查·下[M].宁波:宁波出版社,2015:811.

式开展"识字运动"。在政府的引导下,各地民众教育馆开始宣传"识字运动",推行识字教育,创办民众刊物。应星耀校长根据当时的教育形势,积极采取各项教育改革举措。他以新学制改革学校的教学内容,减少了《三字经》《千家诗》等教学内容,增加了音乐、算术、体育、手工等课程;他倡导男女平等,毅然招收女生来校读书;他制定了"诚谨勤俭"四字校训……面对积弱的国家,贫苦的民众,他教育大家一定要自立、自强、自勉,以后报效国家;他还积极联络在上海等地的慈城乡贤们,募集资金改善学校办学条件。当时,慈城很多乡民年纪轻轻就去宁波,甚至上海谋生活赚钱养家。而此时的上海是中国经济最繁荣,商业最发达的城市。单靠出卖劳动力谋生,即使生存下来,日子过得也很艰难。于是,应星耀校长积极在校创办新学,立足社会与学生生活实际,致力于教知识、授技能。当时的中城小学不仅仅是教会孩子识文断字,还看到了"要培养怎样的社会人",为学生未来,为学生终生幸福进行教育。可以发现,当时的中城小学办学是在坚守中华优秀传统文化的基础上,通过课程设置,活动安排,有温度的教育教学推进来拓宽学生视野,为培养"适应社会的人""做社会上有用的人"而服务。应星耀校长已经有了清晰的现代教育思想,他们想要培养什么的学生,与此相配套地要安排怎样的课程,开展怎样的教育,于此都进行了积极的探索和实践。

1983年,邓小平同志收到北京景山学校师生来信后,题写了"教育要面向现代化,面向世界,面向未来"。"三个面向"树立了中国现代教育的航标,成为后来中国教育改革的总方针。1984年,全国各地教育部门、学校对"三个面向"进行了深入的学习、领会,时任校长周雪珍心潮澎湃,同时又深感责任重大。当时的中城小学依然还在慈城孔庙里办学,校舍破旧,师生活动场地缺乏,何以奢谈现代化先进设施设备。如何在改革开放大潮中做好"三个面向",周雪珍校长全身心投入学校教育教学改革。学校继续沿着优秀的办学传统,大力弘扬优秀传统文化;坚持特色办学,开好围棋、书法、民族舞等兴趣班;并在科研兴校的方向上不断发展。与此同时,她还挖掘潜力,争取政府支持,开展了田径、篮球、铜管乐等活动。学校连续三年被评为宁波市教育科研先进单位。宁波市示范性学校、浙江省首批文明学校、浙江省示范性小学、全国红旗大队等一大批荣誉接踵而来。传统文化特色依然星光灿烂,现代教育信息化也走在了全市的前列,多媒体课件全面推广,计算机纵横码输入比赛连连获奖,让中城小学焕发出了勃勃生机。

【知识拓展】

周雪珍校长回忆学校墙面砖的故事

每当走进中城,光彩夺目的墙面砖总会引人驻足细看,一二十年过去了,此砖仍常新不衰,百看不厌。

说到面砖,真是来之不易。那是1989年由中城小学新校捐赠者、老校友应昌期先生亲自选样,并指定台湾品牌瓷砖厂制造的,无论色泽、牢度都是与众不同的。

面砖毕竟是笨重之物,怎样能将大批面砖从台湾运到慈城呢?当时台湾与大陆还不能直接通航。应昌期先生设法请人用20多只集装箱将面砖和切割机、黏合剂分批从台湾装船,经过香港,再由香港转运到宁波北仑港。好不容易漂洋过海转运到宁波,上岸后还得用大板车将集装箱运到古镇慈城。

一车车从台湾来的面砖,浩浩荡荡地来到校门口,我们全体师生和家乡的父老乡亲无不为之欣喜和震惊。对来之不易的面砖,我们保护有加,腾出现在孔庙的明伦堂作为新校建筑的材料存放处,还有材料报关员日夜看护。

在建新校已进入全面装潢阶段,眼看外墙面砖越贴越高,堆放的面砖越来越少,工地上切割过的碎砖越堆越多。如果现在的面砖都用完了,以后需要修补怎么办?为今后几年乃至几十年修补、扩建需要,必须有一块保存一块,越多越好,做到有备无患。在工程师的共同核算下,学校决定将预定可多余的材料转移到小屋保存起来,免得浪费和整箱"走失"。

面砖有些重,千余箱的面砖谁来搬?经过讨论决定,发动师生开展搬砖大行动。战斗一打响,全校师生积极响应,老师们冲锋在前,中高年级学生利用课余时间参加义务劳动。同学们的热情可高了,有的将面砖扛在肩上,有的用双手抱在怀里。这运砖的气势多么雄壮,好似战地英雄在奋力抢运炸药包。

面砖要从学校最北边的大礼堂搬到学校最南边的小屋。路可不短呢,而且至少还要过三处好多级石台阶,扛着这么沉重的东西,实在不容易。汗水已经湿透了大家的衣服,手臂和腿都酸痛了,老师叫同学们歇歇吧,但是谁也不肯示弱。可贵的1991届学生,明知即将毕业,无缘享用新校舍,但他们战斗在前,努力为母校做贡献。

如今,每每看到美丽整洁的新校园,色泽鲜艳的墙面,就会想起爱国爱乡报效桑梓的应氏家族。同时,忘不了全体师生运砖的情景。他们热爱学校、热爱劳动、艰苦奋斗、无私奉献的精神,永远值得骄傲和感动。

正是在这样的发展背景下,中城小学快速地成为江北区一所优秀的、人人向往的品牌学校。一大批优秀的青年教师纷纷从不同途径被吸引到了中城小学,既有刚分配的优秀师范毕业生,也有从其他学校选调来的优秀青年教师。王定波校长就是在中城小学成长起来的优秀青年教师。他先后获得宁波市教坛新秀,浙江省教改之星,宁波市名教师、名校长等荣誉。因为教学业务及管理上的突出成绩,王定波校长于1999年8月调离中城小学任江北区中心小学副校长。2002年,因事业需要,他又回到中城小学任校长。梳理历史,展望未来,王定波校长站在新世纪教育"全面育人"的高度,在中城小学提出了"让孩子享受童年幸福,为孩子奠定一生基础"的办学理念:既要分数,也要素质,只有关注孩子的当下幸福,才能为他们的未来谋幸福。在他的带领下,学校一方面加强教育教学研究与实践,为青年骨干教师搭建平台促进成长,邀请市内外名特优教师来校讲学、指导;另一方面不断提升优势项目,围棋、信息技术继续全市领军,田径、篮球、乒乓球、书画、铜管乐、古筝、电子琴等体艺成果也强势拉升,学生们在高质量的课堂教学之余,浸润在丰富多彩的体艺活动中,陶冶情操,强身健体。2003年,中城小学获得宁波市首批艺术项目特色学校、市级体育传统项目学校等荣誉。

教育在不断传承中得以延续和发展。2006年8月,王洪乾从舟山嵊山小学支教回来调到中城小学担任副校长,他跟在王定波校长后面潜心学习学校管理。三年的副校长经历,让他对中城文化和师生都了如指掌,深有感情。担任校长后,他继续践行"让孩子享受童年幸福,为孩子奠定一生基础"的办学理念,以师资队伍建设和校园文化建设为抓手,不断促进学校内涵发展。当时,教育局也不断加强校长培训,将"学校自主发展规划"纳入培训的重点内容,同时要求全区学校分批加入"学校自主发展三年规划"实施行动。学校开始从顶层设计角度来思考办学方向、办学的目标及举措等。在这样的背景下,王洪乾校长和班子成员一起谋而后动,新校舍落成20周年庆典、应昌期先生诞辰百年活动、全区校长德育述职暨"美丽校园"现场会等各项教育活动影响深远。王洪乾校长关注师资队伍建设,让一大批优秀的中青年教师脱颖而出,无论是名师、骨干、教坛新秀评比,还是课题、论文、案例评比,都取得了很多的奖项。随着浙江省课程改革的深入,他主导推进的"慈水涓涓""信芳京韵"先后获得浙江省精品课程。在他的带领下,中城小学慈孝教育、清廉教育的影响力逐步显现。王洪乾校长在中城小学完整推进了两轮学校自主发展三年规划,学校办学质量和声誉不断提升。也是在这样的背景下,王洪乾校长发现学校正在形成具有传统文化特色和慈城乡土气息的中城文化个性,在面向未来的教育思考中,王洪乾校长发现中城校名似乎与他的办学理念之间有着某种内在的契合,中城校名不仅仅是地理位置,100多年办学实践似乎已经赋予了它更深的内涵。就这样"中城"办学理念开始酝酿出现。学校也开始用"中城"来概括学校文化,还用"中城"理念培育"诚谨勤俭,励志进取,创新实践"的中城学子,更开始尝试用"中城"理念建设具有中城个性的校园文化。2018年7月,因为王洪乾校长的离任,他提出的"中城"办学理念与办学实践之间的互动、映照没有得以继续推进。

"知是行之始,行是知之成。"中城小学历任校长们秉持"大爱"之心,立足学校,依托慈城深厚的文化底蕴,团结师生,联手社会各界,为打造一所高质量的儿童幸福乐园,呕心沥血,披荆斩棘。从一开始的"社会担当、责任办学"到按照国家规定学制、课程办学，再到"依法办学"，以及新世纪的"教育思想办学""校长办学理念办学"，是中城小学办学思想和理念萌发、探索、践行的百年历程；从均衡教育、高标准教育背景下的"让孩子享受童年，为孩子奠定一生基础"理念的形成、践行，到优质均衡教育背景下"中城"办学理念的提炼、深化，实际上是中国百年教育史的浓缩体现。随着社会变革，经济发展，文化繁荣，人们自我需求也在不断发生变化，教育随之必定会呈现出发展变化的状态。但是无论百年教育如何起伏变化，中城人坚守"诚谨勤俭"的百年校训，守本立德，不忘人性真善美，立足地域，借助慈城千年古镇资源优势，努力挖掘学生潜在个性禀赋，不断深化、积淀"中"的本义、内涵、力量，积极拓展"城"的外延与质量，肩负时代应有担当，培育社会高素质公民。可以说，"中城"办学理念的提出和践行，是在梳理百年办学历史的基础上，不断积累、提炼的过程，是众多办学实践者的集体智慧结晶，更是中城小学百年教育探索的初步成果。从凌受益、应星耀、周信泉等老一辈校长身上，我们看到了他们办学中对中华优秀传统文化的坚守，也看到了孜孜不倦的时代探索，更从宋家琪、周雪珍、戴孟雷、王定波、王洪乾等在现代化建设、新时代发展中成长起来的校长身上看到了抱"中"求精、彰显特色、追求卓越的可贵精神。正是这种一棒棒传递，一年年坚守，一点点积累，一步步践行，才让中城百年校训依旧熠熠光辉，慈孝教育、清廉教育新星闪耀；更让中城围棋在校园走了30多年、信芳京剧唱了10多年，科技、信息、体艺、非遗等不断丰富壮大。而这些，正是"中·城"办学理念的沃土。

三、基于校名的"中·城"办学理念的提出

每一所学校的内外环境都不相同，同一所学校在不同历史时

期所面临的内外环境也不相同。这种不同的内外环境自然也对学校活动的方方面面提出了各不相同的要求,提供了各不相同的资源优势。我们要提出一个既符合教育规律,又立足学校实际,兼具先进性与可行性的办学理念,需要综合考虑多种因素。

2018 年 8 月,我担任了宁波市中城小学校长兼党支部书记。如何沿着前辈的足迹,进一步发展好中城小学,一直是我放在心上的思考议题。通过深入的调研和学习,我首先想到的就是如何着手面对"传承与发展"。基于对学校历史的了解,对历任校长办学的分析,我发现,"中·城"是这所学校的精神家园,在某种意义上"中·城"就代表着这所学校。结合我对生态教育的理解,以及我对办学理念的实践,通过多次研讨、论证,我们最终提出了"中·城"这一办学理念,将中城这所百年学校的发展与我对教育的理解进行了有机整合。

【知识拓展】

名校长团队"把脉"中城小学的办学理念

2019 年 11 月 5 日,首席导师王定波带领全体导师和学员,以及吉林延边和贵州册亨的校长们来到学校,就我的办学思路和办学困惑进行了现场"把脉",对学校未来教育的方向与发展提供了建设性意见。首席导师王定波原来就是中城小学的老校长,对中城的理解、认识、感情都很深,给了中城小学很多良策和思路。经过导师们的诊断指导后,我与团队一起又组织了多次研讨、交流,终于将"中·城"教育哲学与学校教育教学等各方面融会贯穿起来,使我们能够在清晰的愿景引领下走向优质。它不仅很好地回应了我的"生态教育"思想,而且它也带着"让每一个孩子获得最优发展"的彩环。

我们认为，"中"，就是不偏不倚、中正、好的意思，"君子务本，本立道生"，强调的是守正、务本、培基，不偏不倚是"中"，阴阳平衡是"中"，动静相应是"中"；"城"是人类文明的结晶，是文明的代称，具有兼收并蓄、包罗万象、开拓创新的特性。基于此，我们赋予了"中·城"办学理念以特定的内涵："中"就是提供不偏不倚的适性教育，即现代教育理念里的"因材施教"、最优发展，这是务本的教育；而"城"就是需要我们为孩子们提供现代文明、现代思维、现代视野、现代素养的教育，要为社会培育能融入现代城市文明，能应对未来挑战的现代人。以"中·城"为办学理念，就是要基于校情，为每一个孩子提供适性而全面的现代化教育，在教育教学中要重传统文化的传承，重地域文化的认同，重创新意识的培养，培养具有传统底色、现代素养的适应未来需要的"中城人"。我心中一直有一个教育梦想，就是在传统与现代、本土与国际之间得以"穿越"，追寻它们可以融汇的节点与通道。

有了明确的办学理念，接下来就是办学理念的落实问题。"学校组织的特性就在于它是一个教育组织，是以人的培养为自己的根本任务，学校组织的一切要素——理念、制度、活动、评价、环境等——都应该具有教育性，在价值取向上都应该为学生的健康成长服务。"①办学理念不是一句口号，只停留在宣传页、校园墙面上。它是一所学校教育核心价值理念的集中表达，应该深度融入学校的管理、师资、课程、评价、德智体美劳等各个方面，彰显在校园的人、事、物上，成为一所学校所有人共同的魂。"围绕办学理念进行

---

①石中英.学校活力的内涵和源泉[J].河北师范大学学报(教育科学版)，2017(2):5-7.

的课程、教学、师资、管理等的整体变革,从而形成学校的办学特色。"①基于此,我们考虑到学校的实际情况,着重从教师队伍、学校课程、学习空间和学生发展四个方面,确立"四位一体"的基于"中·城"办学理念的学校变革蓝图。

> 基于学校"中·城"这一办学理念,我们对教师队伍的现状进行重新审视,提出了"保障基准,个性扬长"的教师队伍建设思想。我们希望我们的教师既能向下扎根做好教育本职,完成教育教学目标,为人师表传道授业,又能根据不同能力、学龄要求提供不同的培训,建立不同维度的教师发展"共同体",突出"个性化"的教师发展途径和成效,实现高位的教师"个性扬长"。
>
> 课程是学校办学特色的核心要素,是学校办学特色赖以形成的基础和重要载体。在"中·城"办学理念的统领下,结合浙江省课程结构的安排,逐步形成了"夯实基础,发展特色"的学校课程发展思路。具体而言,我们在学校课程发展方面的探索主要围绕两个方面:一方面,夯实基础性课程;另一方面,发展拓展性课程。我们希望借助"两翼齐飞"的课程结构,既有打好基础的基础性课程,也有重点发展学生的兴趣和个性的拓展性课程,从而实现育人方式和人才培养模式的变革和创新。
>
> 良好的学习空间对学生健康成长的重要性不言而喻。学习空间对学校的其他各项建设具有基础性和渗透性的作用,让学校成员在不知不觉中接受某种思想、规范和价值标准,是实现学校育人功能的重要载体。这种作用的发挥具有

①武秀霞.制度创新与学校特色发展[J].教育学术月刊,2018(7):63-69.

潜移默化的特性,虽滴水击石,润物无声,却有强大的凝聚力和明确的指向性。我们围绕"中·城"这一办学理念,形成了"立足校园,放眼社会"的学习空间营造策略,目的是打通课内外、校内外之间的学习壁垒,让环境有温度,让学习有张力,以此推动学生和教师的共同成长。具体而言,学习空间的营造既要重视学校中物化形态环境的建设,同时还要彰显环境的育人功能;学习空间的营造不仅仅以学校为教育场所,更要与家庭和社会形成合力,构成和谐的家校社关系;学习空间的营造需要突破有形边界,给相对于教室这一固定的学习空间而言的无边界学习空间赋能。

学校教育最终指向人才的培养。无论是教师队伍建设,还是学校课程的发展,抑或是学习空间的营造,学校作为教育的主阵地,应该利用好一切资源实现教育的最终目标——促使每一个学生能够获得全面而有个性的发展,让学生成长为一个有根的、自主发展的、能创造的人。基于"中·城"办学理念,我们确立了"传统底色,现代素养"的学生培养目标。所谓"传统底色",即打好地基,在学校教育教学工作中不断挖掘和利用慈城优秀的地域文化和学校百年办学传统,为孩子们的发展打下全面而扎实的基础。所谓"现代素养",就是指在学校教育教学中要尊重教育规律、尊重孩子的成长规律,注重唤醒学生的自我意识、发展学生的自主能力,培养学生的个性品质。同时,"传统底色,现代素养"还表明学校教育教学工作贵在历史传承,只有在继承中创新,在创新中发展,才能为学生形成现代的人格奠定扎实的基础。

第 二 章

"中·城"办学理念与教师队伍建设

　　兴国必先强师。教师是立校之本,造就高素质的教师队伍对于引导学生健康成长和学校整体发展十分关键。《中共中央、国务院关于全面深化新时代教师队伍建设改革的意见》就明确指出教师"是国家富强、民族振兴、人民幸福的重要基石",要"形成优秀人才争相从教、教师人人尽展其才、好教师不断涌现的良好局面"。可以说,立足新时代,教师队伍建设改革已经进入攻坚期、深水区。需要指出的是,随着人们对教师职业性质、教师作用以及成长规律认识的深入,学校在教师培养中的地位日渐突出,学校本位的教师专业发展思想被越来越多的教育工作者所接受。对具体的学校而言,除了依靠政府的力量促进教师专业发展之外,如何立足学校进行教师队伍建设,提高整体师资水平,始终是一个绕不过的问题。无论是国外的研究还是国内的观点,就教师队伍建设而言,大家越来越认同一个基本的思想:学校既是培养学生的场所,也是教师专业发展的基地,是教师队伍建设的第一现场。基于此,促进学校教师队伍建设,尤为需要充分利用学校各方面的资源,为教师搭建合适的平台,力促教师整体水平提升。

第一节 "保障基准,个性扬长"
的教师队伍建设思想

百年大计,教育为本。教师是学生发展的引路人,只有不断提升教师的专业素质,学生才能得到健康快乐的成长。毋庸讳言,一所学校的发展,教师队伍的建设至关重要。学校发展的任何一项工作都需要教师的内化与实施,需要一支师德素养高尚且业务水平过硬的教师队伍,协同校长一起用力,使学校发展朝着办学目标有力前行。衡量教师队伍发展水平的一个重要指标,不仅是看当下有多高的水准,更重要的是看整个教师队伍有没有在发展,看教师在教育教学过程中有没有在成长。中城小学有 100 多年的办学历史,学校一直重视教师队伍的建设,把教师的队伍建设置于学校工作的重要位置,并逐渐形成了"慎选良师,培育名师"的风气。学校陆续引进了一批青年教师,重视青年教师成长自然而然成为学校的重要工作。这样的付出也取得了不错的成效,我们培育了多位市区名教师、骨干教师,在区内有"教师黄埔军校"的美名。

问题在于,随着城市化道路的拓展和所在城市区域的规划调整,这所有着深厚文化底蕴的百年老校,由原先的区域中心学校,逐渐成为相对偏远的城乡接合部的乡镇学校。这无疑对中城小学的师资质量产生了一定影响。近些年,在"教师进城"风潮的影响下,一些优秀教师纷纷跳槽到了城区学校,据统计,近五年有约30% 以上教师外调或者流失,其中不乏市、区名优教师。这些优秀教师的流失对学校教学的影响巨大,为了维持正常的教学秩序,学校只得大量补充新教师。需要说明的是,由于是乡村学校,新加入的教师专业素养相对薄弱,经验普遍不足。留不住优秀教师,优秀师范生也不愿意下来,走出去和新进来的老师层次相差巨大,客观上形成了不良置换的现状。这也恰好对中城小学的教师队伍建设提出了新的课题——如何在新时代背景下促生一套匹配学校办学理念、适合学校校情的具有生长力的教师队伍建设模式。

我们从教师的教龄、职称、学历和荣誉四个维度,对全校师资情况进行了分类统计。通过对教师现状进行剖析,我们认识到,要从整体上提升师资队伍水平,需要依托一系列原先积累的优势力量来盘活新注入的教育资源,去糟粕留精华,促进优势资源的快速孵化,从而尽快缓解短期内不良置换造成的冲击,促生应对内外变化的可持续教师队伍建设模式。首先,老教师的模范榜样作用能促进新教师的快速成长。新教师可塑性强,如果加大对青年教师的培养力度,成长的速度会比较快,一旦青年教师业务能力得到提升,学校的骨干教师队伍会得到进一步有力的扩充,很可能会继续保持一支爱岗敬业、乐于合作、善于反思的中城师资队伍。在这里,中城原有的老教师就能发挥作用,这批成熟教师保持了中城一贯的优良作风,具有极强的工作自律性和奉献精神。尤其是一批老中城人,有着扎实的学科教学能力,形成了鲜明的班级管理思想和有效举措,他们能对全体中城老师起到模范榜样的作用。其次,新教师的创新活力也能改变老教师的墨守成规的现状。随着年龄的增长,部分中老年教师很容易安于现状,缺乏创新精神。学校的老教师们不乏奉献精神,但是新教学理念、教学手段学习能力相对欠缺,意识薄弱,这时新教师的敢拼敢变恰好能激发他们反思自我,获得第二次成长。因此我们可以立足现状,积极分析现有问题与优势,找到提升教师专业成长的突破口,为学校的持续发展提供动力和保障。最后,学校具有一支有一定教学管理能力的骨干教师队伍,他们大多兼任了学校的年级组长和教研组组长。这支队伍不仅在教学上过硬,更是学校管理中的中坚力量,对年级、学科教师起着不可或缺的管理和引领作用。各学科还留有一批能独当一面的骨干教师,语文学科有一位区骨干教师,数学组有一位市骨干教师,艺术组也有一位区名教师、一位区骨干教师。他们可以对该学科的老师起到引领作用,也能一定程度上对该学科的教学质量进行把关。

基于以上对教师队伍建设的认识和对学校目前教师队伍现状的把握,我们认为学校需要建立以下两个方面的观念:一方面,从区域层面来看,要有更大的包容度,需要我们中城人树立"大教育"观念。作为江北区的百年名校,为区域教育输送优质的师资队伍,是学校品牌打造的重要方面,也是学校发展的一项重要成果。另一方面,要立足校本,通过不断开展高质量的校本研修,促进教师的专业成长,使学校的发展始终处于良性状态,就好比中城校园中的百年樟树,虽历经春秋,每年落叶纷飞,却总是枝繁叶茂,总能引来盎然春意。这也是百年老校沉淀的深厚底蕴和不懈发展的根源所在。

具体如何提升学校的教师队伍发展水平,促进教师的全面成长呢?教师队伍的建设必须找准突破口和着力点,以全面深化教师队伍建设改革激发新发展活力。2019 年发布的《中共中央、国务院关于深化教育教学改革全面提高义务教育质量的意见》明确提出:"强化师德教育和教学基本功训练,不断提高教师育德、课堂教学、作业与考试命题设计、实验操作和家庭教育指导等能力。"这为我们教师的成长指明了方向。经过一段时间的研究与思考,结合中城小学的办学历史和积淀,我们达成了基于办学理念的师资队伍建设这一共识。我们对教师队伍的现状进行重新审视,针对学校现状和教师发展需求,提出了基于学校"中·城"办学理念的"保障基准,个性扬长"的教师队伍建设思想。一方面,在教室里教师往往占主导地位,教师的道德情操、学识水平、敬业精神对教育和引导学生起着重要作用。"因此,教师的这一职业特点要求教师必须有良好的甚至是优秀的品质,只有努力提升教师的内在素质,才能使教师具备良好的敬业素质,时时体现高尚的行为准则。"[1]另一方面,社会的发展是多元的,是富有创造力的,也是充满个性的。而创新就会彰显出与众不同的个性,只有个性才富有魅力,才能孕育出成功。学校教育要尊重学生的个性,培养富有创造力的学生。教师要有创造力,让教师成为学生创新的导师,让教师在富有个性的创造与成就中享受职业的快乐。我们鼓励老师展开个性的翅膀,发挥自己的潜能,老师有多大的本事,我们就为教师搭建多大的台。[2] 我们希望教师既能向下扎根做好教育本职,完成教育教学目标,为人师表传道授业,又能向上成长,点亮个人特长,在专业上有所突破,体现自我价值,抱团成长,和而不同。为了落实"保障基准,个性扬长"这一教师队伍建设思想,我们形成了"师德为先—注重教师基本功培养—分层培养"这样"三步走"的路径。坚持做好多年来持之以恒的教师基本功训练,以此来做好教师成长中的"保障基准"——对每一位特点不同、层次差异的教师做好分层培训,建立不同维度的教师发展"共同体",突出个性化的教师发展途径

①卞松泉.治一校若烹小鲜[M].上海:上海教育出版社,2012:36.
②卞松泉.治一校若烹小鲜[M].上海:上海教育出版社,2012:46-47.

和成效,实现高位的教师"个性扬长"。

第二节　师德为先:打下保障基准的底色

落实立德树人根本任务,需要加强师德师风建设,坚持把师德师风作为教师评价第一标准。师德是教师专业发展的主要面向。2018年5月2日,习近平总书记指出:"评价教师队伍素质的第一标准应该是师德师风。"[①]因此,学校教师队伍建设必须坚持师德为先,以此构筑好教师的心灵底色。

师德的建设是一所学校办学的基础,也是每一个教师执教的基本准则。从教育的本质出发,教师在教学过程中对学生进行灵魂塑造和思维模式的构建,是教师和学生灵魂之间的对话。师德的核心就是教师的良心,如果教师良心缺失,就无法对学生起到正确的示范作用,无法扮演灵魂塑造者的角色。相反,如果教师拥有良好的师德修行,就对学生、家长、学校和整个社会都有积极作用。不过,近年来随着师德问题在网络平台上曝光,越来越多人对学校师德建设存疑。大体有如下几种意见:其一,师德是一种社会职业道德,难以量化考核。缺乏规范的师德考核体系就难以对教师进行有效的激励。其二,目前师德的建设多流于形式,教师存在职业认同感降低、偏离学生期望、传统师德遗失、师德规范作用弱化等问题。其三,目前师德建设中存在的一个非常重要的问题就是教师的自愿奉献精神缺乏,功利主义思想增强。因此,从学校角度来

---

①习近平.在北京大学师生座谈会上的讲话[M].北京:人民出版社,2018:9.

看,一方面必须承认师德建设对于每一个教师而言都是不可或缺的基本修养,另一方面还应该正视其所存在的不足之处。易言之,如何在学校具体工作开展的过程中,结合学校的实际情况,不断优化师德建设,从而充分发挥师德在学校教育中的作用,对很多学校来说都是绕不过的问题。

从中城小学的实际情况来看,如何构建合理的师德师风建设体系尤为重要,主要原因是中城小学教师老教师多,新教师少,师德建设以自身的经验例谈为主,缺乏系统的、量化的师德规范机制。中城小学位于宁波慈孝之乡——慈城古镇,受慈孝文化影响,中城小学教师天然地具有为教育事业奉献的精神。如何依托慈城的古镇底蕴,融合中城百年老校的文化涵养,提升学校的师德建设,走一条适合学校的师德师风建设之路,对中城小学而言是一个重大的挑战。

一、文化环境:打造师德底色

进入中城小学,映入眼帘的就是"诚谨勤俭"四个校训大字。这是1911年应星耀校长提出的,目的就是教育学生树立远大的理想信念。而今,历经百年,"诚谨勤俭"的校训精神更是深深扎根在每一位教师的心中,凝聚起了中城小学教师特有的师德师风底色。

(一)诚:真诚育人,诚心待人

诚:诚信,真诚。不仅仅是教育学生为人处世之道,对老师来说,更是"捧着一颗心来,不带半根草去"的教育初心。真诚育人,带着自己"让每一个孩子获得最优发展"的教育初心,化成一腔热情投入教育事业中,诚心待学生,诚心待家长。

袁老师,从事班主任工作30余载,勤勤恳恳,任劳任怨,对待学生就像对待自己的孩子。印象中的袁老师,对孩子总是轻声细语。袁老师班上有一位叫小语的孩子,患有孤独症,无法正常和其他人沟通交流。袁老师从一年级接手时就耐心倾听小语的语言,时常在课后耐心地辅导小语作业,陪伴小语在走廊上散步,就这样一步步打开了小语的心门。现在,小语是一名六年级的学生,她的成长离不开袁老师诚心育人的付出。在中城小学,这样的例子还有不少:杨老师耐心辅导后进生,沈老师细心引导德困生,孩子特殊,但师爱无限,真诚育人、诚心待人让学校更有温度。

(二)谨:严谨处事,谨于治学

谨:严谨,谨慎。对于学生来说严于律己就是严谨的最好体现,对于老师来说,谨则是严谨治学,严谨处事。谨于治学,对待教育事业认真谨慎,严谨处事,对待学生成长的每一件事都慎之又慎,是对学生负责,对教育负责。

每两周学校都会开展一次教研组集体备课活动。在集体备课中,教师们针对上一阶段的教学疑难问题进行梳理解答,以便于下一阶段的教学活动更有针对性地开展。在低段教研组集体备课时,组员们积极发言,纷纷提出了自己的疑难问题。在后期的教研活动中,围绕这些问题开展了一系列公开课指导、观点汇报、专家座谈,真正让教学变得严谨求实。

(三)勤:事必躬亲,勤学苦练

勤:勤劳,勤学。作为学生,勤学是学习知识、掌握知识的必要途径,而作为教师事必躬亲,苦练基本功也正是勤的一种表现。蓝青工程是中城小学的教师培养模式,以优秀骨干教师带新教师的形式开展。在师傅的带领下,徒弟要完成展示课、汇报课、论文撰写、观点论坛等一系列的任务。在平时,学校教师还开展了每周一次粉笔字的书写,每周一次毛笔字、钢笔字的培训,每月一次会教的活动,等等。真正形成了每周一练、每月一汇报、每学年一赛事的基本功训练模式。老师们在教学岗位上勤学苦练,扎实了基本功,也在教学水平上得到了提高。

(四)俭:以俭养德,惜时成长

俭:节俭、廉洁。在中城小学,教师节俭从教,廉洁奉公。中城小学是一所乡镇中心小学,很多资源其实并不是很充裕。但是,我们的老师小到一支粉笔,大到一幅黑板报的设计都亲力亲为。例如,杨老师在每次的黑板报评比中总是用心对待,手绘了一张张生动的插画,让孩子们在教室里享受美,感悟美。此外,小小的生物角布置也是倾尽老师们的心思,废物利用,手绘插图,从家里带来的植物……生物角成为中城小学美丽的风景线。条件虽说不是最好的,但是为了孩子们的成长,老师花的心思却是最多的。珍惜孩子们成长的时间,以节俭培养自己的师德,这是中城小学所独有的。

二、多样活动:丰富师德载体

正确的师德观念来源于教育实践,同时又需要在实践中而且只能在实践中得到强化并转化为信念。所以,学校管理者、教师都应该确立这样的观念,即教育教学实践是师德理论、观念、要求的实验场,也是师德问题的集结点,每一位教师丰富的教育实践职业生活本身就是师德宝贵的教育资源。所以我们在师德建设中不能回避的就是开展多样的师德实践活动。

(一)日常活动:浸润内心

为了提升教师对国家、对学校的认同感,了解学生的兴趣爱好,中城小学组织教师学唱老校歌、新校歌,每周一在国旗下讲话时和学生一起高唱校歌,在校歌声中,我们仿佛穿越到了百年前和先辈老师们一起为学校的发展竭尽终生。为了让老师能更好亲近学生,融入学生,在兴趣张扬中培植教育的种子,中城小学组织老师学围棋,学书法,学京剧,深厚的校园文化底蕴提升了教师内心的气度涵养。为了增进教师队伍的荣誉感、凝聚力,中城小学组织教职工运动会、团建、新年联欢会、分享拿手好菜等活动,在其乐融融中,在互帮互助中,在加油呐喊中,凝聚人心,彰显教育合力、张力。

(二)主题活动:践行初心

为了践行师德师风,中城小学举行了一系列师德师风主题活动,如校园门口志愿服务、参观教育家冯定先生故居、为困难学生家庭捐款等等。这一系列的活动让教师们感悟了教书育人的初心。例如,中城小学在 2019 年组织教师们参观冯定纪念馆,在参观展览中,冯定先生一生对真理的追求,对教育真谛的诠释让教师们心头一振。再如,中城小学每周都组织教师服务:校园门口捡垃圾,疏导交通,保障学生上下学安全。在这样的主题活动中,教师们践行教育初心,以饱满的激情投身教育活动。

三、搭建平台:加强师德宣传

2013 年,《教育部关于建立健全中小学师德建设长效机制的意见》指出:"大力树立和宣传优秀教师先进典型,通过组织举办形式多样、务实有效的活动,深入宣传优秀教师先进事迹,充分展现当代教师的精神风貌,弘扬高尚师德,弘扬主旋律,增强正能量。"师德的建设离不开榜样的引领,在师德标兵的事迹感召下,教师会自然而然地向标兵靠拢。

（一）引进来：学习先进师德事迹

中城小学从建校之初就把师德宣传事迹作为师德建设中的重点，在假期里经常邀请市区级师德标兵来中城小学举办讲座。2020年，中城小学邀请余姚市名班主任吕霞飞老师做关于"德育体验成长"的讲座。在这堂讲座中，吕老师通过韩国电影《春夏秋冬又一春》中的一个片段向我们展示了师德的重要性和体验式德育的缘起。在这次讲座中，中城小学教师纷纷走上台，通过一个个生动案例的解说和一次次师德两难问题的解决，感悟了师德的宝贵。2019年，我们一起走进了杭州市朝晖实验小学，学习他们在师德管理上的经验；一起走进了西子湖畔的杭州市行知小学，参观他们的手工教室，孩子们的手工劳技作品令人印象深刻。在那里，我们第一次真正体会到了陶行知先生所说的"生活即教育，社会即学校，教学做合一"。教师要做学生学习的引路人，促进学生的个性化发展。

（二）走出去：分享我们的师德故事

师德事迹的分享还应该关注我们身边的故事。中城小学积极搭建分享平台，开展一系列师德论坛，分享教育教学中的故事，汲取每一个分享教师身上的真善美，学习他们身上的成败得失，在讲述中经历思维火花的碰撞，深化对于师德的理解。2020年5月15日，中城小学开办了师德工作室，以我为领衔人，邀请了中城小学袁老师、应老师、王老师、冯老师等8位师德考核优秀教师为师德宣讲人。定期举行师德讲座。从一开始的分享师德师风建设的新闻，到后来关注我们学校自身教师的师德事迹，通过宣讲的形式让师德先进事迹传播更加深远，更加到位。

四、制度引领：规范师德师风

加强制度建设应当着眼于机制的建立和完善，努力实现制度在更高层面的系统整合。师德考核制度的建设就像一个指向标，它统领了学校师德建设的方向，如果制定得完善具体，那么对每位教师师德修养的提高将有巨大帮助。

（一）初步制定师德规范制度

21 世纪初，中城小学就制定了《宁波市中城小学办学章程》，随着时代的发展，中城小学连续三轮制定《宁波市中城小学三年自主发展规划》，从学校宏观的政策层面上，确保了"以生为本"的教育理念在中城落地。在办学章程和发展规划的引领下，中城小学制定了《宁波市中城小学规范师德师风条例》，制度中涵盖了教师师德修养六个方面：爱国守法、爱岗敬业、关爱学生、教书育人、为人师表、终身学习。

（二）细化师德规范制度细则

没有具体细则的制度往往会成为一纸空文，师德建设也会流于形式。中城小学在师德制度建设之初，就明确了"保障基准，具体可行"的师德考核细则，从依法执教、爱岗敬业、严谨治学、热爱学生、团结协作、尊重家长、为人师表、道德素养、廉洁从教、工作实效十大方面入手，通过自评和小组互评等方式，扎扎实实落实到每一个细节，使师德的建设更加具体可行，也从制度上规范了每个老师的师德修养。

（三）不断完善师德规范细则

师德规范细则需要不断完善，中城小学在现有考核制度的基础上又添加了监督机制和奖励机制。每个学期结束之后，中城小学都将举行师德师风座谈会,对考核优秀者进行奖励。此外,中城小学还在每学期期末开展教师满意度调查,让家长或学生监督教师的行为。

在中城小学,师德师风的建设不仅是一种口号,也不仅是白纸黑字的文件,还是由一个个具有自身特点的教师及一件件平凡却意义重大的事情组成的。在他们的身上,师德师风的修养体现得淋漓尽致,也彰显了百年名校的精神气度。

第三节 注重教师基本功培养

教师的基本功指教师从事教育教学工作所必需的基本的知识和技能,是教师备课、上课等教学环节所必须具备的技能。教师基本功是教师从事教学工作的必要能力,是教师的安身立命之本,是实现教学目标,改善教学效果的重要基础。于教师而言,教师入职以后,从一个不成熟的新手,发展到一个成熟的专业人员。这一成长过程,必须放在教学这个特殊的环境中来实现。而教师基本功恰恰是一个实现这一转变的很好的载体。教师基本功是教师成长的决定因素,也是教师成长的基本路径和根本内核,其重要性不言而喻。[①] 韩愈说:"师者,所以传道,授业,解惑也。"这也正隐含着从古至今对教师提出的要求,教师最基本的智慧和能力就体现在其基本功上。教师基本功是所有教师必须掌握的,它既不是某些教师的特权,也不是个别教师的天赋。它是使教师成为教师的基本

---

①许正昊,林建军.论教师基本功与青年教师成长的关系[J].当代教育论坛,2010(2):24-26.

资格。因此,在学校教师队伍建设中,必须重视对教师基本功的培养。在中城小学,培养教师基本功一直是中城小学教师队伍建设的一项基础工程。为进一步提高中城小学教师专业素养,打造一支教学基本功扎实、综合素质高的师资队伍,中城小学始终坚持把教师基本功训练视为"保障基准"的重要内核,作为教师队伍建设的重点工作,充分发挥教师基本功培养主阵地的作用,促进教师专业化整体发展。

一、志同道合:用理念唤醒自我价值

美国教育家帕尔默在《教学勇气:漫步教师心灵》一书中说道:"好的教育源自教师的自身认同和自身完整。"建设教师队伍应落实到每一个人身上,如何引领教师在成长道路上去追寻个人价值,如何让教师的初心与学校的育人理念相呼应,就是要唤醒他们对自我价值的认同和追寻。教育观念和育人目标在不断发展,作为教师,在思想认识上应做好充分的准备,教育观念与时俱进,自觉适应新时代教育的要求,为练好内功播下健康的种子。

(一)多样课程,实现新教师职业认同

刚刚进入教育岗位的教师要完成教师职业的认识,完成从象牙塔学生向社会职业人的转变,完成从对常规职业的认识向对教师这一特殊职业的认识的转变。

为此,中城小学在新教师入职前为其开设了多种形式的专题课程:带领新教师走进中城,在中城的一草一木、一室一廊中领略中城的文化底蕴;走进校史馆了解中城的历史;阅读校刊,感受中城的教学特色。随后,由校长为新教师们上好校长第一课,介绍中城的基本情况,阐述"中·城"办学理念和"诚谨勤俭"百年校训,明

确中城教师的使命、责任、义务,希望大家把对美好未来的憧憬和热情投入新的工作岗位上,做一名合格的中城人。

同时,中城小学教导处还积极建设青年教师成长"工作坊",为新教师提供一个思想认识的交流平台。新教师可以在这里敞开心扉,畅谈心中所想。青年教师小周回忆起工作的第一年,忙碌又陌生的工作使刚刚踏入教育岗位的她有些焦头烂额。当时青年教师成长"工作坊"开展了一个名为"教师职业幸福感"的论坛,在年轻伙伴们一起交流探讨如何收获教师职业幸福感的过程中,她对教师职业的认同感油然而生。

(二)与时俱进,解读教育方针政策

教师的工作离不开对党和国家教育方针政策的深入学习与理解。在2018年召开的全国教育大会上,习近平总书记指出,我国是中国共产党领导的社会主义国家,这就决定了我们的教育必须把培养社会主义建设者和接班人作为根本任务,培养一代又一代拥护中国共产党领导和我国社会主义制度、立志为中国特色社会主义奋斗终身的有用人才。[①] 因此,作为教育工作者,我们首先要明确"为谁培养人""培养什么样的人""怎样培养人"这三个关键问题,确保我们的教育工作始终沿着正确的方向前进。

例如,"有用人才""时代新人"的一个重要特征,就是具备劳动的素质,能够弘扬劳动精神、崇尚劳动、懂得劳动最光荣,能够辛勤劳动、诚实劳动、创造性劳动。2018年全国教育大会上,习近平总书记要求把劳动教育纳入培养社会主义建设者和接班人的总体要

[①]坚持中国特色社会主义教育发展道路 培养德智体美劳全面发展的社会主义建设者和接班人[N].人民日报,2018-09-11.

求之中,提出构建德智体美劳全面培养的教育体系。[①] 因此,中城小学积极响应国家教育政策,还原劳动本色,引领全体教师在原有基础上进一步强化综合实践课程、开发劳动微盆景基地、完善劳动评价体系,整合学科劳动教育资源全面推进,还邀请市、区综合实践课程教研员来中城小学做劳动教育讲座,为教师们阐述劳动教育的重要性和实施劳动教育的方法策略,使大家对劳动教育有了全新的认识。2021 年 3 月,中城小学成功创建成为宁波市劳动教育示范学校。

(三)点亮生涯,抱团成长秀木成林

英国诗人斯蒂文森的小诗《点灯的人》从某种意义上来说,可以算作对教师工作的一个隐喻:"每天快要天黑的时候,他就拿着提灯和梯子走过来,在每一家的门口,把街灯点亮。"建设教师队伍,也要点亮教师生命状态的那盏灯。

正是本着这样的理念,学校帮助教师做好职业规划,使其明晰职业发展的意义、目标和路径,把握自我成长的关键节点,走好专业发展的每一步;鼓励教师进行自我诊断,让他们了解自身的性格优势、专业特长,如学校让每一位青年教师都自主制定合理的三年或五年专业成长规划并实时对照。同时为所有教师搭建专业成长的平台,大力支持教师参加各级各类比赛、荣誉评比、职称评定。从专家指导到外出学习都给予保证,以此促进教师的专业发展,充分激发他们的教育才能。

近年来不少教师获得市、区名优骨干教师的称号,还有不少老师在职称上获得晋升,助人助己,"木秀于林"是一种景观,"秀木成

---

①全面贯彻党的教育方针 大力加强新时代劳动教育[N].人民日报,2020-03-30.

林"则是一种壮观,这种良好的氛围让教师自主找到自己专业发展的道路并与学校的发展相契合,是一种共生的良性模式。

二、水滴石穿:以基准练就自我能力

传统意义上,教师对"教学基本功"的认识主要集中在"三字一话",而在新课程改革的形势下,对教学基本功的含义有了更深层次的要求。[①] 随着时代的发展,教师基本功的含义越来越广,教师基本功涵盖的范围越来越大。从学科角度出发,我们主要从通用基本功与学科基本功入手,提升教师的自我能力。

(一)立足通用,定位根本

练好教师通用基本功是每一位教师站稳讲台的第一步,包括三笔字(钢笔字、毛笔字、粉笔字)、口语表达、简笔画、应用现代教学技术的能力等。中城始终坚持把各项通用基本功技能训练列入学校常规工作计划,做到"一项一训""一训一得"。通过由浅入深、循序渐进的扎实训练,教师成长的小径上新芽萌发,一片生机勃勃。

1.学习书法,巩固基本

为了提高全体教师的三笔字能力,中城小学书法老师承担教师书法培训工作,每月一次现场指导教师们的笔画书写和间架结构,将高深的书法知识具象化,为老师们讲解书写的起、承、转、合。学笔法、模字法、悟章法,中城教师们聚精会神,仔细聆听,一丝不苟,专心临摹。同时,中城小学组织教师坚持岗位自练硬笔书法钢

---

①顾文秀.让教育充满常做常新的智慧挑战——谈教师新基本功[J].人民教育,2012(11):40-41.

笔字,每周完成一幅粉笔字书写作品展示于学校长廊,每月开展一次软笔书法作品评比。此措施的实施,达到了分批、分层、分重点训练的效果,并且有效激发了教师训练的积极性。在一笔一画的扎实训练中,教师们的三笔字能力得到有效提升。

2. 学信息化,掌握技术

数字化时代中,教育工作者必须付出更多努力去理解和利用新型教学方式。因此,中城小学紧跟时代变化,加强教师的现代教学技术能力的训练,积极安排专家来中城小学开展微课制作、智慧教育使用方法等培训。通过培训活动,老师们对现代教学技术有了更全面的了解,活学活用,不断提高现代教师教育信息化的运用能力,适应时代的发展。

3. 练普通话,正确表达

作为一名教师,有声语言的表达水平决定了其课堂效果。中城小学每学期都会请专业普通话老师来校开展"朗读技巧指导"主题学习课,通过现场示范读、带读、练读、指名读等多种朗读方式对教师们进行朗读训练,教学扎实、有效的朗读方法。通过训练,教师们不仅学习到朗读时气息运用、音调校准、情感表达的方法和技巧,并且更深刻地认识到朗读艺术的重要性。学习课后,教师们还会积极参与每周朗读打卡活动,在训练中不断扎实普通话基本功,不断提高有声语言的表达水平,使课堂更具有感染力,使教学更上一层楼。通过在全体教师中开展分批、分类、分阶段的重点训练,中城教师们的各项通用基本功技能得到显著提升。

(二)放眼学科,凸显专业

教师只有具备过硬的学科教学基本功,才能成为一名合格的教师。学科教学基本功包括理解课程标准和把握教材的能力、教学设计能力、课堂组织教学能力、教学评价能力、学科专项能力等。为全面提升教师的学科教学基本功,中城以学科组为单位,定期组织开展各项学科基本功竞赛,如教学设计比赛、命题比赛、说课比赛、试讲比赛等,做到"一期一赛""一赛一得"。教师们的基本功在此过程中拔节生长,逐渐枝繁叶茂,绿意盎然。

1. 以赛促长,夯实教学设计能力

为提高中城小学教师教学设计能力,学校各学科组每学期开展一次教学设计比赛,邀请市、区教研员、名师专家作为评委为教师们诊断把脉。比赛时,课题由教导处统一选定,学校只提供课本,不允许参考任何资料,教师们在规定时间内独立完成设计。接着由专家评委对教师现场教学设计比赛成果进行公平、公开的分析,并评选出名次。比赛结束后,各科专家们对教师的教学设计进行细致入微的点评和指导,要求设计准确把握教材,目标定位准确,教学过程设计完整,注重学法指导。值得一提的是,每学期各学科会根据实际教学分层、分类地定位侧重点。例如,语文教研组,每学期会关注习作、口语交际等不同课型的教学设计。

2. 课堂展示,发展课堂教学能力

为进一步促进青年教师夯实基本功,加快青年教师成长,实施高效课堂教学,给青年教师提供一个专业成长的平台,营造互相学习、互相交流的良好教研氛围,中城小学每月都会设置青年教师会教活动,各科青年教师们精心备课,反复斟酌,在年级团队和师傅的帮助下一次又一次地磨课,最后进行课堂展示。展示课后,上课教师与听课教师聚在一起畅所欲言,进行课后研讨活动。在评课过程中,听课教师针对每一节课的亮点和不足,都提出了有价值的参考意见,既有肯定,也有深刻的剖析。成长如流水,专业是源泉。每一次的教学展示都是一次宝贵的成长、洗礼和蜕变,从一份份用心的教学设计,一节节精彩纷呈的课堂,我们欣喜地看到了每位青年教师的成长。青年教师会教活动不仅为青年教师搭建了一个实践教学理念、锻炼自己、展示才干、交流学习的平台,在教学方面也使各位教师得到了磨炼、提升和成长,对提高教师的教育教学水平起到了很大的促进作用。

3. 试题命制,提升教学评价能力

新课程提出发展性学生与教师评价的思想,需要教师在学生评价方面除了掌握传统的以考试为主的评价手段的量化、终结性的评价方法和技能之外,更需要学习新的形成性的评价方法与技能。[①] 简而言之,教师必须在教学实践的过程中时刻磨炼自己教学评价的功夫。为提升教师的教学评价能力,中城小学每学期都会要求每位学科老师每周完成一份周作业设计,每学期编制一份期中练习和期末练习并上传。另外,每学期还会在各学科组中开展各类命题比赛,进一步提升教师教学评价能力。例如,在2021年初,中城小学语文大组开展了教师阅读单设计比赛,组织老师们在前期先认真阅读了规定书目,同时积极学习著名特级教师蒋军晶老师著作《如何设计阅读单》,并融入自己的实践和思考,设计阅读单,评选出优秀阅读单参加全国"宏·中文"阅读单设计大赛,最终王云聪和徐红露两位老师荣获特等奖,其他九位老师分别获得一、二、三等奖。

---

①许正昊,林建军.论教师基本功与青年教师成长的关系[J].当代教育论坛,2010(2):24-26.

4.论坛汇报,促进教研能力

教师需要经常性地、有针对性地考察、反思自身的教学行为和教学理念,深入地研究教育理论和教育思想,主动且创造性地去解决教学实践中存在的问题。为提高教师的教研能力,中城小学还定期举办教研论坛,以各学科组为单位展开教研论坛活动。比赛邀请区教研室领导担任专家评委。参赛教师立足个人教育教学实际问题,前期认真撰写教研微项目,就其中项目内涵、立项缘由、项目内容、预期效果及反思与改进等方面进行汇报。考核结束,专家评委们对教师们的选题角度、教研价值、汇报表现等汇报进行细致的点评与指导,评选出优秀项目跟进后续研究指导。中城小学教师的教研能力在比赛中得到有针对性的提升,每年都有多篇教学案例、教学论文在各级各类评比中取得佳绩。"以赛促教、以赛促学、以赛促建、以赛促长",在各项基本功训练竞赛中,教师们以饱满的热情展示教学风采、交流教学方法、切磋教学技艺、积累教学经验,中城教师队伍的学科教学基本功不断进步。

三、大爱无疆:让合作促进师生共长

苏霍姆林斯基曾说:"教育技巧的全部奥秘在于如何爱护学生。"①一个优秀的教师,除了练就教师通用基本功,具备过硬的学科教学基本功以外,还需要具备爱心育人的人文素质,在爱学生的过程中对他们进行教育工作。这种爱不仅是一种情感,爱本身还是一种能力,一种实践的道德智慧。② 在人工智能盛行的时代,诸

---

①苏霍姆林斯基.给教师的建议[M].杜殿坤,译.北京:教育科学出版社,1981:59.

②周明华.教师基本功的修炼[M].北京:国家行政学院出版社,2012:21-22.

如知识性传授等功能很容易由机器人高效实现，而爱人育德的功能却无法被替代。现如今，班主任工作也越来越受到重视，如何做好一名班主任也是现在乃至未来十分重要的课题。

受先天基因、后天教育影响，每一个孩子都是不一样的，都是独立的个性的存在。教师面对一个班级中个性迥异的学生，需要具备"爱"的能力，爱没有血缘关系的学生，爱平时爱不起来的学生，爱他们，使他们愉悦地接受教育。新闻报道中，教师体罚学生现象屡禁不止，这一不良现象背后的原因，便是这些教师不具备"爱学生"这一教师基本功。中城小学历来十分重视教师爱的能力的修炼，以各种途径为教师搭建成长的平台，提供成长的养分。

（一）榜样引领，凝聚"爱"的智慧

在班主任队伍建设中，只有认识正确，方法得当，措施有力，才能使处于各个发展阶段的班主任迅速成长。名优班主任作为榜样引领，可以点燃老班主任的育人情怀，也可以为新班主任保驾护航。因此，中城小学积极推荐有潜力的班主任老师参加各级各类班主任评比竞技并收效喜人。本着"智慧引领，与爱同行"的宗旨，中城小学抓住拥有两位区名班主任的契机，成立了校名班主任工作室。在工作室中，学员在导师的带领下定期开展经验分享、讲座研训、读书交流会等活动，并将在工作室中的所学、所思落实到日常班级管理之中，学以致用、活学活用。目前，学员中有多人次在区班主任基本功评比中获得佳绩，不少学员因此确立了德育发展方向并为之努力。正是这种凝心聚力的智慧让中城教师们的爱心育人基本功得到质的飞跃，爱的智慧让学生和教师共同成长的路上开满鲜花。

(二)活动育人,修炼"爱"的能力

班主任是班级管理的实施者,也是学生健康成长的引导者。为了有效提升班主任的专业化水平,学校积极开展德育主题论坛、班主任技能评比、德育活动设计培训与指导等活动,促进班主任提高专业化水平,帮助其修炼"爱"的能力。为了让班主任在学习积淀、实践研究、总结提升的过程中提升专业水平,学校定期开展的德育论坛,以"小事件"教育为切入点,探讨与解决教育实践中遇到的问题,将一些好的做法与经验加以传递与分析,引导班主任学有所思、学有所悟、学有所得。例如,我们开展了"如何正确对待特殊家庭学生""班级文化建设""把心理问题扼杀在萌芽阶段"等主题论坛,通过主题宣讲、互动点评等形式,引导教师沿着"交流—实践—反思—提升"的路径展开工作。同时还利用技能评比来帮助班主任积累以爱育人的智慧,有意识地养成"判断问题—分析问题—解决问题"的思维能力。例如,中城小学每学期都会开展一次情景案例分析与答辩比赛。全体班主任和青年教师参加比赛,以随机抽取题目的方式随机抽取教师现场答题。教师们根据案例进行答题,邀请市、区名班主任担任专家评委做现场指导。面对不同情境,不同案例,班主任教师从开始的稍稍紧张变得从容镇定,纷纷提出行之有效的学生问题处理方案。

为了有效发挥育人功能,学校每学年都会开展各种主题教育,这就需要班主任能够结合活动主题,精心设计与组织开展内容丰富、形式新颖、富有感染力与吸引力的主题活动。例如,开学初,学生还沉浸在假期生活中,进入学习状态比较困难,班主任们就会设计"抢红包""送祝福""开新年盲盒"等开学第一课的内容,激发学生的兴趣、缓解上学的压力。学校也会开设德育主题公开课,由同

年段的班主任集体备课,帮助年轻班主任设计主题活动课,由全校班主任与青年教师共同观课提出建议,形成优秀案例,这既凸显了各自的建班育人能力与管理水平,也营造了良好的德育氛围。中城小学始终将教师基本功修炼作为教师队伍建设的基准工程,每一位教师的成长之路都是从这里出发,今后的每一步才能走得分外扎实。同时我们也明白,教师职业具有特殊性,我们的工作对象是学生,是具有思想、行为和自我意识的发展中的人,所以教师的基本功不像其他行业基本功,一旦练就不用再变。教育教学的工作特性决定了教师的基本功的含义和范围是在不断增加、提升和改进的,它随着时代的发展、教育改革的发展、学生发展而螺旋式上升。在这个全新的时代,数字化的大环境正颠覆我们的日常生活,传统教育也必须不断应对各种颠覆性力量,如移动设备、创客运动、各种学习类应用程序、翻转课堂、混合交互式学习等。教育的与时俱进要求我们教育工作者需要不断地审视教师基本功的内涵,只有进行时,没有固定式。路漫漫其修远兮,吾将上下而求索。中城的教师基本功修炼,一直在路上。

第四节　分层培养,加强教师培养的针对性

学校致力于优秀教师的培养,在对教师进行基本教育教学能力培养的同时,也十分重视教师自身个性化的发展。苏联教育家彼得罗夫斯基这样评价一个教师的个性:"教师的个性强有力地影响着儿童的智慧、感情和意志的发展,影响着他们的生活。"在教育中,一切都应以教育者的个性为基础。教师个性体现在一个教师

自身的严谨性、责任心、创造性、独立性。激发学校的办学活力,需要激发每个教师的内生动力。俄罗斯著名学者季米里亚捷夫说:"教师不是传声筒,把书本的东西由口头表达出来,也不是照相机,把现实复呈出来,而是艺术家、创造者。"学校的发展应该是由每一个个体被充分信任后的"我愿意""我喜欢""我要做""我选择"的力量驱动的。我们认为遵循教师个性发展,因势利导,才能让老师发挥出最大的潜力,造就更优质的教育成效。教师培养是学校教师管理工作的一项重要项目,教师队伍是学校教育的重要保障。因此,学校根据不同学科教师发展水平和不同阶段教师发展需求,制定了切实可行的个性化培训方案,促进各学科教师均衡发展,满足教师个体的发展需求,在教师培养探索过程中,走出了一条进一步促进教师个性扬长之路。

一、借助个人规划,助力教师个性成长

教师个人发展规划是在学校特色、方向指引下形成的,既有学校发展的特点,又有教师个人的特色。正确、合理的个人规划可以成为教师职业生涯中一盏指明灯,指引未来的方向。因此学校非常重视教师个人发展规划的制定与实施,让教师结合学校规划,探索自己的发展道路,从而推动学校的发展,为学校发展注入强有力的生命。

(一)教师自我定位,定制个人发展规划

学习者最强的学习动力来源于自己,也就是教师自身是学习的主体。学校培训不能忽视教师这个学习者本身。教师专业发展规划的设计起点就是对自我的分析评估,主要是指教师根据个人的生理、心理、智力、能力、性格、兴趣、爱好、特长等因素进行自我

意识、职业取向、自身条件、优势与缺点、发展阶段及要求等方面的全面分析与判断的活动。[①] 每一位教师入职前学校都会对其进行职业规划引导,指导教师厘清发展目标,并根据自身情况,发现自我需求,从而确立自己的发展目标。发展目标是指教师希望并愿意付出努力去实现的预期结果。教师确立发展目标要以自身发展现状为立足点,结合自身的发展需求,同时依据国家有关的教育政策、法规,围绕教师专业素质结构的基本要素以及学校对教师专业发展的具体要求。[②] 因此,中城小学经过培训和慎重思考,对每位教师进行了阶梯式目标层级设计,即《宁波市中城小学新教师个人专业发展三年规划》。规划包含三个项目:其一,个人基本情况,老师们将对自我进行初步认知;其二,拟定三年发展总目标,从优势、劣势等角度分析自我发展状况;其三,从教学实践、科研成果、学生管理等方面展开,拟定三年分期目标,根据目标制定具体的实施措施,长期目标与短期目标发展指向一致。如此环环相扣,形成一个完整的三年规划。在这个规划中,体现了个人发展的需求和未来的职业愿景。基于此,教师可自下而上地对学校提出相应要求来为实现自己的规划提供助力。

周老师是中城小学青年教师新力量,自入校就制定了自己的三年个人规划,她从自己的工作实际出发,从教学、科研、班主任三方面制定总目标。杨老师作为学校有经验的老教师,严格要求自己,对日常教学、教研课、案例论文撰写都提出了具体要求。一年里,老师们都按照发展目标努力,达成了自己的既定目标,享受成

①胡永新.教师人力资源管理[M].杭州:浙江大学出版社,2008:346.

②杨建云,王卓.引导教师制订个人的发展规划[J].中国教育学刊,2005(6):51-53.

功喜悦的同时,也大大提升了自己的工作能力。

(二)团队温情互助,提供专业助力和情感激励

学校于老师就如同家庭于孩子,在教师自觉性和成熟度不高的时候,学校应该提供相应的制度、方案以规范教师的教育教学行为,为促进教师尽快制定职业生涯规划并开始实施提供专业的帮助和温情鼓励。旁观者清,学校作为教师培训的主要承担者,在给予教师基础培训的同时,还需要及时对其进行观察诊断,这种自上而下式的观察诊断,来源于每学期的随堂听课。这种不定期地对每位教师进行教学常规的考察,为学校评估每位教师的能力,适时提供有效帮助提供了一定的参考依据。

在对体艺教研组教师进行帮扶时,学校通过了解专业素养、观察平时课堂等方式,了解到了每一位教师的自我定位和规划,同时指导了其特长与兴趣。例如,音乐组尤佳艺老师擅长琵琶,李诗婕老师有木球特长……学校根据教师特长和意愿,为老师们提供场地,推动琵琶、木球等课程的开发,让老师们在自己的一片天地中育苗耕耘,丰收硕果。由于特殊孩子随班就读制度的开启,这些"折翼天使"散落在班级中,学校也亟须富有责任、爱心,并且在心理方面有一些经验的老师从事学校心理、特殊教育工作。经过学校的观察、筛选,袁老师等三位老师成为学校特殊教育、心理健康教育的先行者。学校教导处、教科室、校长室分别与三位老师进行了交谈,详细介绍了这些工作,激发他们对这项新工作内容的好奇心和积极性。这样的诊断模式让学校对教师们有了更深的了解,为后期帮助其完善个人发展规划起到了重要的指引作用。

学校通过对教师个体的了解—观察—助力,协助每一位教师制定并完善具有个人特色的个性化发展规划,在三年发展目标引领下,制定学年目标和学期目标,力求教师三年里挖掘自身潜能,实现理想追求,教育工作迈上新的台阶。

(三)定期对照重制,提高规划实效

为了使规划得到更具实效的实施,定期评估是一项重要的方式。因为教师的规划仅仅是一个发展预设,任何人的规划都需要通过教育教学实践的检验才能看出具体的效果。对教师规划效果的检验与认定不是要给教师分出等级,是检验教师规划与实际的发展吻合程度如何,以便对自己的发展规划进行必要的调整与修改。[①] 中城小学将教师个人发展规划定为三年一个循环,每年教师都要结合《三年规划个人发展自我对照表》就自己目前三年规划实施情况和目标达成情况进行总结,即教师将立足于本学科教学和自己工作,梳理已达成目标,同时进行自我反思,以便下一年更好地转变工作方法,顺利达成既定规划目标,也可以及时修正自己的规划,这样老师们的个人规划更具灵活性,成效也会大大增加。从袁老师中期的三年规划个人发展自我对照总结中可以看到,一年的时间,袁老师也是硕果累累:在教学上,班级学生学风正,学习成绩优异,编写《快乐小报》,坚持一周一期,提高班级学生的写作兴趣和写作能力;积极撰写论文,被推荐到市里参评并获奖;德育案例获区一等奖并发表,开展德育心理课题研究,并在班级推广“心语日记”等心育活动。行动的反思是为了保证教师职业生涯方向和价值的正确性,教师根据规划实施效果不断总结经验,积极调整实施策略,在为前三年画上一个句号的同时,积极制定下一轮的自我发展规划,以利于更好实现自我的职业价值。

---

①王森龙.构建教育行政部门的支持平台,促进教师专业的持续发展[J].上海教育科研,2005(4):68-70.

二、拓展结对模式,助力教师分层进阶

"在现代学校中,初任教师(新教师)入职辅导中,常常采用有经验的教师与新教师结成对子的办法,对初任教师进行个别辅导。"①这种"一对一"的师徒结对,是中城小学"蓝青工程"建设的第一步。初入职的新教师在前三年,跟着自己的师傅一步一步地熟练业务技能,提升管理水平,逐渐成长为基本功扎实的青年教师。此时的他们,对于未来的职业规划,有了更多清晰的个性化的要求。很显然,"一对一"的师徒结对模式不再适合这样的个性化需求。学校方面敏锐地捕捉到了这一点,由校长室牵头,教导处制定具体的"进阶"方案。初步方案形成之后,学校方面咨询专家意见,也参考了兄弟学校的青年教师培养模式,经过多次行政开会研讨,最终更具"梯度化"的师徒结对模式应运而生。

(一)"一对多"模式,共促新秀教师成长

经过几年时间的培养,有些青年教师像海绵一样不断吸收先进的教学理念,努力钻研教学业务,稳扎稳打,短短五六年时间,呈现青出于蓝之势。接下来,就如璞玉一般,他们需要精细化打磨教学能力,以期在未来几年内跻身新秀教师的行列,成为骨干教师梯队的后备力量。

但是与此相矛盾的是,有些师傅虽然教学经验丰富,可是在学科领域已经无法胜任培养新秀教师的重任。所以重新分配结对资源势在必行。为了更好地发挥师傅顶层指导的辐射性,学校经过研究决定,由各学科教研组组长牵头,从所在学段内挑选具备发展

①陈桂生.且说初任教师入职辅导中的"师徒制"[J].湖南师范大学教育科学学报,2006(5):38-40.

潜力的青年教师,组成"互助合作组"。每组的师傅由同一学段内的名师、骨干教师或教研组组长担任,每月进行一次主题研讨活动,每学期每个组员上好一节公开课。

和原来的"一对一"形式相比,因为师傅含金量的提升,对组内徒弟的指导更加有针对性。而合作组内的青年教师既是对手又是伙伴,这种关系无疑增强了他们之间的良性竞争和同伴互助的氛围。正如帕尔默所指出的那样,基于实践的教师成长,一个不可或缺的去处就是"由教师同行所组成的实践共同体,从同事那里教师可以更多地了解我们自己和我们的教学"①。

戚老师是一位任教三年的青年教师。她所在的互助合作组师从数学教研组组长林老师。组内还有同为三年教龄的江老师和华老师。他们正在准备一次主题为"自学"的教学展示,由戚老师执教,江老师和华老师全程参与前期的磨课准备,并按照师傅林老师的要求,做好课堂观察工作。刚开始的几次教学设计和试讲,效果都不太理想。师傅林老师循循善诱,引导几位青年教师从实际出发,以解决当前学生学习上的困惑为起点,来思考整个教学过程。在林老师的指导下,几位青年教师茅塞顿开。经过几个晚上的加班加点,戚老师的这节公开课得到了区教研员王晓东老师的好评。在整个打磨课堂的过程中,戚老师的收获无疑是最大的,但是团队内的其他老师也同样获益匪浅。一课成而众人有所得,这就是我们所要的效果。

(二)"多对多"模式,助力骨干教师蜕变

在培养新教师夯实基础,促进新秀教师脱颖而出的同时,学校

---

①帕尔默.教学勇气:漫步教师心灵[M].吴国珍,余巍,等译.上海:华东师范大学出版社,2005:142-144.

也积极为各学科骨干教师创造蜕变契机,助力其"化茧成蝶"。

自 2013 年 9 月开始,中城小学开始组建骨干教师"种子班",实施"请进来,走出去"培养战略,先后聘请了诸如省特级教师金感芳、励汾水等区内外各级名优教师,为种子班学员提供高阶培训。

"种子班"学员的研课过程为:学员独立备课演绎、团队交流研讨、学员再次课堂演绎三阶段递进呈现,并在团队交流研讨中形成名师点拨引领、团队协助备课、课堂多维观察与交流反思重建四环节循环(如图 2-1 所示)。

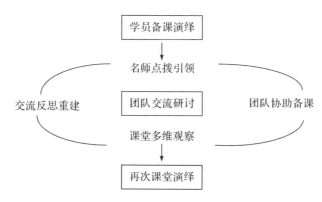

图 2-1 "种子班"学员的研课过程

"种子班"的学员老师自身的研课能力是毋庸置疑的,所以第一环节的独立备课更像一次"随堂检测",来检验一段时间内的学习成果。后续的名师点拨引领、团队交流研讨,像是一次"试卷分析会",以第一环节的课堂教学为案例来分析问题,解决问题。团队在学习过程中,进行思想的交流碰撞,实现举一反三的进步和提升。更为关键的是,一次完整的研课并非到此为止,真正的能力提升在于第二次的课堂演绎和课堂观察。执教的学员将上一阶段的感悟融入演绎之中,交流学习的学员则在课堂观察中检测执教者的课堂成果,大家各自在"做中学",各自在实践中提升自我专业素养。

三、立足岗位需求，开展针对性培训

教育的目标是培养全面发展的人，教师作为学校的一线工作者，面临的教育问题也是多面的，因而也分出了一部分除了教学之外的特殊岗位，如心理老师、班主任、卫生老师、社团老师等。因此学校多线并行，为了加强这些特殊岗位老师的水平和能力，开展分类培训，挖掘校内外培训资源，力求特殊岗位老师们能够获得最优的学习资源，促进学校综合发展。

根据不同岗位工作内容、工作对象，我们发现有些知识性的培训内容可以使用传统的专题讲座式，而有些则不行，为此学校分别制定了不同的培训内容，采用了不同的培训模式，将专题讲座、案例研讨、实践体验等方式混合，以达到培训效果。

（一）更新教育观念，提供支持保障

为了保证教师特殊岗位培训更有效开展，学校适时转变培训理念，梳理出"学校—岗位培训负责人—参训教师"三者间的科学关系：学校作为培训活动的发起者和总负责，对岗位培训负责人进行指导、监督与考核，对参训教师进行总体的指导、管理，同时岗位培训负责人对参训教师进行指导、管理与考核。学校通过明确培训分工，对参训教师提供更全面、准确的指导；通过考核，在保障教师权益的基础上，激发教师的学习动力。

"站在大师的肩膀上前行，站在自己的肩膀上攀升，站在集体的肩膀上飞翔。"阅读就是教师获得知识、提升修养的一个重要途径。我们可以通过文字探索世界，通过文字建构自己的理解，让教师有更强大的力量去应对教育中的问题，同时阅读也能够一定程度上消除职业倦怠。学校也十分重视教师的阅读。中城小学拥有

省级示范性图书馆,海量的藏书不仅仅为学生提供了精神食粮,也为教师提供了阅读盛宴。教师可以利用空余时间到图书室里阅读图书,也可以外借图书。为了保证教师的阅读需求,学校每年都为教师征订各类图书杂志,如心理健康类、卫生教育类、电影类等,一应俱全。为了满足特殊岗位教师个性化需求,每年学校也会依照惯例为教师提供一定的资金。每年的年底,预购期刊成了中城小学的一大传统与特色。新年开启即送来新鲜的资讯。

学校教师课务繁忙,为了加强教师的培训积极性,让教师参加培训没有后顾之忧,学校教导处、年级段积极配合,帮助教师解决课务问题,让教师能够安心培训,提高培训效率。

(二)专题活动引领,掌握岗位知识

由于教师工作性质特殊,为了合理利用教师的培训时间,学校开启"请进来"的培训措施,建立了教师培训导师队伍,将区、市各级培训教师列入邀请名单之内,对学校专兼职心理教师、卫生教师进行针对性培训。由于"微盆景""手工"等技能培训内容具有特殊性,学校邀请了"本土导师"入校对指定岗位教师团队进行针对性培训。

"请进来"的培训方法具有一定局限性,也不足以满足教师专业性需求,因此,学校在"请进来"的同时,组织特殊岗位的教师"走出去"。学校利用区内资源积极组织学校心理教师、卫生教师外出学习,聆听专家讲座,掌握岗位知识,更好地服务于实际工作。除了区内组织的教师培训之外,学校也从岗位特点出发,争取校外培训学习名额,并按照计划分批次安排学校特殊岗位教师外出学习,如安排教师参加南京"绘本专题"培训,学习绘本品读、制作技能;学校特殊教育教师分批参加了杭州、北京等地的有关心理、特殊教育培训,更新教育理念,在教师心中种下融合教育的先进理念以服务于学校教育教学。

为了深化"走出去"教育影响,学校还安排"走出去"的教师反哺,通过讲座、展示的形式,向本校教师分享学习的收获和经验,让学习的效果辐射到学校的每一位教师。学校克服乡镇学校教师成长环境的困难,为教师提供开放性的学习平台,提升专业水平,帮助教师形成自己的个性化教学,提升教师的教学素养。

(三)组织实践体验,提高岗位技能

由于特殊岗位工作内容具有专业性和实操性,学校更加注重实践操作培训。因此针对这些岗位教师培训,学校积极组织实践体验性的培训形式。学校积极利用区内外的学习资源,把握学习机会,派教师外出参与体验式培训。

学校派教师外出学习心理沙盘疗法,掌握特殊教育器材使用方法,学习心理、特殊教育诊疗案例,以便服务于学校工作。微盆景作为学校的劳动实践内容之一,有一定的特殊性。学校将微盆景专业人员请进学校为教师进行专题知识培训,相关教师初步了解微盆景,学习观察微盆景,随后中城小学安排相关教师向慈城微盆景基地的老师学习盆景"凹造型"的基本技法。这样学校有了"专业"的微盆景教师。

教师不仅仅是一位教书匠人,更应该是一个反思者,反思的内容是经验积累的生成,是实践后的思考呈现,更是经验升华为理论的一个过程。这个过程能够促进教师专业的成长。因此,学校根据培训内容,更新培训形式,组织"论坛""沙龙"等活动,引导教师从"教书匠人"向"研究者"转变,激发教师的创造性和积极性,提高培训活动的学习成效。

　　学校组织开展心理沙龙活动,讨论班级心理活动开展形式,形成切实有效的心理活动、心理游戏等活动设计,为班主任教师开展心理活动提供支持,提升学校心理工作开展效率。学校在心理方面的成果颇丰,多名教师撰写的心理论文获奖,撰写的案例在江北心理刊物上发表,心理活动设计获区一等奖,由心理教师负责编写的校园心理剧《微笑的骷髅》获区心理剧大赛一等奖,宁波市二等奖。学校在开展以"深度阅读"为主题的读书会活动、教育教学主题论坛,更新教师学习理念的同时,推动教师学习行为的养成,致力于不断更新教师的自身知识结构,提升文字素养,向书本学习,向实践学习,向同事学习,向学生学习……丰厚了教师"教书匠"的人物底色,在教书的同时,融入了反思、研究,令其专业得到更高层次发展。

四、学习共同体助力教师高位发展

　　就教师专业发展,托马斯等人就曾直言,教师专业发展的一个重要转向就是将关注的重心从个人化的努力转向学习者的共同体。在共同体中,教师通过参与合作性的实践来滋养自己的教学知识和实践智慧。[①] 学习共同体是促进教师个人专业发展的重要环境,有利于教师之间的交流、协作和知识分享,真正实现教师精神上和专业上的高位发展。基于此,中城小学以促进教师个性化成长为宗旨,建构学习共同体,借此促使教师在团队中相互合作、共同支持、取长补短、学习互鉴,使团队效益最大化。

---

　　①Thomas G, Wineburg S, Grossman P, et al. In the company of colleagues:An interim report on the development of a community teacher learners[J]. Teaching and Teacher Education,1998(1):21-32.

（一）组建：学习共同体的运作指南

"凡事预则立，不预则废。"学习共同体的构建不是盲目、随意的。基于学习共同体的相关理论及学校师资队伍的实际情况，中城小学在学习共同体的组建上达成了以下三点共识。

第一，基于问题和需求，问题解决的过程。建立学习共同体是为了促进教师快速成长，因此明确教师的发展需求至关重要。了解教师专业成长需求的重要性是学习共同体支持教师专业发展的基础，可以更好地提高教师的专业水平，从而提高教学质量。因此，中城小学以发放问卷及个别谈话的形式调查教师发展需求。调查显示，教师的诉求主要在于如何提升课堂教学能力、科研能力和班级管理能力这三方面。

第二，以项目驱动的方式展开。项目如同一个"黑匣子"，是基于挑战性的问题的复杂任务。对一个共同体而言，项目本身就是一个天然的"聚合体"，当项目组成立时，"完成项目"就成了每一个成员的"共同责任"。在充分调查分析的基础上，设置"课堂教学""科研能力""德育管理"三个发展项目。

第三，自愿者结合。教师的内驱力是教师专业发展的重要动力，校长倡导教师自愿参与。学习共同体是由教师群体中的人员自愿组成的专业团队，共同体中的活动目的、活动内容、活动方式和活动结果都与教师各自的专业和专业成长密不可分。在"三点共识"引领下，最终形成了由学校行政管理人员、各项目负责人、普通教师的学习共同体，其架构如图 2-2 所示。

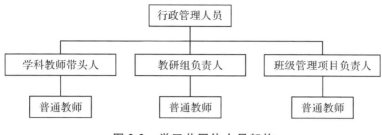

图 2-2　学习共同体人员架构

(二)运行:学习共同体的探索之路

项目运行是学习共同体的重要载体,是实现成员专业发展的现实依托。在科学理念指导下,学校组建的学习共同体围绕三个项目积极开展各类主题活动。为了让其有序运行,在三位负责人的引领下,学校多次召开项目工作会议及管理领导小组会议,并根据参与教师的实际情况制定了共同体的发展目标、各项目规划及具体实施方案。活动方案如下。

> 活动目的:通过校际的合作,探索乡镇学校教师队伍建设新模式。
>
> 活动内容:围绕课堂教学、班级管理和教学研究三个方面,聚焦教师在实践中遇到的实际问题。
>
> 活动方式:遵循行动研究的逻辑,按照"上课/参观—研讨—反思—改进……"的方式开展活动。

以科研共同体为例。为发挥名优、骨干教师的引领作用和带动作用,激发他们的科研热情,每一个"科研共同体"都由这些教师担任导师,由他们负责整个团队的引领与指导。每一学年,共同体的导师向学校申报一个课题选题,选题通过后,由导师自主招募组内人员,每位教师都要参与其中,组成这一学年的"科研共同体"。

共同体的成员在导师的指导带领下,完成课题申报书的撰写、课题的研究一直到课题的结题等各项工作,亲历课题完整的研究过程。第二学年,各位导师又会发布新的选题,其他教师可以再次选择。

随着活动的有序开展,中城小学组建的学习共同体逐渐走上了正常的轨道,也得到了教师们的认同。有老师指出:

> 共同体的组建方便我们交流自己的教学理念,加深了我对教学设计的理解,使我在原有基础之上提高,进一步引发了我对教学课堂的思考。

(三)优化:专家助力高位发展

然而,随着项目的推进,其中存在的问题也逐渐暴露了出来,突出表现在两个方面:一方面,负责人的积极主动与参与者的依赖并存。活动负责人在活动中的牵引作用虽然使活动得以有序开展,但是也在无形中让成员形成了依赖,压抑了教师的主动性和创造性。另一方面,活动的专业内涵薄弱,就事论事现象普遍。在共同体所开展的活动中,大多是"萝卜炖萝卜还是萝卜"的低效循环,只是一般意义上的课堂观摩与教学研讨,很难从根本上促进教师学习的发生。

为了解决这两大主要问题,学校想到了寻求外援,邀请宁波大学的教师成长研究人员为学校教师提供高屋建瓴的指导,构建了"学校活动负责人—项目组组长—参与教师—教师成长研究人员"四方组成的共同体,其架构如图2-3所示。

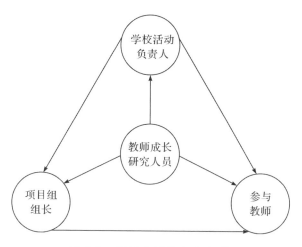

图 2-3 学习共同体组织架构

第三方专业力量的加入使学习共同体不再是"头痛医头,脚痛医脚"的临时药房,而是引导成员将把差异变成资源,相互补充,以此冲击教师的思维和行动惯性,激发教师的积极性,让活动更加聚焦专业内涵,真正促进教师成长。以"导入"为例,相较于成员之前对"导入"众说纷纭的讨论,通过研究人员的启发,大家认识到"导入"的两条重要标准——激起学生兴趣、联结新旧知识。基于此,他们对以往的"导入"活动进行了反思:

> 激发学生兴趣本质上是要激发学生对学习内容的兴趣,而不是对学习形式的兴趣。从外在形式入手的刺激都是不长久的,要想长久,必须常换常新,一直发生变化。此外,导入还需要考虑到新旧知识的联结。从这两个方面着手考虑导入,形式不管怎么变化,都能够万变不离其宗。

经过实践探索,学校内的学习共同体取得了一定的成效,逐步形成了如下活动常规:面对所遭遇的问题,在共同学习、教学研讨、探索过程中,一起经历探究—思考—挣扎的过程,注意抓住事物的本质,把握关键性细节,从教育教学规律层面展开探讨;教师主体性得到了彰显,他们不再将自己当作被教育的对象,而是作为主体加入其中,与研究人员和负责人一起营造了一种不仅可以发挥自己的独特性,而且可以自由创造的氛围。经过努力,学校的学习共同体从无到有,各项工作逐步走入正轨,教师也逐渐拥有丰厚的羽翼,能够扇动属于自己独特的教育教学方式的翅膀。

学校将不遗余力,从教师的发展方向、优势、需求等方面出发,全力为教师打造分层培养模式,满足老师们个性化需求,激发他们的内驱力,打造适合他们的个性化发展道路,以助力教师不断成长。

第 三 章

"中·城"办学理念与学校课程发展

　　"有了明确的办学理念,办学就有了'蓝图'。下一步,就要按'蓝图'去'施工'。而课程是'施工'的重要途径。"①课程是国家对未来人才要求的意志体现,是社会发展和国民素质进步的综合反映,也是特定历史阶段知识体系和价值体系的重要载体。此外,课程是学校办学特色的核心要素,是学校办学特色赖以形成的基础和重要载体。学校课程发展不仅要考虑国家的要求,还要重视学生自身成长的需要;不仅要依据课程规范,更要遵循学生的年龄特点和身心发展规律。围绕"中·城"这一办学理念,结合教育改革的相关要求,我们对学校课程发展进行了系统探索。

第一节　"夯实基础,发展特色"
的学校课程发展思路

　　"学校课程发展的使命,在于生成对学生学习有意义的好课程。"②如何才能够生成对学生学习有意义的"好课程",这是摆在中

---

①仇忠海,梁伟国,李帆.一位教育家型校长的成长轨迹[J].人民教育,2009 (9):6-10.

②李臣之.学校课程发展的进阶路径[J].中小学管理,2015(3):39-40.

城小学面前的重要课题。课程结构影响着学生的素养结构,我们主要从课程结构上下功夫。"学校课程的整体构建,就是要从作为学习主体的学生、作为学习客体的学习内容、作为学习发生的时间空间等多维视角有机搭建,通过以育人目标为统领的整体规划、以核心素养为导向的学科统整、以多元选择为方式的实施等,形成基于学校教育哲学、符合学生成长需要、遵循学科认知规律和适应社会发展需求的课程体系。"①我们在"中·城"办学理念的统领下,结合浙江省课程结构的安排,逐步形成了"夯实基础,发展特色"的学校课程发展思路。具体而言,我们在学校课程发展方面的探索主要围绕两个方面:一方面,夯实基础性课程;另一方面,发展拓展性课程。我们希望借助"两翼齐飞"的课程结构,既有打好基础的基础性课程,也有重点发展学生的兴趣和个性的拓展性课程,从而实现育人方式和人才培养模式的变革和创新。

第一,夯实基础性课程,体现义务教育基础性、全面性和公平性的基础。"基础性课程是全体学生共同学习的,主要培养学生适应终身发展和未来社会发展所需的必备品格和关键能力。"②基础性课程是课程的"根本",为了守住"根本",我们强调把提升课程品质落实在实际的教育教学工作中,开齐、开足、开好基础性课程。我们相信,教学实践的扎实有效是推进课程建设的重要环节。为此,我们开展了立足于学校的校本教研,通过校本教研提升基础性课程的品质。我们定期组织专家讲座、集体备课和教研组活动,促进教师的自我反思、同伴互助和专业引领。

---

①项纯.走向学校课程的整体构建[J].中小学管理,2018(12):39-42.
②柯孔标.义务教育拓展性课程的理论与实践探索[J].课程·教材·教法,2019(3):30-35.

第二,发展拓展性课程,促进学校办学特色内涵发展。"拓展性课程是浙江省义务教育课程改革文件提出的核心概念,它指的是学生自主修习的校本课程。"①学校是传承和弘扬优秀传统文化的沃土,课程则是帮助学生获得文化滋养的源泉。传统文化不仅是校本课程内容选择的重要来源,还是将校本课程改革引向深入的核心要素。学校基于学生兴趣,整体梳理和挖掘学校与千年古镇的区域历史文化发展脉络,从培养目标、师资、自身硬件条件资源出发,开发了京剧、围棋、传拓三类指向特色发展的拓展性课程。

让学生充分发现、发展自己的个性潜能,进而形成终身可持续发展的创新志趣和创新人格,是拔尖创新人才早期培养的关键。为此,学校的课程设置必须具备丰富性、选择性,让有不同兴趣、能力的学生都能找到适合的课程,在心智发展的关键期得到有力支持,促进学生全面发展和个性发展。

第二节 夯实基础:基础性课程的校本化探索

国家课程代表国家的意志,体现国家对公民素质的最基本的要求,是素质教育最基本的保证。它关注每个学生应该有的共同学习经历。"国家课程体现国家教育意志,保障基础教育质量。其主导地位不容置疑,其核心功能必须彰显。学校落实国家课程,既是保证教育质量的前提,也是维护教育公平的基础,更是促进学生个性化发展的底线。无视国家课程的地位,忽视国家课程的功能,

---

①王凯.实践创生:知识拓展类课程的理念与开发[J].教学月刊(中学版),2021(9):17-21.

其结果必然是学校教育质量的低下,学校教育方向的迷失。"①国家课程的教学内容大部分是基础性课程,是全体学生共同学习的课程,目的在于培养学生适应终身发展和未来社会发展所需的必备品格和关键能力。然而,由于地域广、人口多、学情复杂等情况,国家课程有时不能完全适应某一区域、某一学校的实际需要。不同的学校受历史、文化、传统等因素的影响,学校课程领导力与教师的课程执行力之间难免存在差异。因此,对于不同的学校来说,国家课程的校本化实施就各具特色。② 对学校而言,最关键的问题就是国家课程的校本化实施,学校要根据校情、学情,创造性地对国家课程进行调整、补充、拓展,丰富学校课程的内容,提高国家课程的适应性。对国家课程的校本化实施,就是在基础性课程范畴内探索如何更好地将面向"一般"的国家课程实施到"具体"的学校情境之中。

围绕着"中·城"办学理念,在"夯实基础,发展特色"的课程发展顶层设计下,为了真正实现"基础性课程,扎扎实实为学生打好基础"这一目标,中城小学所选择的基本途径就是"基准"教学,根据课程标准的基本要求,结合骨干教师丰富的教学经验,通过团队合作将国家课程涉及的各个学科课程规定的学生学习内容细化为"基准"教案。具体而言,通过优化语文"课堂笔记"的行动研究,培养学生养成学习的习惯和思考的方式,提高学生学习的基本能力,帮助学生打下良好的基础;以数学课程中"观察物体"为载体,培养学生空间观念的形成,以有效提升学生观察能力、动手能力和空间

---

① 王凯.实践创生:知识拓展类课程的理念与开发[J].教学月刊(中学版),2021(9):17-21.

② 卞松泉.治一校若烹小鲜[M].上海:上海教育出版社,2012:200-201.

想象力等基本技能;利用英语学科培养学生的语言表达能力,助力学生沟通能力的提升,为学生走向未来打下坚实基础。

【知识拓展】

传奇教师桥本武的奇迹课堂

作为教师,到底要教给学生们什么,又该如何教呢?这是每个教师都在思考和不断探索的问题。今天,在拥有教学大纲,有专门的教材,有教学指导用书的情况下,这不是什么大问题,只要按照大纲和教材,结合教学指导,基本上谁都可以上课了。那么在没有教材的情况下,该如何来进行教学呢?在读完《全世界都想上的课——传奇教师桥本武的奇迹教室》后,我们对教育的本质、教学的方法有了进一步的思考和借鉴。二战结束后,日本物资匮乏,教材短缺。日本的国语课几乎没办法开下去。桥本武,日本滩中(初高中一贯制中学)的国语老师,怀揣"让学生拥有真正的学习能力"的朴素愿望,凭借《银汤匙》这本小说,自制了《〈银汤匙〉研究笔记》,作为教材进行教学。之所以选择《银汤匙》作为教材,是因为他看中了这部作品的优点:对儿童世界的描写前所未有,文笔细腻优美;行文中下了相当的雕琢功夫,却又不可思议地并未伤及真实;语感好;等等。小说不仅有日语本身的韵味及其运用的妙趣,日本的历史、文化、传统、风俗、习惯等也散嵌于其中。惹人注目、引入联想的材料俯拾皆是。桥本武的《银汤匙》自制教材,也影响了日本教育政策的变迁。2000 年,日本试行设置以学生兴趣为中心、各科相互打通、着手于自主探索的综合性学习;2005 年,日本提出多角度思考、全方位比较、深化学生主体认知的"读解能力提高计划"。

一、语文:优化"课堂笔记"的行动研究

近年来,随着我国新一轮基础教育课程改革的深入推进,基础教育教学观逐步从以知识为本位转向以培育学生核心素养为本位。基础教育的核心素养,包含了各种学习的习惯和思考的方式。其中记笔记是最基本的学习方式,也是形成语文学科核心素养的重要基础。如果说课堂是师生直接沟通、相互交流信息的前沿阵地,那么课堂笔记则是验证信息交互效果的一种证明。它记录的内容包括老师讲的重点、难点以及疑点。它需要调动学生的多种感官,帮助学生聚焦文本的重点,提炼思维的支点,形成良好的学习习惯,摸索出一种独特的学习方法,提高课堂学习的能力。

(一)为什么要优化语文课堂笔记

从课堂记录习惯到记录形式,最终形成探究学习的有效方式、审美追求是一个长期的学习过程。在义务教育阶段,优化语文课堂笔记的缘由,可从以下三个维度展开思考。

1. 养成良好学习习惯的需要

学习习惯是在学习过程中经过反复练习形成并发展的一种个体需要的自动化学习行为方式。养成良好的学习习惯,有利于培养自主学习能力。课堂笔记作为一种常见的学习习惯,却被很多人忽视甚至轻视。"阅读、听讲的时候,标记全篇或者全书的主要部分,标记或画铅笔线,或做符号。随后依据这些符号,可以总结全部的要旨,辨明值得反复玩味的部分。"①这是叶圣陶先生提出的

---

①中国教育科学研究院.叶圣陶语文教育论集[M].北京:教育科学出版社,2015:92.

关于阅读学习的方法。课堂笔记作为一种重要的自主学习的方式,对其的优化,有助于学生养成良好的学习习惯。

2.提升语文能力的基本要求

听、说、读、写为语文能力的四要素,它们之间既具有相关性,又具有相对独立性和系统性。课堂笔记结合了"听"与"写"两种能力,用简单的批注笔记将听到的内容进行跟踪记录。通过关键词语的记录,有助于流畅地交流和表达。借助圈画勾描,在文本中留一些符号性阅读痕迹,有助于促进对文本的阅读理解与深入思考。因此,课堂笔记成为听、说、读、写之间的一座桥梁。优化这座桥梁,可以进一步有效地提升学生的语文能力。

3.发展语文素养的必然要求

2014年,教育部提出研究制定"学生发展核心素养体系",要求体系应"突出强调自主发展、合作参与、创新实践"。课堂笔记作为自主学习的重要方法,不仅可以养成良好的自主学习习惯,还有利于在笔记整理中,学会合作分享,在笔记的形式中发展创新思维能力。因此,课堂笔记体现综合的语文素养。课堂笔记实践的过程,也有助于提升学生的语文素养。

(二)优化语文课堂笔记的全过程

1.调查了解,分析课堂笔记现状

为详细地了解语文课堂中课堂笔记的现状,学校访谈了高年级的7位语文教师,以问卷的方式调查了178位五年级的学生。课堂笔记现状如下。

被动拖拉,认知缺乏。课堂笔记缺乏主动性,提醒才记,不点不记,缺乏笔记的兴趣,笔记的形式也非常单一,关键就是对课堂笔记的重要性和必要性没有充分的认知。

照搬照抄,不加思考。一部分教辅资料影响了学生的主动思考,一部分学生可谓不加思考,照搬照抄,甚至是照着读出问题的标准答案,没有个性化的阅读思考。预习笔记照搬照抄,也直接影响了课堂笔记的记录习惯和方式。

听记分家,只顾一头。一部分孩子,上完课,书本干干净净,没有任何听课的痕迹。一部分孩子贪多求全,一字不落,不仅影响上课的听讲,还使得语文书本密密麻麻,十分脏乱,笔记倒成了一种负担。

诸多研究也表明,学生课堂笔记做得很详细,也不一定对其学业成绩有积极的影响,只有课堂上记重点,课外详细整理笔记才会对提升学业成绩有更大的帮助。由此可见,提高学生笔记意识和优化笔记策略具有重要意义。

2.从制订课堂笔记计划入手

以语文五年级教材为例,按照单元主题,给每个单元指定一种主要的"笔记方式"。从符号的训练起步,由浅入深,由简到繁。在开学初,制定一个笔记方法的指导方案,以单元主题为界,探索笔记的形式。以下简单地罗列几种(如表3-1所示)。

表3-1　符号式、批注式笔记策略

单元主题	预期训练安排
我爱阅读	圈:关键词
学习说明文	勾:文章脉络
生活的启示	画:中心句
分享与评价	规范性和美观性

训练中,每个要点安排一个课时,同时安排一个单元的时间用来实践,帮助学生掌握,主动加以运用。此外,在一个单元结束的

时候,小结汇总单元习得的笔记方法,整理一个单元的知识点,形成主题式的知识体系,更有利于加深理解和提高复习效率。

"圈"出关键词,凸显关键信息。圈出关键词是语文课堂经常出现的一种任务。有的随手一圈,有的用方框进行圈记,有的用小圆点在字下方进行圈点。不同的课堂圈点方式也不一样,这节课用了框,下节课又用了点,没有固定学习标记,没有形成个性化的圈点标记符号,笔记凌乱,导致学习效率低下。

在笔记计划的一开始,就要引导学生"固定"自己的圈点符号。圈画动作性关键词用"圆",其中需要重读的关键词下方标注"实心点",词语盘点当中要求认读识字的关键词用"框"。这是小学高段阅读教学中常用到的且容易明了的笔记符号。

"画"出关键句,把握关键内容。小学语文教学中,常常会让学生画出"过渡句""中心句"等关键句。学生对于这些句子似懂非懂,都用横线一笔画完。回过头来看自己的笔记,也不明白这画的到底是什么。以中心句为例,从句子位置来看,中心句可以在文章的开头和末尾,也可以出现在文中;从地位来看,中心句是一篇文章中处于中心地位的句子,它在全文中占主导地位;从作用来看,如果在开头它的作用是统领全文的作用,如果在结尾则是归纳和总结的作用。引导学生整体把握文章内容,就可以从寻找中心句、圈画中心句、对中心句作批注三个步骤中落实。在实践中,比如统一用"双横线"来凸显,加深学生对"中心句"的理解。

"勾勒"出文脉,厘清文章线索。文脉即文本的脉络线索,文本的结构层次。"勾勒"指用线条画出轮廓,化用绘画术语。勾勒文脉即用笔勾画出文章的轮廓。勾勒文脉相比于前两种课堂笔记方法,是课堂笔记的综合性运用,既要圈点又要对信息进行整合。

教师日常的板书多为提纲式勾勒文章脉络法,学生根据教师的板书进行合理的补充。在笔记计划的第三个单元,学生根据板书,使用表格式的"勾勒"法,将说明文《鲸》《新型玻璃》的文章结构特点和脉络勾勒清楚,同时批注文章的结构为并列式的结构;在教学《祖父的园子》一课时,在小组共同探讨和交流中,运用了提纲法厘清文章脉络,分清了文章的脉络层次。

学生在梳理单元知识的时候,也用上了这些方法进行知识梳理。从厘清文章脉络,到厘清单元知识的脉络,举一反三,创造性地运用多种形式理解文章内容结构和单元知识网络。

以上笔记方法,是小学高年级段常用到的一些方式方法。教师在指导的过程中,从"圈"到"画"到"勾"再到"描",由浅入深,从简到繁,学生基本能适应笔记开展的过程。对于笔记能力突出的孩子,在课堂中还开展了"笔记大赛"。

3. 激发学生课堂笔记的兴趣

随着计划的开展,许多笔记的问题也随之产生,如"语文书的空白太少了""笔记太零散怎么办""怎么整理笔记""笔记本太重了"……国外学者基维尔提出了笔记的"矩阵"技术,它是一种注重笔记内容的内部联系的笔记技术,有助于形成良好的笔记策略,使学生能积极主动地用旧知识同化新学习的知识。[①] 从这个"矩阵"技术展开思考,从线性的记录到表格类的创意,许许多多的笔记尝试由此开始。

首先,创编"表格"。许多说明类的文章,是一种并列式的结构,是有规律可循的。但学生的笔记大多分散在每一个自然段当

---

①胡进.论课堂记笔记策略的创新性[J].上海教育科研,2000(3):58-59+62.

中,怎么对笔记进行整理呢?学生在作业和平时的讨论中发现,可以通过表格对文章知识点进行罗列。如说明文《鲸》,学生用表格的方式对说明文的说明方法和对应的句例进行整理。学生通过观察和思考,将《新型玻璃》用"名称""特点"和"用途"进行创编。利用信纸、尺子、彩色笔进行标注和区分,形成独具特色的课堂笔记,加深对课文的理解和记忆。

其次,创意"便利贴"。语文课本有些时候可供学生记笔记的空白较少。很多学生选择利用其他笔记本,但也有一部分学生利用"便利贴"这一工具,创编了许多形式的课堂笔记。有些直接粘贴在书页空白处,还简单地配上一些相应的插图;有些将"便利贴"变成了小册子;有些则将其作为书签,更便于翻书查询。利用班级布置栏对学生的这些创意进行评比与展示,在丰富课余生活的同时,让课堂笔记创造意识慢慢深入学生的内心。

再次,绘制"思维图"。针对"笔记整理"问题,利用语文与美术的课程设置,在班级里开展"思维导图"的绘制训练,结合语文单元的复习,加强"思维导图"创意的实用性,并引导爱好"思维导图"的学生展开想象创作,达到"整理笔记"的目标。学生展开想象,创作了多种形式的"思维图",通过小组合作交流,共同完成小组创意设计,展现了主题单元的知识网络、重难点。每个单元形成小组学习成果单,不断增强同学们合作学习的意识。细心的学生还在作文中谈了"课堂笔记"的学习心得和体会。

最后,巧制"笔记本"。针对部分学生提出的买来的笔记本"太笨重,不便于携带"的问题,学生经过讨论,认为利用闲置的练习簿是一个可行的办法。同时为了增加课堂笔记的趣味性,组织学生利用轻薄的练习簿进行"笔记格式"的绘制。经过讨论交流和绘制,最终形成了比较简洁明了的两种。当课文的空白处较少,不适合在书本中做课堂笔记时,就用上学生自己设计制作的"笔记格式",进行课堂笔记,因为学生自身参与设计,其做笔记的兴趣非常强烈,提高了学生做笔记的主动性,进而也提高了课堂笔记的实效。每学期闲置的"数学簿"或者练习簿,这两种本子轻薄,便于携带翻页。小小的本子如果能够好好得以利用,也是一本极具个人特色的课堂笔记系列的艺术品,在善用者的手里"变废为宝"。

通过这些笔记形式,学生的课堂习惯逐步改善。学生也组织开展了"笔记交流分享会",根据"笔记评价计分表"进行评议推选,在班级的软木板上也张贴着一张张同学们课堂的"成果"。

经过几个月的学习指导,学生基本养成了"不动笔墨不读书"的好习惯。一些学生还形成了个性化的笔记符号。从观察跟踪来看,学生笔记的内容逐渐丰富,"创意便利贴""巧制笔记本"等都是他们的想法,在一定程度上,提高了学生"自主学习"和"自主阅读"的能力。但是,对于不同的文体和不同的课型,学生的笔记策略是否合理,笔记能力能否得到提升,还需要进一步的实践和观察。

4.提炼学生课堂笔记的多种策略

笔记是学生学习中一项富有重要意义的学习习惯,能不能养成良好的笔记习惯,直接影响学生的学习成绩。在我们看到大部分学生拥有了良好的笔记习惯的同时,切不可忽略一小部分学困生在笔记方面的落后现象,结合这部分孩子的习惯,不妨从养成笔记习惯入手。

首先,不打无准备之仗——课前"预习笔记"。预习是学习的前奏,预习充分的孩子,能紧跟老师的节奏,成为课堂的"明星",久而久之增强了他学习的自信心。相反,"预习"工作不充分,课堂中往往比较被动,长此以往,必然成为没有思考能力的语文课的"听众"。针对学困生的笔记辅导,重在指导"课前预习"的笔记,从而提高"课堂笔记"的效率(如图3-1所示)。

预习指南

①读:课文读三遍,标出自然段,想想课文写了什么。注:给感受最深的词句写批注,至少两处。

②查:在原文中" ▢ "出词盘中要求的词语,圈出难理解的词语并查阅工具书标注解释。完成《词语手册》(校对)。

③写:写出"会写字"的音序、部首,组两个词(第一个从课文中找),给会认的字注音。组词注音都写在"预习册"(上交)上。

④备:提前背诵相关段落,粘好便利贴,准备课堂笔记。

⑤思:思考课后练习,在课文中圈定回答范围。准备课堂交流,记录举手发言次数。

图3-1 预习笔记指南

刚开始的时候,需要不断地为这些同学做好"预习作业"的示范,督促其养成主动预习的好习惯,增强其学习语文的自觉性和自信心。做好了预习工作,才能在课堂中紧跟节奏,带着问题走入课堂。通过预习,学生对一些简单易懂、自己有兴趣的内容进行了内化,并有了困惑和疑问,在课堂上学生提出问题,师生共同探讨,使听课具有针对性,为掌握新知识做好心理方面的准备。

其次,给遗忘开个药方——课后"整理笔记"。实践过程中,往往会有"偷懒"的孩子不懂得遗忘规律,一时盲目自信,导致听课效率低下。一些孩子课堂上反应敏捷,每一次的提问,他都能快速地举手,但是回答问题总是断断续续,其原因之一便是笔记记录得非常不完整。关于笔记的问题与策略如表3-2所示。

表 3-2　笔记的问题与策略

笔记的问题	笔记的策略
1.我找到的句子是(　　　　)→所有句子都用横线,无法区分各处不同	针对笔记态度进行谈话交流,端正课堂的笔记态度。明了自己的笔记弱点和缺点并进行改进。明确笔记的第一步是在课堂上完成的,但不意味着课结束了,笔记就结束了,还需要记录者不断完善补充,形成自己的知识体系,并逐步理解内化
2.我圈出的词语是(　　　　)→圈出的词语多而杂,不集中,寻找困难	
3.我读出了怎样的感受?→批注的词语随意,又无法连词成句	

最后,没有记下来,该怎么办——"笔记帮扶计划"。经过一学期的实践,养成笔记意识的学生学习成绩有显著提升。但是仍有一些特殊的学生需要关照。这就需要"笔记帮扶计划",每天安排一位班干部检查他的笔记,如果能够做到基本记录完整,就可以在评分栏里打一个 5 分,与此同时组长监督完成签好名也能拿到 2 分。

(三)优化语文课堂笔记的成效

经过两年的研究,本次实践取得了较大的成效。于学生而言,课堂笔记的主动性增强不少,笔记意识也逐步提升,养成了边读边记的习惯。且是有选择地记录,有针对性地笔记,而不是照搬照抄,这是学生主动思考的痕迹。学生在"提取关键信息"过程中,不断地完善知识框架,节省了笔记的时间,较好地处理了听与记的关系。此外,学生审美意识和能力也有了一定的发展。笔记不但可以这样记,还可以换着花样来记录。一些绘画天分高的孩子,总有许许多多的笔记创意,每一单元的笔记整理,总能让人眼前一亮。阅读品质提升的同时,审美意识情趣也在逐步形成。

对教师来说,在这个过程中,也积累了教学实践经验,提升了教学实践的能力,并在实践经验上不断地反思,养成了反思的习惯。在不断地优化笔记策略的同时,审视自己的教学行为,形成灵活和高效的课堂。利用"笔记策略",在培优补差方面也形成了一定的经验。

二、数学:在"观察物体"教学中发展学生的空间观念

空间观念对于数学学习有着举足轻重的作用,《义务教育数学课程标准(2022 年版)》指出,数学课程要培养的学生核心素养主要包括"三会"①,其中数学的眼光在义务教育阶段主要表现之一就是空间观念,可见它的重要性。而"观察物体"作为二维与三维相互转化的载体,对它的有效教学,能很好地促进学生空间观念的发展。

(一)了解:内容的特点

空间观念主要是指对空间物体或图像的形状、大小及位置关系的认识,物体和图形的形状、大小、位置、关系等在人脑中的表象。它的具体表现之一就是能根据物体特征抽象出几何图形,根据几何图形想象出所描述的实际物体,进行几何体与其三视图之间的转化。这个转化既包括二维和三维的转化,也包括现实生活与抽象图形之间的转化。对于二维和三维的转化,在小学阶段该内容主要体现在"观察物体"教学上。

人教版小学数学教材的"观察物体"主要内容可以概括为:从三维的实物或几何体抽象出二维的平面图形,或根据某一平面图形还原出三维图形。在实物与抽象图形之间,实现三维与二维之间的转化,实现空间观念的形成与发展,提升学生的核心素养。

---

①"三会":会用数学的眼光观察现实世界;会用数学的思维思考现实世界;会用数学的语言表达现实世界。

（二）梳理：编排的体系

在人教版小学数学教材中,关于"观察物体"这一内容的具体编排分为三个层次:第一层次,从不同角度观察实物和单个的立体图形;第二层次,从三个不同的位置观察同一个几何组合体,辨别看到的形状;第三层次,根据从一个方向看到的形状图拼摆几何组合体,之后根据从三个方向看到的形状图拼摆几何组合体,具体如表3-3所示。

表3-3 "观察物体"在小学阶段的编排

课题	年段	知识点
观察物体(一)	二年级上册	从不同角度观察实物和单个的立体图形(积木)
观察物体(二)	四年级下册	从三个不同的位置观察同一个几何组合体,看到的形状可能不同;从同一位置观察三个不同的几何组合体,看到的形状可能相同
观察物体(三)	五年级下册	根据从一个方向看到的形状图拼搭几何组合体,根据从三个方向看到的形状图拼搭几何组合体

对于"观察物体"在小学的不同学段分别有不同的要求,具体如表3-4所示。

表3-4 "观察物体"在小学不同学段的要求

第一学段	第二学段	第三学段
能根据具体的事物、照片或直观图辨认从不同角度观察到的简单物体	能辨认从不同方向(前面、侧面、上面)看到的物体形状图	能根据从一个方向看到的形状图,用给定数量的小正方体摆出相应几何组合体,体会可能有不同的摆法。能根据从三个方向看到的形状图,用小正方体摆出相应的几何组合体,体会有些摆法的确定性

三个学段的要求既体现了从整体到局部的认识过程,也符合学生的认知特点,逐渐深入,循序渐进。相应地,关于"观察物体"的具体编排,教材根据儿童已有的经验及心理发展规律按从易到难、螺旋上升的编排原则优化知识结构,将小学阶段的"观察物体"分三个阶段进行编排。一是帮助学生从直观观察立体图形,头脑中建立表象,能够根据直观立体图形进行想象;二是分辨不同方向观察立体图形得到的形状图;三是由建立的几何直观进行空间想象,通过逆向推理,根据观察到的形状图还原立体图形。前两个层次都是三维空间到二维平面转换,第三个层次是从二维平面到三维空间的转换。这样按梯度编排,循序渐进地促进学生空间观念的发展,提高学生的空间想象力。

(三)寻找:转化的通道

基于以上认识和梳理,教师可以从建立"想象基础"、拉伸"想象梯度"、拓宽"想象维度"三方面入手,来提高学生从平面到立体的转化能力,开凿转换的通道,打开互通之门,提高学生的空间想象力,发展学生的空间观念。

1.夯实"由体及面",建立"想象基础"

学生想象力的培养不是一蹴而就的,而是需要慢慢积累的。它需要借助正确的表象,积累一些方法和经验。学生之所以根据平面图形想象不出立体图形,在很大程度上是因为没有"想象基础"——由立体图形想象平面图形的经验储备。它是第二个层次的逆向思维过程,是以第二个层次的知识和能力发展达到应有的水平为学习前提的。观察物体(二)的教学后,学生能积累丰富的从立体到平面的原始材料的表象,以及想象的方法和经验。当立体图形能自如地转化为平面图形时,也就是在打通正面通道后,对后面打通回程通道肯定会起着积极作用,这两者之间的关系就如图 3-2 所示。因此,在四年级下学期观察物体(二)的教学中,我们需要让学生体会不同物体,从同一方向观察到的形状可能是一样的,以及为什么会一样。帮助学生积累原始材料,建立"由面及体"的想象基础。

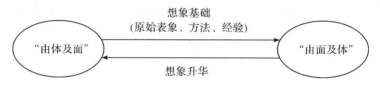

想象基础
(原始表象、方法、经验)

"由体及面"　　　　　　　　　　　"由面及体"

想象升华

图 3-2　"由体及面"和"由面及体"的相互转换

积累多样素材,让想象有据可依。一般来说,看到过、接触过的物体学生容易想象出来。反之,则相对困难。为了让学生达成从平面图形到立体图形的双向想象,我们脑中应该有"物",让想象有据可依。因此,在观察物体(二)的教学中,为了让学生体验不同物体从同一方向观察,看到的形状可能是一样的,一定要让学生自己动手操作搭出不同的几何体,再画出从正面、上面、左面看到的图形。在这一过程中,学生通过"搭""画",积累了多样的素材,在脑中形成很多图形的表象。从短期目标来看,有利于达成该节课目标:学生不难发现很多不同物体,从同一方向观察,看到的物体形状可能是相同的;从长远目标来看,有了这样的探索过程与体验,学生在学习"由面及体"时,若能有效地调动出脑中的原始素材,就能自然地想象出从一个方向观察到的图形,可能有哪些不同情况,让想象变得有据可依,有利于打通转化通道。

案例一:画不同方向观察到的图形

1.画出从前面、上面、左面看到的形状

师:上一节课,我们已经学习了观察物体,会根据正方体拼摆出的几何体,画出从 前面 、 上面 、 左面 观察到的图形,今天我们继续来学习观察物体。

师:今天我给每位同学准备了四个正方体,请你先摆一摆,然后把从前面、上面、左面看到的形状画出来。学生摆出很多图形,如图3-3所示。

图3-3 学生用四个正方体摆从前面、上面、左面看到的形状

2.交流发现

师:刚才同学们摆出了不同的几何体,并分别画出从前面、上面、左面看到的图形,你有什么发现呢?

生:我发现用四个小正方体可以摆出很多不同的物体。

生:我发现有些物体从前面看到的是一样的,有些物体从上面看到的形状是一样的。

师:是这样的吗?你们也有这样的发现吗?老师选择了其中的三个,我们一起来看一下(如图3-4所示)。

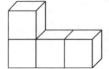 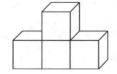 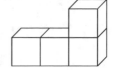

图3-4   老师选择的三个物体

师:哪位同学愿意把这三个物体从前面看到的形状贴出来?从上面看到的呢?从左面看到的呢?

学生贴出来以下图形,如图3-5所示。

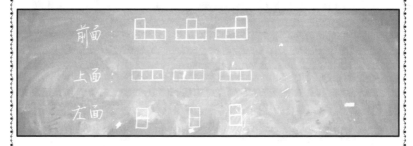

图3-5   学生对三个物体从前面、上面、左面看到的形状

师:观察这三个不同的物体从前面、上面、左面看的形状,你们有什么发现呢?

生:我发现这三个不同的物体从上面看到的形状是一样的。

生:我发现这三个不同的物体从左面看到的形状是一样的。

生:我发现这三个不同的物体从前面看到的形状是不一样的。

……

　　探寻背后原因,让想象有法可依。观察立体图形,想象平面图形,对于大部分同学来说难度不大,他们基本上都能用语言或画图的方式描述。但是仅仅会描述观察到的平面图形,不去研究为什么会出现这样的图形,会对后续的"由面及体"的想象设置障碍。因为不可能"由面及体"地想象材料,都是在自己"由体及面"的学习中摆过的,见过的,也就是说我们的想象不仅要"有据",还要有方法,理解产生这些现象的原因及规律。因此,在课堂上,我们要组织学生讨论不同物体从同一方向观察到的形状可能的原因是什么,也就是观察方法的提炼。拓展想象的宽度,为后续"由面及体"的想象做到有法可依。我们老师设计了以下环节。

案例二:发现拼摆规律

师:如果我给这三个物体上面各加一个正方体(如图3-6所示),从上面看可能会是什么形状呢?

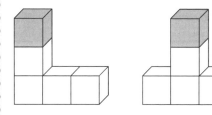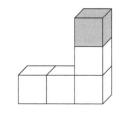

图3-6　三个物体各加一个正方体

生:三个小正方形。

师:如果我加在这里呢?(老师一边说一边放一个红色正方体)这时候再仔细观察,你发现了什么?

生:还是一样的。

师:咦,这是怎么回事呢? 你知道吗? 那如果我再添一个呢? (老师假装往上放方块)这到底是怎么回事呢?

生:挡住了。

生:不管上面摆几个,都会把下面的几个遮住。

生:都是一样的,视觉的原因,上面的小正方体都把下面的挡住了。

……

师:是的,不管上面摆几个,都会把下面的几个遮住,物体的高度(层数)不会影响从上面看到的形状。也就是从上往下看,只要前后左右不变,上下无论怎么变都不影响看到的形状。

2. 有序对接,拉伸"想象梯度"

有了"想象基础",也就是有了"量"的积累,接下来我们就要考虑"质"的提升。我们都知道用画图、操作等手段来有效地帮助我们想象,但我们却缺少考虑想象和操作的顺序。而只有做好了想象和操作的"有序"对接,拉伸"想象梯度",才能最大限度地发挥学生的想象力。因此,在观察物体(三)的教学中,教师可以以"想象、操作、验证、反思"为主组织课堂教学,让学生经历"先想后搭""由搭再想"和"想象叠加"阶梯式的学习活动,唤醒空间直觉,积累空间想象的经验,发展空间想象力,帮助学生建立空间观念。

首先,"先想后搭"形成正确表象。"先让学生想一想,想得对不对,操作来验证"是比较理想的教学,如果急于动手操作,反而会失去锻炼学生在头脑中进行抽象操作的机会,而这种抽象操作在发展学生空间观念中起着重要的作用,也是小学高年级教学中倡导的学习方式,也正是"思维想象成分"。因此,在观察物体(三)的例1的教学中,我们要让学生"先想后搭"。"先想后搭"的方式让学生在活动中不断经历认知错觉与真实图形之间的矛盾冲突,经历不断修正的过程,从而帮助学生建立起二维平面图形与三维立体图形之间的联系,形成正确的表象,促进学生空间观念的发展。

案例三:先想象再操作

出示例1:如图3-7所示,如果我从前面看到的是这样的图形(出示 ⬚⬚⬚)。

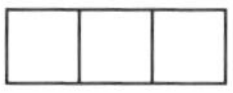

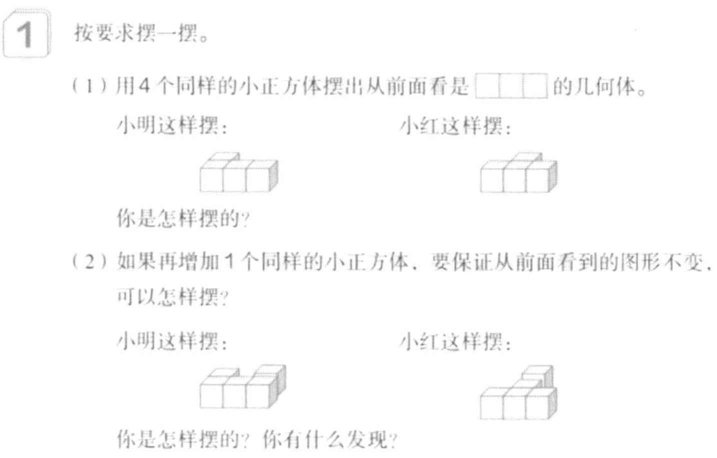

1 按要求摆一摆。

(1)用4个同样的小正方体摆出从前面看是 ⬚⬚⬚ 的几何体。

小明这样摆: 小红这样摆:

你是怎样摆的?

(2)如果再增加1个同样的小正方体,要保证从前面看到的图形不变,可以怎样摆?

小明这样摆: 小红这样摆:

你是怎样摆的?你有什么发现?

图3-7 例1

(1)那我可能用到了几个小正方体呢?(只问不答)

(2)如果用四个小正方体,摆出从前面看是三连方的图形,应该怎么摆?(停顿,让学生想象)请你摆一摆,看看从正面看到的是不是都是这样的三个正方形 ⬚⬚⬚ 。

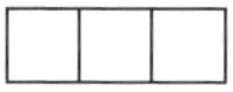

其次,"由搭再想"挖掘深度。用四个小正方体摆出从正面看到三个正方形,学生摆的图形出现了多种情况(如图3-8所示)。如

果仅仅停留在他们只要会摆就可以,这是一种低层次要求,我们需要学生寻找这些几何体之间的纽带,把它们联系起来,这样有利于学生动态想象的形成,明白这些图形只是前后位置的改变,从前面看不变的道理。这有利于学生逆向思考,从前面看到三个正方形,说明至少有三个小正方体,但是这三个小正方体的前后位置可能不一样,它们后面还有可能被遮挡的小正方体。明白有多种摆法的道理,提升思维的含量。因此对于教学的反馈,可以分为三个层次:第一层次,反馈多种摆法;第二层次,沟通这些图形间的联系;第三层次,再多加一个正方体或是更多正方体来体验从一个方向观察无法确定原几何体。

图 3-8　用四个小正方体摆出的图形

案例四:思考图形之间的联系

师:刚才我们摆了那么多图形,这些图形的摆法有什么相通的地方呢?把你在摆的过程中的经验或体会告诉大家。

生:我们只要先摆好三个,然后在它的前面或是后面依次再放一个,从前面看到的形状都是一样的。

师:是这样子吗?我们一起来看一看(如图3-8的前两行)。

这位同学有着非常强的分类思想,能做到有序思考。

师:刚才你们把四个小正方体分成了两排来摆,一排有三个,一排有一个,那我们就将它们分别称为"一三型"摆法和"三一型"摆法。那剩下的几个造型之间有联系吗?(如图3-8的第三行。)

生:它们都有两个的,两个摆好后再在前面或是后面摆。

生:我和他的想法一样。

生:其实就是我们三个当中的一个前移一下,或后移一下。有很多种摆法。

……

师:如果再增加一个同样大小的小正方体,要保证从前面看到的形状也是 ▢▢▢ ,你可以怎样研究它的摆法呢?

生:我可以将五个小正方体分成几份进行尝试,和刚才研究四个小正方体的摆法差不多。

师:具体的操作我们现在就不进行了。有兴趣的同学下课以后可以研究,看看到底有多少种摆法。

师:通过这两次操作,你有什么发现呢?

生:从正面看到 ▢▢▢ 很多种搭法。

生:从一个面观察到的图形一样,但是摆法可能不同。

师:也就是不能确定几何体的形状是吗?

小结:是的,只从一个方向观察是无法确定几何体的形状的。

最后,"想象叠加"拓宽维度。由三视图(前面、上面、左面)想象一个几何体,对于同学们来说是一个很大的挑战,特别是对想象力薄弱的学生,他需要不断突破想象的错觉,不断地调整。空间想象能力强的孩子,也需要通过分析、推理不断去除各种可能性。如何攻破这一难关呢?加强生生之间互动尤为重要。因为学生与学生之间的协作、辩论、质疑和评价能够激发学生更大的学习热情,促使学生对学习内容进行更加深入的探讨。每一个学生都有自己想象的经验和方法。把这些想象叠加起来分享,能进一步提高他们的分析和推理的能力,加上教师适时引导,能拓宽学生思考的维度。因此,在例2的教学中设计了以下环节。

案例五:多次想象与调整

师:你能用小正方体摆出原来的形状吗?(出示例2,如图3-9所示)请大家先想象一下怎样摆,可能需要几个小正方体,再和同桌交流你的思路。

2 下面是从三个方向观察同一个几何体看到的图形,你能摆出这个几何体吗?

图3-9 例2

师:摆好以后,请从三个方向观察,验证你摆出的立体图形是否正确。然后在纸上画一画,画完后和给出的条件对比一下,再展示你们的作品。

学生验证后展示作品。

师:我发现大家都摆得一模一样。说说你是怎样摆的?

生:我先根据正视图摆出从正面看到的两个小正方体;再看左面,发现还要添一个小正方体,有可能是添在后面,也有可能是添在前面;最后从上面看,发现要添一个小正方体在后面。

生:我和他的思路不一样。我是先看从上面看,每个只摆一个小正方体,然后观察,发现从正面看符合要求,从左面看也正好符合要求。这样容易一些。

师:你们同意吗? 你们分别用了几个小正方体?

生(齐):三个。

师:这两个同学的思路不一样,可是摆出的结果却是一样的。由此我们可以猜测,根据给出的三个面看到的结果,用小正方体摆出相应的几何组合体,摆法是唯一的。那到底是不是唯一的呢? 我们还只研究了一个例子,远远不够,所以我们只能说,可能是唯一的。

3. 辨析质疑,拓宽"想象维度"

数学新课程标准下教学应让学生积极参与数学活动,敢于发表自己的想法、勇于质疑。作为教师利用数学课堂教学和课后练习,培养学生在数学知识的增长点处质疑,在学习的易错点处质疑,在学生学习的疑惑处质疑,激发学生学习的积极性,培养学生思维的广度和深度。因此,将辨析质疑植入想象的盲点,也可以拓宽"想象维度",发展学生的空间观念。

案例六：总结延伸形成作业

师：通过今天的学习，你有哪些收获，还有什么疑问呢？

生：老师，为什么说通常由三个方向（前面、左面、上面）看到的图形就可以确定原来几何体的形状，而不说一定呢？

师：孩子，你这个问题问得特别好，这个就作为你们课后的一个探究性作业吧，可以独立研究，也可以和小伙伴们一起研究。

在这里设置一处质疑，是对想象盲点的有效补充，促使学生深度思考，依据表象进行想象往往是不够的，它还需要推理和实际操作加以验证。第二天学生带来了他们的研究成果（如图 3-10 所示），从而更加深刻地理解了"通常，由三个方向看到的图形就可以确定原来几何体的形状"这句话。不仅如此，他们还了解到，不仅从三个方向（前面、左面、上面）观察不能确定几何体的形状，有时观察了六个面都不能确定，拓宽了想象的维度。

图 3-10 从六个方向观察到的面形状都一样的物体

综上所述，在"观察物体"的系列教学中，我们要有大单元视角，发现其内在的逻辑顺序，沟通其关系，进行整体教学。我们要努力寻找促进学生想象的策略,通过观察物体(一)、观察物体(二)的教学,让学生在大量的操作与思考后,积累丰富的从立体到平面的原始材料表象,以及想象的方法和经验,从而帮助他们建立"想象基础";通过观察物体(三)的教学,教师能合理安排想象与操作的顺序,让学生先后经历"先想后搭""由搭再想"和"想象叠加"阶梯式的学习活动,来拉伸他们"想象梯度";鼓励学生在数学知识的增长点处质疑,在学习的易错点处质疑,激发他们学习的积极性,能拓宽他们"想象维度",从而提高他们的空间想象力,发展他们的空间观念。

三、英语:让"闷葫芦"大胆开口说英语

《义务教育英语课程标准(2022年版)》明确提出英语核心素养包括思维品质、学习能力、文化品格以及语言能力四大方面。而英语学科本身就是一门语言,培养学生的语言能力是教学的重中之重。就目前乡镇小学英语口语的教学来说,由于缺少良好的英语学习环境,以及学生对英语学习难以产生兴趣,学生的口语能力现状不容乐观。因此,教师应注重转变教学理念,坚持以学生为主的教学原则,积极营造活跃、轻松的课堂气氛,调动学生的学习兴趣与积极性,为学生的语言运用搭建平台,不断提高学生的英语口语能力。

(一)发现:提高口语能力的重要性

英语是一门语言,在国际交往中,英语一直扮演着重要的角色。而作为交流形式之一的英语口语,它的重要性也日渐显著。

首先,这是社会发展的需要。英语是一种与世界交流的重要语言工具,小学阶段是孩子们接触英语的启蒙阶段。俗话说:"万

丈高楼平地起。"因此,以英语为交流工具的口语交际有必要从小学生抓起,一点一滴、循序渐进地培养学生的口语表达能力,适应社会的发展。

其次,这是落实课程标准的需要。《义务教育英语课程标准(2022年版)》在界定英语课程性质时指出,"义务教育英语课程体现工具性和人文性的统一"。而英语的口语交际就是这两种性质的重要体现:运用英语与他人对话体现了它的工具性;通过交流获得文化信息、收获情感等则是人文性的体现。

最后,这是学生发展的需要。乡镇小学生的英语口语表达能力尚处于初级阶段,他们开口说英语的愿望不强烈、发音不够标准、语言不够规范。对于小学生来说,他们的英语基础知识还不够稳固,心理素质也较差,在口语表达中表现不好时会遭到他人的耻笑以及教师的批评,这会直接影响学生口语表达信心的建立,使得学生越来越不愿意开口,越来越被动。

所以教师要明白学生提高口语能力的重要性,针对教学实际情况,改善教学现状,从培养学习兴趣入手,营造氛围和意境,激发学生的学习情绪和积极态度,唤醒和鼓励学生。教师应当优化口语教学的方式,丰富课内外教学活动的内容,做好提高学生口语能力的长期规划。

(二)落实:激发学生口语表达的积极性

在口语交际教学中,教师要做到有效练习,以生活作为启发学生口语交际灵感的线索,以生活话题来发散学生的思维,从而帮助学生在口语学习中不断进步。中城小学英语教研组根据不同年段学生的学习特点,在课前、课中和课后三个环节设计了丰富精彩的活动,全方位地为学生营造浓厚的英语学习氛围,以此鼓励学生开口说英语,提高英语口语能力,为学生提供锻炼英语口语的机会。

1.课前:有趣的"课前五分钟"

根据学生年龄、水平的差异,从易到难,从单词到句子,英语教研组精心准备了几个主题,统一设定每节课的前五分钟为学生集中练习口语的时间,让学生参与英语学习与运用,具体如表3-5所示。

表3-5 三年级至六年级的口语五分钟活动主题设计

年级	活动主题	设计意图
三	英语大发现	三年级的学生正在学习字母,词汇量不大。这样的活动能够让学生发掘生活中出现的字母,明白英语在生活中的普及性
四	词汇小达人	经过一年的英语学习,四年级的学生已经积累了不少类别的英语单词,单词类的比赛能够提高学生英语单词的记忆能力和储备量
五	英语谚语	学习一门语言,更是学习一种文化。五年级的学生已经有能力读懂并学习英语谚语,了解这些句子背后的文化
六	句子接龙	句子接龙是考验学生即兴的造句能力,对于六年级的学生来说是挑战也是鼓励

"英语大发现"(Magic Eyes),旨在鼓励三年级的学生加强对英语的观察,在作业本上记下他们生活中的发现,并轮流上台为同学们介绍,教师可以做适当补充。一个三年级的孩子这样描述他的发现:"老师,昨天我在路边发现了肯德基店的字母是大写的'KFC'。"老师的评语是:"你有一双善于发现的眼睛,真棒!那你知道KFC代表的含义是什么吗?下节英语课请你将这个发现和小伙伴们一起分享!"于是在课堂中,我们学习到了KFC的全名是

Kentucky Fried Chicken, Kentucky（肯塔基州）是美国的一个地名，当初肯德基的创始人就是因为在 Kentucky 炸鸡非常有名，才有了现在的 KFC。

"词汇小达人"（I'm the Word King），四年级的学生通过比拼谁的词汇量更大，能够认识到积累单词的重要性，提高口语表达的积极性。教师可以将学生学过的词汇分类整理出来，归纳成动物类、数字类、衣服类、天气类、食物类等不同类别。学生以小组为单位，抽取类别，在规定时间内依次认读单词，教师给予激励性、形成性评价。形式一：看一看，读一读，"window, classroom, light, picture, door"（窗户，教室，光，照片，门），学生依次认读单词。形式二：找卧底，"strong, friendly, quiet, window"（强壮的，友好的，安静的，窗户），前四个学生依次认读单词，第五个学生找出其中不同类的一个单词。

"英语谚语"（English Proverb），五年级的学生在课前利用书本和网络搜集有趣的谚语，轮流上台为大家介绍，教师可适当补充相关知识。在这个过程中，学生发现了不少有趣的句子。例如，It's raining cats and dogs，字面上看来意思是下猫下狗，而实际上是因为在以前的英美国家，住房大多是独栋小楼房，人们都喜欢养一些宠物在家，这些宠物中最多的当属猫和狗。平时暖和的日子里，这些猫猫狗狗喜欢在屋顶上晒晒太阳，而一旦突然下起大雨，它们就立刻从房顶上蹿下来，这场景看起来就像是在下猫下狗一样。所以"It's raining cats and dogs"意指"突然下起倾盆大雨"。

相较而言，六年级学生的课前五分钟的"句子接龙"（Sentence Chain）就更具有挑战性。由教师给出第一句话，由学生用该句子结尾的单词来说下一个句子，以此类推。我们引入了 AB 大组竞争或男孩女孩竞争,利用学生的好胜心来激发他们的最大潜能。

课前设计这样的五分钟,不仅能够将课堂的英语学习氛围快速升温,也能逐渐引起学生对英语的重视,提高学生开口说英语的积极性,使学生能够建立正确积极的学习态度与情感。

2.课中:教学时创设别样的情境

英语教学必须遵循趣味性、开放性的基本原则。对小学生来说,以理论教学为核心的教学指导机制吸引力有限。在课堂教学中,教师应注重课堂情境的有效设计,积极营造有趣的情境,让学生在情境中更好地理解与掌握知识,并不断促进学生思维的扩散与发展。

因此,教师要转变教学理念,带动学生参与实际课堂,使学生能够在情境中体会到口语交际表达的意义与价值,提升学生口语表达的信心,让学生真正做到敢说、会说,这样才能进一步提升学生的英语素养。那么应该怎样实施呢?

创设充满想象力、富有童话色彩的情境。以人教版教材三年级上册第四单元 We love animals ,Part B Let's learn(我们爱动物,B部分:学一学)为例,教师在课堂上创设了动物代言比赛的情境。动物王国要推选一名大家最喜爱的动物作为自己的代言人。听到这个消息后,许多"动物"跃跃欲试,前来报名。请你先听听"动物们"的自我介绍,然后说出自己最喜欢的"动物"并且为它投上神圣的一票。表演动物的孩子们为了得到最多的票,个个使出浑身解数,表演得惟妙惟肖。一个孩子戴上教师准备的鸟的头饰开始表演小鸟。"I'm beautiful. I can fly. I can dance and sing."(我很漂亮。我能飞。我能跳舞和唱歌。)介绍完后还边唱歌边起舞。一个孩子饰演老虎"I'm a tiger. I'm yellow and brown. I'm strong. Roar..."

（我是一只老虎。我是黄色和棕色的。我很强壮。吼叫……）一个学生饰演调皮可爱的猴子。"I'm a monkey. I'm small but I'm very clever. I'm naughty."（我是一只猴子。我个子小，但我很聪明。我很调皮。）当观众的孩子们也激动地用刚学的句子表达着自己对某种动物的喜爱之情"I like the bird"（我喜欢小鸟），然后投上自己神圣的一票。得到投票的"动物们"兴奋不已地说"Thank you"（谢谢），收获大大的成就感。

创设与孩子们的实际生活息息相关的情境。以人教版教材三年级下册第四单元 Where is my car? Part B Let's talk 为例，在这堂课题教研中，执教教师为了让孩子们更真实地体验和表达自己，创设了去春游的情境，孩子们为了春游准备了物品，以及春游期间玩捉迷藏游戏，来操练重点句型"Where's...?""Is it...?""Yes, it is. /No, it isn't."四人为一组，一人藏，其余三人寻找。

> A：Let's play hide and seek. Close your eyes please.（让我们一起玩捉迷藏吧。请闭上你的眼睛。）
>
> B/C/D：OK!（好!）
>
> A：Open your eyes, please. Where is my eraser?（请睁开你的眼睛。我的橡皮擦在哪里?）
>
> B：Is it on your chair?（它在你的椅子上吗?）
>
> C：Is it under your book?（它在你的书下面吗?）
>
> D：Is it in your pencil box?（它在你的铅笔盒里吗?）
>
> A：...

英语在本质上是用于交际的语言，我们的教学就不能是僵化的哑巴英语，要让学生敢于去说、去表达。课堂中创设别样的情境，能够使孩子们融入运用语言的氛围当中，仿佛现在已经不在教室中,真正地将英语用到实际生活里,自信快乐地表达自己。

3.课后:搭建学生展现自我的平台

课外缺乏英语学习环境几乎是学生们在学习过程中遇到的最大的问题,那么如何帮助孩子们最大限度地接触到英语呢?我们可以丰富校园的英语文化,在拓展课中加上与英语相关的才艺表演课,如"英语歌曲欣赏""电影配音",让学生体验和感受英语的魅力;也可以开展英语广播电台,让学生做小小广播员,从而为学习英语和表达英语开辟更广阔的空间。

英文歌曲不仅给学生提供一个引吭高歌的机会,一个融合了听、唱、说、思,以及展现自我才艺的平台,还给师生提供教学相长、和谐共进的途径。活动设计丰富多样,让学生在欣赏音乐的同时,通过各种练习更好地感知语言、学习语言和应用语言,促进学生听、说、读、写、译各方面能力的提高。因此,教研组收集了适合不同年龄段的英语歌曲,在每学期的拓展课中和孩子们一起欣赏和学习。

英文电影配音兼学术性和趣味性。"英语趣配音"就是当前较为火热的口语教学软件,集教读单词、对话练习、游戏练习、口语评级、教学视频等多种功能于一体,有着丰富的教学资源。在拓展课中学习英语配音,能够为学生创设各种不同的口语交际场合,学习口语表达的技巧与精髓,进一步纠正学生的发音,还可以让学生在课后使用"英语趣配音"来增加自己的口语练习机会。通过这样的方式让学生在课后也能处于英语语言环境之中,让学生能够逐渐摸索到英语表达的精髓,逐步适应英语表达的思维方式与习惯,从而提升学生的口语交际能力。

"English 蹦蹦跳"栏目是学校广播站开辟的学生了解英语和表

达英语的新阵地。由教师挑选并培养的个别口语能力较强的学生来担任广播员,每周三为大家献上一期精彩的英语广播节目。广播稿分两部分内容,第一部分欣赏儿歌并学习其中一些单词,第二部分则带领学生领略文化的差异性。

课外语言环境的创设为学生学习英语提供了展现自我才艺的平台。这些精彩的活动给师生们带来了一系列的变化:学生得到大量的语言实践机会,学生的知识和技能得到了提高,参与英语学习的积极性也更高了;而教师也在此过程中提高了综合素质和业务水平。

(三)成果:促进学生发展的有效性

综上所述,教师要重视培养学生的口语交际能力,不能因为其在考试中占比小就忽略其重要的学习意义。通过课前、课中和课后这些有趣、精彩的活动,学生口语能力取得了质的进展。

首先,我们有效地激发了学生英语学习的兴趣,激发了他们口语表达的欲望。"课前五分钟"的实行,让英语课生机盎然、气氛热烈,学生都很期待英语课的到来,每一堂课都让学生觉得学得快乐、学有所获。曾经怯于开口的学生也在周围同学的影响下,尝试读英语、说英语。

其次,我们丰富了英语学习生活,提高了学生口语表达能力。目前,学校英语学习氛围相当浓厚,晨读时间到处能听到悦耳的英语朗读声。走廊上随处可见学生的英语作品展示,报名校园小广播的学生络绎不绝。学生会自发地收集与英语相关的资料并积极与大家分享。

最后,课题实施以来,我们开展了一系列活动,有效地锻炼了学生各项能力,促进了学生全面发展。在 2018 年江北区中小学生英语能力比赛中,我们的学生英语合唱获得一等奖的好成绩;在2019年江北区中小学生英语能力比赛中,我们的学生英语故事演讲获得一等奖的好成绩。我们的学生来自乡镇学校,获得如此的成绩,是对学生莫大的鼓励。

对于乡镇小学的师生而言,英语口语表达能力的培养是一个漫长的循序渐进的过程。教师不仅应该关注学生如何进行交际,更应该关注学生的情感,并依据课堂实际情况及时调整课堂教学方法和策略,减缓他们的压力,在提高他们的课堂心理适应能力的同时,也提高他们的课堂学习效率。

这些对乡镇小学生英语口语交际能力培养策略的探索还只是一个开端,只是万里长征路上的第一步,我们将继续努力,追寻对小学生口语交际能力培养的更深入、更透彻的理解。

第三节 发展特色:拓展性课程开发与实施

为促进不同特质学生的个性化发展,以满足当前创新型社会对多样化人才的培养需求,拓展性课程逐渐成为中小学校课程的重要组成部分。[1] 学校本位课程体现学校的办学特色。不同的学校在开发学校本位课程的过程中的指导思想不同,由此产生不同的课程体系,其课程内容的选择、组织与实施都存在很大的差异。[2]在"中·城"办学理念的引领下,尤其是在"夯实基础,发展特色"这

①柯孔标.义务教育拓展性课程的理论与实践探索[J].课程·教材·教法,2019(3):30-35.
②卞松泉.治一校若烹小鲜[M].上海:上海教育出版社,2012:181.

一学校课程发展思路的直接指导下,为适应社会发展对多样化人才的需求,拓展学生知识并发展其潜能,更好地发展学校特色,我们从学生的兴趣、个性、爱好出发来发展拓展性课程,走上了一条"发展特色"的拓展性课程开发与实施之路。中城小学在课程开发与实施中,遵循"基于学生、立足校本、课题引领、循序渐进"的原则,以学校整体推进、教研组团队引领、教师个体钻研等多种方式,不断完善拓展性课程的开发与实施,基本形成了体现中城小学特色的拓展性课程体系。

我们对拓展性课程开发中存在的问题进行了研讨,进而明确了整体推进的思路。其一,我们着重推敲拓展性课程的定位,通过拓展性课程与基础性课程的关系分析、拓展性课程与学生兴趣培养、拓展性课程与学校历史发展这三个问题,明确了"发展特色"这一拓展性课程的定位。其二,在"发展特色"这一定位的引领下,我们在学生兴趣的基础上,对学校的特色进行了梳理,侧重于从传统文化融入的角度审视拓展性课程开发。校本课程开发中的传统文化融入,已经成为学校课程改革走向深入的重要问题。[①] 基于此,学校重点从京剧、围棋、小邮局等既体现传统文化又能够激发学生学习兴趣的主题入手,开发与实施拓展性课程。其三,我们依照"为什么—是什么—怎么做—怎么样"的思路,对每一门拓展性课程进行审查和优化。以"为什么"为例,我们重点考察所开发的拓展性课程是否激发了学生的兴趣这一原点,是否符合"发展特色"这一定位。接下来,我们以"信芳京韵""围棋"和"小邮局"为例,展示我们在拓展性课程开发与实施上的探索与实践。

---

①李洪修,刘博囡. 校本课程开发中传统文化融入的问题透视与实现路径[J]. 课程·教材·教法,2021(1):10-15.

一、"信芳京韵"拓展性课程的开发与实施

习近平总书记指出:"文化自信,是更基础、更广泛、更深厚的自信。"①何谓文化自信? 文化自信是一个民族、一个国家以及一个政党对自身文化价值的充分肯定和积极践行,并对其文化的生命力持有的坚定信心。艺术是人类文明的重要组成部分。中国传统文化博大精深,传统文化是一个民族发展的不竭动力,是文明的创造力所在,只有立足于优秀传统文化之根,才能保证中华民族的持续健康成长。京剧作为中国传统文化的典型范例,是我国的国粹,也是我国非物质文化遗产宝库中的瑰宝。它是反映我国传统文化的一部百科全书,其深厚的文化底蕴,透射出中华民族文化精神元素。

如此优秀的艺术深得老者的厚爱,然而稚子对京剧缺少几分钟情。中小学如何肩负传唱京剧的责任和使命? 中城小学恰在京剧艺术的拓展性课程教育领域,既有扎实的内容,又有鲜明的特色,形成个性化的办学之路。

(一)传承与弘扬"信芳京韵"拓展性课程的教育意义

当今,基础教育改革已蓬勃开展,确立了国家、地方、学校三级课程相结合的课程体系。校本特色的个性化课程呼之欲出,为中城小学的特色课程研究创设了宽松的教育环境。学校开发"信芳京韵"拓展性课程,将更加丰富学生的学习方式,让学生有更多的机会获得亲身体验,形成良好的文化素养,培养学生欣赏、创造、实践和创新能力,养成合作、分享、积极进取等良好的个性品质。

---

①习近平.在庆祝中国共产党成立95周年大会上的讲话(2016年7月1日)[M].北京:人民出版社,2016:13.

　　首先,社会文化层面。21世纪全球化和商业化背景下的中华文化,正经历着历史上重要的转型期,几千年来口传身授的民族民间传统文化正面临急剧的流变。非物质文化遗产作为一个民族古老的生命记忆与文化基因库,代表着民族智慧和民族精神。中华民族作为当今世界非物质文化遗产最为丰富的民族,如何让教育传承民族文化,并发挥发展与创新等功能,是摆在中国教育界面前艰巨而又不可回避的重大课题。众所周知,中华文化博大精深,京剧艺术更以其深厚的文化底蕴影响了一代又一代中国人。而今,在中西文化强烈碰撞的21世纪,京剧因其糅合了大量古典元素、文化元素而被誉为中国的国粹。越是民族性的就越是世界性的,为了让中华文化走向世界,保护国粹、普及国粹、弘扬国粹的重任义不容辞地落在了基础教育者的肩上。

　　其次,区域文化层面。中城小学地处素有"鼎甲相望、进士辈出"之誉的浙东千年古镇慈城,一方水土养育一方的精英,慈城孕育了中国京剧界麒派大师周信芳。周信芳(1895—1975),原名士楚,艺名"麒麟童",是我国卓越的京剧表演艺术家,老生流派——麒派艺术的创始人,曾任中国戏剧家协会副主席、上海京剧院院长。周信芳继承和发扬了我国民族戏曲的现实主义表现手法,有着自己独创的风格,他编、导、演全才,代表作品有《徐策跑城》《乌龙院》《萧何月下追韩信》等几十余部,他一生中上演过近600出戏,其中以连本戏为主,是世界级演员中唯一有此记录者。周信芳表演基本功精湛,自然真实,富有时代感,具有浓厚的生活气息,唱腔声音宽响,以苍凉遒劲为特色,朴而不直,顿挫有力,在极富曲折跌宕之处,尤其注意抒发人物感情,高拨子、汉调等唱腔有独特的韵味。他以独具异彩的麒派艺术风靡全国,为创造京剧的辉煌做出了重要的贡献,成为饮誉海内外的麒派宗师。他的人格魅力也有目共睹,著名戏剧家田汉的诗"更有江南伶杰在,歌台深处筑心防"便是周信芳最好的写照。抗日战争爆发后,在民族危机深重的历史关头,周信芳不顾恫吓,依旧坚守舞台,编演抗日题材的历史剧,宁折不弯,这就是周信芳的气节,也是他的魅力所在。他是角儿,更是傲骨峥嵘的好男儿。

再次,学校教学层面。中城小学一贯重视艺术教育工作。个性化的艺术教育是陶冶、丰盈学生心灵品质的重要途径。学校的艺术教育秉持"诚谨勤俭"的校训,本着"传统底色,现代素养"的育人目标,立足于慈城深厚的慈孝文化和百年办学传统,努力推进传统文化教育。在"双减"政策的背景下,学校教育更加注重学生的全面发展,提升学生的艺术素养。"信芳京韵"拓展性课程传承与弘扬的目的并非让每一位学生都成为京剧界的行家能手,而是想通过京剧的艺术熏陶,提高学生对民族文化的了解和热爱,进而内化为自身对艺术、对人生的美的追求。

最后,学生教育层面。基础教育阶段的艺术课程日益走向综合,应关注学生人格的健全发展,充分利用学生的生活经验和社会文化资源,鼓励学生进行体验性、探究性和反思性学习,为学生提供生动有趣、丰富多彩的内容和信息,拓宽艺术视野,提高整体素质,并使艺术学习更有趣、更容易,使每个学生获得成功感。艺术类拓展课程不是各门艺术学科知识技能数量的相加,而是综合发展学生多方面的艺术能力,同时还培养学生的整合创新、开拓贯通和跨域转换的多种能力,促进人的全面发展。让学生传承"信芳京韵",可以使学生了解更多的艺术形式,接触更高雅的传统文化,从小接受国粹的艺术熏陶。对于中城学子来说,更为重要的是通过

"信芳京韵"的传承,可以从家乡先贤身上看到宝贵的精神品质,以深厚的人文精神滋润他们的心灵,在文化、艺术、思想各方面继承祖国优秀文化传统,取其国学精髓,真正成为拥有文化底蕴、适应社会发展的优秀人才。

综上所述,中城小学得天独厚的地理人文优势带来了传承京剧不可推卸的责任和使命。"信芳京韵"拓展性课程的研究是传承中华优秀传统文化的需要,是慈城区域社会文化建设的需要,是基础教育课程改革的需要,也是中城小学的校园文化建设的需要,最终落脚于被教育者——学生的身上。"信芳京韵"拓展性课程是一个综合性的美育课程,一方面要符合学校特色和学生需要,另一方面必须考虑可实施性和操作性。毫无疑问,中城小学有着良好的艺术基础,有着得天独厚的区域艺术氛围。在充分酝酿和斟酌后,学校决定了该校本课程的体系,作为学校的个性化办学的一项特色。

(二)传承与弘扬"信芳京韵"拓展性课程的教育策略

亲其师,信其道,学艺育人为根本。中城小学积极开发拓展性美育校本课程"信芳京韵",提出"唱京戏、学麒派、修品行、展自我"总体育人目标。弘扬国粹文化,传承麒派京剧艺术的精髓,领悟家乡先贤的高尚品质,浸润心灵,再通过生动的创作、表演展现自我,让学生从小接受国粹的艺术熏陶,以深厚的人文精神滋润心灵,促进个性的发展,在传承和弘扬的过程中实施课程策略研究。

1.课程目标:建立"信芳京韵"拓展性课程的目标体系

在建立"信芳京韵"拓展性课程目标体系之前,作为课程开发人和教育者,首先要提炼课程对培育学生的作用,从审美感知素养、艺术表现素养、文化理解素养三个方面去规划课程。"信芳京韵"拓展性课程不仅是一种认知活动,也是一种操作性的体验活动,所以它要求教师在教学活动前必须系统规划课程体系,深入了解学生的思想特点、心理特点及年龄特点,制定出明确的三维目标,在学知识、唱京剧的教育过程中,从学生的情感、态度、价值观,过程与方法,知识与技能等方面进行教学。因为一切教育活动若不从教育对象出发,则既会丧失教育最根本的属性,也会丧失教育应有的效果。

在课程开发之初,学校组织宁波民俗专家、京剧界前辈,以及教育界专家一起进行研讨论证,确立了传承与弘扬的具体做法:以走近京剧大师周信芳为主线,让学生了解博大精深的京剧艺术的历史和渊源,知晓感人的京剧故事,得知京剧在人类文化发展史上的地位以及在国际上的影响;了解京剧的行当、流派与风格、表演的特征、脸谱和服饰艺术,感受京剧音乐和伴奏乐队的特点;参与京剧经典名段和慈城特色的原创作品的表演,传承和发展周信芳麒派京剧,深入体验国粹艺术的魅力。

"信芳京韵"拓展性课程有别于全国各地的"京剧进校园活动",我们是以走近家乡的京剧大师——周信芳为线索,让学生了解京剧艺术的基本知识;通过作品的赏析,感受韵味独特的麒派唱腔和韵白,体验源于生活而高于程式化的麒派表演手段(做工),体会雄伟刚健、雅俗共赏的麒派审美特征;通过以麒派为主的京剧唱段学唱、经典折子戏表演,传承麒派京剧,培育"小小麒麟童";学校师生以爱国主义、慈城文化为元素的麒派风格作品的创作,进一步发展和弘扬麒派艺术;通过聆听周信芳大师的艺术人生故事,学习其傲骨峥嵘的人格魅力,感受这位家乡先贤的高尚品质。通过这一课程学习,激发中城学生热爱祖国优秀文化和爱家乡的情感,延续麒派艺术,感悟京剧文化,浸润心灵,薪火相传,这便是"信芳京韵"进课堂的初衷和目的,也是使命和责任。

通过该课程的学习,旨在弘扬民族文化自信,传承和发展民族优秀传统文化,促进学生个性的发展。让慈城的学生熟知卓越的中国京剧表演艺术家、京剧麒派艺术创始人周信芳先生代表作及艺术成就,并以深厚的人文精神滋润学生的心灵。

通过该课程的实施,推动中城小学校园文化建设,建立学校可操作的艺术教育活动的体系,构建浓郁个性化的办学特色,丰盈"传统底色,现代个性"的育人理念。

通过该课程的研究,提高学校教师的科研能力,深化新课程标准的教育理念,对国家基础课程——艺术课程进行拓展性补充。通过学科交叉融合,鼓励学生进行体验性、探究性和反思性学习,为学生提供生动有趣、丰富多彩的内容和信息,拓宽艺术视野,提高整体素质,并使艺术学习更有趣、更容易,使每个学生获得成功感。培养学生的艺术能力,同时还培养学生的整合创新、开拓贯通和跨域转换的多种能力,促进人的全面发展。

2.课程内容:制定"信芳京韵"课程的内容体系

为了确保"信芳京韵"课程顺利有效开展,在教学过程中做到"有本可依",音乐教师不但深入学习京剧艺术,而且积极编写"信芳京韵"课程纲要和校本教材。为此,学校成立了校本教材编写小组,从 2010 年 10 月的课题准备阶段开始,音乐教师积极编写校本教材《信芳京韵》,以走近京剧大师周信芳为线索,在各年级的音乐课中有效进行京剧教学,使学生每学期能唱会两首以上京剧名段,欣赏三个以上京剧名戏。

在教材的编写过程中,我们遵循以下原则。一是教育性。中城小学作为义务教育段的基础教育型学校,开展京剧教学活动并非培养京剧方面的人才,而是培养适应 21 世纪的社会主义接班人。因此,"信芳京韵"课程活动面向全体学生,坚持育人宗旨,遵循教育规律、技能形成规律和不同年龄段学生身心发展特点,寓教于乐,寓教于学,寓教于练。在实践中引领青少年接受优秀民族文化熏陶,培养京剧兴趣爱好,营造"向真、向善、向美、向上"的校园文化,以传承中华优秀传统文化,建设中华民族共有的精神家园为目标,紧紧围绕实施素质教育的要求,积极打造中城小学京剧特色的艺术教育,不断提升学生的艺术素养和综合素质,营造浓厚的京剧艺术氛围,为弘扬民族传统文化做出贡献。二是地方性。为了让课程更加符合地方特色,古镇慈城也为我们提供了丰富的创作素材和源泉,中城师生充分挖掘慈城得天独厚的文化氛围,进行以"慈孝文化"为特色的京剧作品的创作,将京剧艺术融入学校的慈孝文化教育活动中。如今已创作完成的京剧作品有:《小小麒麟童》,孙仰芳作词、罗守信作曲。组曲《董黯挑水》,尹东兴作词、刘海涛和冯冰峰作曲,共由五首曲子构成,包含了京剧独唱、对唱、齐唱等表演形式。《锦绣慈城》,冯冰峰作词、罗守信作曲,以"慈山秀慈水长,慈江岸边是故乡"为感情基调,歌唱"鼎甲相望、钟灵毓秀"的慈城美景,歌颂"进士辈出、造福桑梓"的慈城先贤,歌咏"历史悠久、名扬四海"的慈城特产。《诚谨勤俭长无穷——中城小学京韵校歌》,罗守信作曲。该作品以百年老校歌的歌词为唱词,以原有的曲调为音乐素材,是一首京剧风格的校歌,在校园中营造了浓郁的京韵氛围。三是融合性。"信芳京韵"课程是一门涉及音乐、美术、舞蹈、文学、历史、信息等门类,兼具综合性、人文性的京剧艺术学科。京剧艺术的学习,是实现课程结构融合性的机遇。京剧艺术课程的设置,强调音乐、美术、舞蹈、文学等相关门类的综合学习。融合性的京剧艺术课程,不仅要求学生掌握京剧艺术本身,还要求学生能够通过各个门类的综合学习,了解它们之间的关系。与此同时,能够在课程中运用和巩固各分科课程中的学习内容。比如:在低段教材第七课《五彩的脸谱》的设计中,我们围绕脸谱学习这一核心知识点把音乐、美术、信息技术的学习融为一体。为了帮助学生熟记一些脸谱,我们引导学生学习《唱脸谱》这首歌,让孩子们在韵味十足的京歌中巩固学过的知识。我们又通过脸谱色彩和人物性格的关系,引入了美术中对色彩的运用这一知识,让孩子们画脸谱。此外,在安排学习内容时,教材中仅仅呈现了红、黄、蓝、白、黑五种脸谱,学生要想更多地了解脸谱的知识,则可以通过教材中提供的网址上网查询、浏览获得,这样,学生利用信息技术的能力就自然得到巩固和提高。四是活动性。针对小学生的心理成长特征,该课程强调活动性。这是为了给学生创造条件,促使学生的学习方式从片面的被动接受转为主动接受,从单一的接受学习转为接受学习与探索学习相结合,从单一的个体学习转为个体学习与合作学习相结合。因此,各个主题单元的设计,避免使教科书成为京剧知识的罗列。活动的设计都力求突出自主、探究、合作的学习方式。努力将活动与研究性学习、社区服务和社会实践、信息技术教育、慈孝文化教育结合,以及帮助学生在掌握初步的京剧知识和能力、相应的态度与价值观的同时,能够获得一定的学习方法,形成初步的合作意识和能力。比如:在教材《信芳京韵》中段的"董黯挑水"单元中,我们呈现了一组由中城师生创作的京剧原创作品。董黯是东汉时期名扬天下的"甬城孝子第一人",慈城也因孝子董黯而得名,2000年来得到了历代帝王下旨表彰和历代文人墨客的盛赞。在教学中通过对组曲《董黯挑水》欣赏、学唱,再通过书画、慈孝行动、课本剧的编演等各类活动,让学生积极主动参与,学会感恩,体验慈孝。

教材《信芳京韵》已于 2012 年 5 月 8 日编写完成并投入使用。教材内容涵盖:周信芳京剧艺术、京剧基础知识、京剧名段唱腔、名曲赏析、京剧大师和慈城特色的原创作品等内容,共计 48 个单元。每个单元具体分为"京剧大天地""京剧小票友""过把瘾""我发现"和"我收获"五个板块。整个教材的编写,体现了"图文并茂,由浅入深,通俗易懂,生动活泼"的编写原则,使学生在学知识、唱京剧过程中,在知识、技能、情感、态度及其价值观等方面都有很大提高。学校将"信芳京韵"课程纳入国家基础课程——艺术课的课程资源中,使中城小学的学生从小受到民族音乐文化的熏陶,树立传承民族音乐文化的意识。

(三)传承与弘扬"信芳京韵"拓展性课程达成了多方共赢

学校立足慈城深厚的慈孝文化和百年办学传统,以学生发展为主体,本着"让孩子享受童年幸福,为孩子奠定一生基础"的个性化办学核心理念,充分挖掘慈城周信芳京剧艺术这一宝贵的教育资源,进行了"信芳京韵"美育校本课程的开发与实施,形成了具有教育性、综合性、活动性、选择性、开放性等特色的校本教材,促进了学生、教师、学校、社会的共同发展。整个发展是在合作的过程中形成的,教师是课程开发的主体。教师同行之间、教师与学校管理者之间、教师与学生之间、教师与课程专家之间、教师与学生家长之间的合作都结出了丰硕的成果。

1.培养具有传承和发展民族优秀传统文化意识的学生

京剧具有深厚的文化底蕴,无论是其唱腔艺术,还是其脸谱艺术,都透射出中国文化元素。让小学生学京剧,从小接受国粹的艺术熏陶,可以使学生了解更多的艺术形式,接触更高雅的传统文化。通过该课程六年的学习,中城学生以走近京剧大师周信芳为线索,了解了周信芳麒派京剧艺术,初步掌握了京剧基础知识,学会了京剧名段唱腔,赏析了京剧名戏,认识了中国京剧大师和表演了经典京剧唱段和慈城特色的原创作品等内容,激发了热爱祖国优秀文化和爱家乡的情感以及自觉弘扬民族文化的责任感、使命感。

2.学习京剧文化,传承周信芳韵味独特麒派艺术

学生通过对周信芳作品的赏析,感受韵味独特的麒派唱腔和韵白,体验源于生活而高于程式化的麒派表演手段(做工),体会雄伟刚健、雅俗共赏的麒派审美特征;通过以麒派为主的京剧唱段学唱、经典折子戏表演,传承麒派京剧,培育"小小麒麟童";学校师生以慈城为元素的麒派风格作品的创作,进一步发展和弘扬麒派艺术;通过聆听周信芳大师的艺术人生故事,学习其傲骨峥嵘的人格魅力,感受这位家乡先贤的高尚品质。通过对这一课程的学习,激发中城学生热爱祖国优秀文化和爱家乡的情感,延续麒派艺术,感悟京剧文化,浸润心灵,薪火相传,完成了信芳京韵课程开发的目的,完成了慈城人的使命和责任。

3.结合慈孝文化教育,促进学生全面发展

传承传统文化,传承京剧,延续周信芳麒派艺术,扎根于中华慈孝文化之乡,与中城小学倡导的慈孝文化教育相结合,促进学生在知识、情感、价值观等方面的全面发展。学生通过"信芳京韵"课程获得了京剧艺术的基础知识和能力,同时也充分体验京剧艺术独特的美,能从经典剧目中汲取中国传统文化的道德力量。通过

表演具有慈城特色的原创作品《董黯挑水》《锦绣慈城》《百年中城谱新章》等,拉近京剧与慈城学生的空间距离,使学生更容易受传统文化熏陶。讲解周信芳爱国、爱乡的故事,使学生感受到家乡先贤的高尚品质,学习其傲骨峥嵘的人格魅力,从而形成良好的道德。

4.通过教育行动研究,提高教师教科研能力

在"信芳京韵"课程的开发过程中,教师自觉投入课程的研究,在成就学生的同时也成就了教师,促进了教师学术研究的发展。

校本课程的背后所蕴含的理念,是把课程开发与实施的权利还给教师,让教师来从事课程的种种实践活动。这就要求教师不仅是课程的执行者,而且必须同时作为课程的开发者和研究者。

因此,我们把"信芳京韵"校本课程的开发过程,理解为学校教师参与教育行动研究的过程。课程开发加深了教师对课程的理解,有利于提升教师的课程意识。教师不再满足于做一个"课程的消费者",而成为课程的设计者,善于将课程资源转化为有效的教学资源。校本课程的开发要求教师对教育理论和实践持有一种健康的怀疑,在教育实践过程中关注理论的构建和实践的反思。这有助于教师养成在实践中发现问题,并借助相关的理论予以解决的习惯,这无疑将促进教师行动研究能力的培养。校本课程的开发是基于分析学校办学宗旨、分析学生学习需求、充分利用学校及社区资源,来确立校本课程的目标、选择组织课程的内容、决定课程实施的方案、进行课程评价的。因此,在整个校本课程开发的过程中,教师必须与校长、其他教师、学生、家长、课程专家、社区人员等通力协作,这将有效地促进教师合作精神的培养。总之,校本课程开发是教师专业发展的有效途径,教师的专业发展又为校本课

程的开发提供了可能,两者相辅相成,相得益彰。

"行动研究"通过在教育实践中发现问题,在实践中解决问题,从而改进教育实践,是一种"做中学"的教育研究。通过这一研究,提高教师的科研能力,是在职教师继续教育的有效途径。

"信芳京韵"课程作为校本课程,其开发以中城小学教师为主体。原本中城小学音乐教育专业的教师是京剧领域的门外汉,通过"信芳京韵"课程的开发与实施,现已成为地道的京剧票友和周信芳京剧艺术研究者。因而,这一课程的开发,提高了教师的科研能力。"信芳京韵"课程入选第四届浙江省义务教育精品课程,宁波市第五批优秀校本课程;课题荣获宁波市第五届艺术教育教学成果一等奖,江北区优秀教育教学科研成果二等奖,2018年荣获首届江北区拓展性课程一等奖。

5. 打造"信芳京韵"教育品牌,扩大学校影响力与知名度

学校成立周信芳京剧传承基地,弘扬麒派京剧艺术,高度重视品牌的打造。品牌是"名片"和"宣传广告",打造具有学校特色的"信芳京韵"教育品牌是传播京剧文化、扩大学校影响力与知名度的有效载体。在如今这个经济与文化日趋一体的现代社会,一个有号召力的文化品牌,能给学校带来无法估量的作用,是增强学校竞争力、提升美誉度的有效途径。

经过十余年的努力,彰显中城小学"信芳京韵"教育特色的文化品牌逐渐打造成功。我们坚持开展"信芳京韵"教育的研究与实践,对"信芳京韵"文化的底蕴进行了深入的挖掘与提炼归纳,极大地丰富了慈孝文化的内涵。经过一系列教育活动的组织开展,培养了一大批京剧爱好者从会听京剧到会演京剧。在学生的影响下,也间接地对学生家长进行了教育引导。

在十余年的成长历程中,"信芳京韵"课程的研究,取得了丰硕的成绩。

2009年,慈城周信芳京剧传承基地成立,《宁波晚报》专题报道。

2011年,台湾教育访问团观摩信芳京剧社展演。

2011年,赴台湾省新北市实践小学开展传统文化(京剧)教育交流活动。

2012年,教材《信芳京韵》编写完成。

2013年,在宁波市"相约梨园"戏剧大赛中,叶涛、芦嘉凝分别荣获蓓蕾奖。

2013年,上海京剧院表演艺术家孙文元先生访问中城小学。

2014年,信芳京剧社团被评为江北区精品社团。

2014年,"弘扬和传承信芳京韵策略研究"课题荣获宁波市艺术教育成果一等奖。

2014年,"信芳京韵"课程入选浙江省中小学音乐教学"非遗"音乐文化校园传承项目。

2015年,在第十九届中国戏曲小梅花奖浙江赛事中,叶涛荣获二等奖。

2015年,"信芳京韵"课程入选第五批宁波市优秀校本课程。

2015年,"信芳京韵"课程入选第四届浙江省义务教育精品课程。

2015 年,宁波市反法西斯战争胜利 70 周年会演,原创京歌《同谱中华强盛章》获金奖。

2017 年,京剧社团成员与著名京剧表演艺术家尚长荣先生同台演出。

2018 年,"信芳京韵"课程荣获江北区拓展课程评比一等奖。

2018 年,在宁波市中小学生戏剧比赛中,原创京歌《锦绣慈城》荣获二等奖。

2018 年,在宁波市"未来之星"京剧比赛中,高宇皓、苏锐荣获金奖。

2019 年,在浙江省少儿戏曲比赛中,苏锐、陈若菡荣获"小金桂"奖。

2020 年,在宁波市中小学生戏剧戏曲大赛中,原创京歌《中国屹立世界东方》荣获一等奖。

2020 年,在浙江省中小学生戏剧戏曲大赛中,原创京歌《中国屹立世界东方》荣获三等奖。

2021 年,在江北区中小学生戏剧戏曲大赛中,原创京歌《百年中城谱新章》荣获一等奖。

2021 年,在宁波市中小学生戏剧戏曲大赛中,原创京歌《百年中城谱新章》荣获二等奖。

2021 年,中城小学入选全国中小学中华优秀传统文化(京剧)传承学校。

2022 年,在宁波市"未来之星"京剧比赛中,陈若菡荣获金奖,甘永皓、杨凯然荣获银奖。

2023 年,第 23 届中城小学"相约金秋"艺术节闭幕式在"周信芳戏曲艺术馆"举行。

在十余年中,"信芳京韵"课程多次受到新闻媒体的专访和报道,新闻和剧照登上了新华网、人民网、浙江教育、《宁波日报》《宁波晚报》和宁波电视台等多家新闻媒体,提升了学校在区、市甚至省里的知名度。

中城小学"信芳京韵"课程长期以来秉持"唱京戏、学麒派、修品行、展自我"的总体育人目标,传承周信芳京剧艺术,弘扬中华国粹艺术,激发学生爱国、爱乡、爱校的情感,这也是"坚定文化自信"的具体落实和最佳体现。著名京剧表演艺术家梅葆玖曾说,传统戏曲的精神内涵在于"对国家要忠,对父母要孝,欲正人,先正己,做人要仁爱,要有义有礼"。"百年中城,立德树人",中城人践行着教书育人的使命,我们要用大爱诠释为国育才的担当。在"双减"政策下,我们更需注重学生的全面发展,提升学生的艺术素养。

二、围棋拓展性课程的开发与实施

围棋是传统的东方游戏,是中华民族优秀文化的瑰宝,是我们祖先逻辑思维与形象思维双翼并展的智慧。基于中城小学的围棋教育传统,我们抓住新课程改革的契机,把围棋活动作为校本课程进行了重点开发。

(一)棋韵悠长,围棋课程的不竭动力

首先,中城小学开展围棋教学源于学校围棋教育历史的根源及积淀。中城小学成立于1904年,具有百年历史,有慎选良师、从严治校、注重特色、全面发展的优良办学传统,在抗日战争时期便是一所享誉乡里的名校,尤其是学校的围棋教育,在当时更是名噪一时。应氏计点制围棋规则创建人应昌期先生的父亲应星耀曾在中城小学担任了35年的校长,当时学校就把围棋列入课程表中,在

全校营造浓厚的学棋、弈棋的氛围,为中城围棋文化的初步形成迈出了坚实的一步。此后,中城小学逐步形成了"学棋艺、悟棋道、树棋品、促智力"的围棋文化。

其次,围棋课程是新课程改革的机遇和学校主动发展的需要。新课程改革背景之下,基础教育课程包括国家课程、地方课程和校本课程三大部分。一个学校是否发展得有特色,不取决于国家课程,甚至也不取决于地方课程,而是取决于校本课程的开发与实施。2001年,教育部、国家体育总局下发《关于在学校开展"围棋、国际象棋、象棋"三项棋类活动的通知》。据闻,复旦、南开、北师大等著名院校已将围棋列入选修课,各地有许多小学也将其纳入正式课程,"围棋之乡"不断涌现。远在大洋彼岸,围棋也受到了西方人士的特别关注。美国不少大学都开设围棋课,在西弗吉尼亚大学,围棋是逻辑学课程的一部分;在威廉·玛丽学院,围棋是关于东方哲学的普通课程;在弗吉尼亚大学商学院,围棋是东方商业课程的一部分。《中华人民共和国体育法》提出"推动青少年和学校体育活动的开展和普及"。国家体育总局、教育部、发改委联合发布的《关于提升学校体育课后服务水平 促进中小学生健康成长的通知》提出"体育课后服务活动课程鼓励设置棋类等中华传统体育项目"。在这个背景和契机之下,中城小学开发围棋校本课程成了一种必然的需求,同时也是学校教育进行可持续发展的要求。

最后,围棋与儿童智力开发、人格发展相契合。少儿处于人生的早晨,生理、心理都处于迅速发展时期。他们兴奋强于抑制,好奇心强,记忆力强,模仿性强,可塑性亦强;但注意力往往不易集中,还有依赖和任性表现,思维也正处于自然发展阶段。而围棋布阵于方格之中,黑白两子开展激烈搏杀,具有游戏性与竞争性,寓动脑于兴趣之中,极易吸引学生的注意力,培养学生积极乐观的情绪和耐心、细致、自信、自省的心理品质,促进心理健康。这便是围棋的魅力。围棋学习不仅在棋盘布阵上,还在于围棋相关的知识。学习围棋的过程也是了解中国和世界的围棋发展史的过程;富有哲理的围棋故事、围棋格言和棋理启迪人生;用棋规、棋礼教育学生养成良好的行为习惯;以棋会友促进乐学、合群与交往;充分挖掘与围棋有关的诗、书、画资源,使学生受到美的陶冶;让更多的学生学会下围棋以丰富课余生活。

依据以上认知,我们把围棋作为校本课程进行重点开发,建立了包括学校围棋活动、围棋文化建设、家校合作活动等围棋校本课程框架,通过构建校园围棋文化,优化育人环境,使每一位学生都能从浓郁的校园围棋文化氛围中受到熏陶,使中城小学的毕业生具有独特的质量规格,让围棋伴随学生成长。

(二)"棋"妙之旅,围棋拓展性课程探索与实施

中城小学自 1991 年正式开展围棋教育以来,已经有 30 多年的围棋教育历史,现已形成了包括知识和技能、方法和过程、情感态度等方面的围棋课程目标体系,包括学科课程、活动课程、隐性课程在内的围棋课程系列,包括集中授课、自主探究、环境育人在内的围棋教学方法系列。

1.编制围棋校本课程教材

首先,确定课程目标体系。课程目标就是要让学生得到全面而和谐的发展,这样的发展就是其整个个性的和谐发展。我们通过在活动中认真贯彻课程开发宗旨,在充分利用学校各种硬件和软件资源的基础上,通过师生的共同努力,确立了从学生的需要出发、以学生为中心的特色鲜明的校本课程教学目标体系。

其次,确定围棋课程内容选择的原则。在选择课程内容时,我们确定课程教学内容应符合有效性、趣味性和可学性的原则。

> 有效性:课程内容必须具有有效性,在教学中引入最新的围棋知识与技艺,让学生在学习围棋的过程中获取帮助。
>
> 趣味性:课程内容应有趣味性,要从学生的兴趣需要出发,选择学生感兴趣的内容,尽量使教学内容儿童化。这有助于提高学生的学习积极性和想象力,易于学生消化学习的内容,可以起到事半功倍的效果,避免枯燥乏味引起的厌学情绪。
>
> 可学性:课程内容应有可学性,这含有"适宜性"的意思。我们选择学生能够理解的和力所能及的活动内容,这些内容一般与学生已有的围棋知识水平有关联。

最后,确定围棋课程内容的建构。在确立围棋校本课程总目标和教材内容选择原则的基础上,我们构筑了围棋课程内容的框架,包括围棋教学活动、围棋文化建设、网络围棋活动、家校合作活动和社区活动。

2. 对症下药,三大策略推动课程实施

教师在进行围棋教学时,有意识、有目的地训练学生运用有效的记忆方法,注重对棋局进行对比、分析、归纳、总结,为学生提供足够的练习活动的机会,从而让学生掌握围棋基本知识,最终达到"弈棋增智"的目的。主要教学策略如下。

自主合作学习策略。我们认识到,围棋对于多数学生而言是一项游戏,它不适合采用传统的课堂教学模式,而应该以活动为主,以授课为辅,学生完全可以利用电视、书刊、向周围人求教等多种途径自学围棋,如自学《吃子练习与吃子着法(一)》《中国围棋规则摘要(一)》等。同时,我们还编写了围棋活动的规章制度,以便于学生自主地进行"依法"管理和学习,为管理活动提供依据,如《弈德》的自主学习。在自主学习中,棋力高的学生主动教棋力低的学生,使孩子之间形成互相团结、互相帮助的风气;长期坚持做死活、手筋练习,使孩子养成良好的自学习惯;建立学生围棋学习小组,相互切磋;当小老师,教家长下围棋;向身边的围棋高手请教,以棋会友;推广围棋的四人下法,培养团队精神;建立围棋等级分制度,使每个学生都有切实可行的学习目标。这样在围棋活动中不仅进行了智力开发,也进行了礼仪规范、情感态度和价值观教育。

集中教学策略。教学生下围棋,可以采取集中授课的方式进行最初的启蒙,然后进行大量的长期的实战练习,其间主要采用活动式教学而非满堂灌的形式。当学生有了一定的围棋基础,还需要在原有的基础上进一步提高棋艺,并加深对围棋文化的感悟,此时就需要再次采取集中授课的方式对学生进行教学点拨。教师应抓住关键的知识点,帮助学生举一反三,达到"教是为了不教"的目标,使围棋成为学生的终生爱好。在集中教学中,我们根据不同的教学形式来选择相应的教学内容。

阅读内化策略。学棋艺主要靠教学和实战练习,而悟棋道还可以通过阅读内化的办法。学围棋的孩子会越来越多,但不学围棋的孩子数量也很多,围棋并不能成为所有学生的共同爱好。但是,阅读的兴趣是每个学生都应该具有的,因此围棋文化的启蒙可以利用阅读内化这一条有效途径。此外,有关围棋的诗词对于学生的围棋文化启蒙也很有意义,学生在吟诵的过程中能够充分感受到古人对弈的情景以及对围棋的文化情结。

(三)润心养人,营造浓厚的围棋校园文化

在多样的教学策略之余,围棋校园文化环境营建也是帮助围棋课程质量提升的一个重要动力。围棋校园文化从形式上可以分为物理环境空间建设、围棋活动文化建设、围棋业余训练基地建设。

1. 围棋物理环境空间的建设

围棋是中城小学的传统体育项目。学校目前有专职围棋教练两名,兼职的围棋教练数名,大多数教师能下围棋,校内形成了浓厚的学棋弈棋氛围。学校有专用围棋教室两间,面积达80多平方米,精致的棋具(棋桌、棋盘、棋子)近200套,学校还每年拨出数万元的经费用于围棋教学活动,奖励棋艺出色的小棋手。

学校将学校一角开辟出来布置成"棋园"。"棋园"以黑白子的"中国流"布局,又配以围棋名人名局介绍,搭配围棋故事、围棋名言、围棋名画等,让学生在定向参与常规围棋课程学习之余,在物理学习空间里探索课堂上没有的学习内容。

同时,学校建立校园围棋文化长廊,把编写的围棋手抄报、黑板报,创作的围棋题材的书画作品陈列在文化长廊中,添置各种围棋教学硬件设施,设立班级"围棋一角"等,不断优化学习围棋的外在环境。

2. 围棋活动文化的建设

立足校园围棋文化开展围棋教学,其根本目的是育人。我们采用多种形式开展围棋交流活动,提升围棋活动文化建设,在提高学生棋力的同时培养学生良好的个性品质。

精彩校内,开展全校性的围棋文化活动。学校定期举行校园围棋传统活动、比赛,每年的 3 月下旬至 4 月下旬,是中城一年一度的围棋节。每当这个时候,中城小学就会开展丰富多彩的围棋活动,如"中城百人围棋赛""中城围棋十强赛"等。同时学校还会开展围棋手抄报展评活动,"学习围棋,激励人生"的主题演讲比赛,围棋名人故事会,编写围棋儿歌,创作以围棋为题材的绘画、舞蹈作品,等等。为了创建浓郁的围棋文化氛围,学校开辟围棋宣传阵地,如在宣传橱窗中设立"围棋天地"栏目,宣传棋界名人的轶事,内容定期更换,力求使全体学生喜闻乐见,在红领巾广播站中开设"围棋之窗"小栏目,等等。

走出校园,承办及参与各级围棋大型赛事。我们通过承办省、市各级各类比赛,组织学生参加各项赛事,提高小棋手的棋力,锻炼他们的韧性和毅力,培养他们良好的心理素质和强烈的责任感、荣誉感。我们聘请中国棋院原院长陈祖德先生为中城小学围棋顾问,邀请中国棋院原院长王汝南、华以刚,棋圣聂卫平,世界冠军周俊勋等来校指导。与名家面对面,了解了名人努力奋斗、顽强拼搏的事迹,激发了小棋手们学棋的兴趣,有利于他们品德修养的提高。我们还开展与台湾的交流活动。1995 年,学校派出围棋队员访问台湾,随后又接待台湾小棋手来访,开海峡两岸小学生围棋交流之先河。随后,我们又与台湾新北市实践小学签订了合作条约,将再启两岸小学生围棋交流活动。海峡两岸的交流,让小棋手们开阔了视野,激发了爱家乡、爱祖国的热情。

班级阵地,开展丰富多彩的班队活动。我们进行围棋知识竞赛,制作围棋手抄报、黑板报的围棋小百科比赛,扩大学生的知识面,激发学生对围棋的兴趣。在班队围棋活动中,全校各个班级都制订了围棋活动计划,这些活动包括:举办各级各类围棋比赛,如班级友谊赛、百人围棋比赛,并让学生担任围棋比赛的服务员、宣传员、讲解员、裁判员;开展以围棋为主题的班队活动,如知识竞赛、解题比赛;搜集围棋故事、棋手资料进行广播宣传;编写围棋手抄报、黑板报,创作围棋题材的书画作品;采访小棋手和围棋名人,写成围棋新闻报道向各媒体投稿进行社会宣传;等等。

3. 围棋业余训练基地的建设与完善

增趣提效,建立校内考级制度。围棋课程推进初期,学校将小棋手按照水平分为一星级小棋手(入门水平)、二星级小棋手(业余初级)、三星级小棋手(业余中级以上)三级。有五局及以上对局记录,通过入门考试,授予一星级小棋手标志;战胜五名及以上一星级小棋手,通过初级考试,授予二星级小棋手标志,依此类推。我们定期对学生的棋艺水平进行考级,授予通过考级的学生星级标志。为指导学生开展围棋活动,我们还把教师学围棋作为校本培训的一项内容,将教师作为班级围棋活动的有效组织者、引领者,组织本班学生举办小规模的围棋比赛。后期,学校改进了考级制度,开展了一年一度的围棋业余等级晋级挑战赛,目前已经开展了两届。

分层教学,促进围棋特长生培养。我们在围棋教学上形成四个层次。围棋启蒙班:每周一至周五,每天中午 40 分钟;围棋普及班:课排进课程表,二年级学生每周有一节围棋课;围棋初级班:每周一至周五下午,学生自愿报名参加;围棋提高班:依托慈城围棋协会,开展围棋提高班,自愿报名,择优参加。为了进一步满足学生棋艺需求,在围棋启蒙与普及的基础上,学校设立了围棋校队,在训练中引进竞争机制,采用升降制,提高训练效果。在应氏家族和热心人士的帮助下,中城小学还设立了"围棋及教育奖励基金",

保障了围棋教学活动的经费。通过实施《中城小学围棋参赛经费补贴办法》《中城小学围棋比赛奖励办法》《中城小学围棋奖学金发放条例》等制度,有效促进了围棋特长生的培养。

(四)"棋"乐融融,细数围棋课程实施成果

中城小学将围棋列为学校校本课程,风雨兼程,润物无声,在各级部门的关心下,已经建立起了适合中城小学的特色围棋教学模式,深受学生的欢迎和喜爱,也获得了家长的信任和支持,为学校特色品牌建设添砖加瓦,为实现培养具有"传统底色、现代个性"时代新人的教育目标不断助力。

1. 充分发挥了围棋活动丰富的育人价值

围棋活动能够促进学生的发展,这种发展是心理上的多方面发展,不仅包括认识过程,而且包括意志和情感;不仅发展学生的智力,而且也发展情感、意志品质、性格等各方面。它丰富的育人价值体现在以下几个方面。

首先,促进了学生智力的发展。研究结果表明,学生经常从事围棋活动既能促进其语言智商、操作智商和总体智商的良好发展,也能促进其智力的结构内容的发展。围棋古人称之为手谈,说明围棋也具有交流的功能,因此能促进语言智商的发展。围棋以图形为认知表象,通过对布局的思考、中盘的决策以及官子的选择,经过不断分析与综合,能较好地训练人的思维,从而促进非语言智商的发展。我们调查了近几年来中城小学毕业生的毕业去向,发现那些围棋学得好的学生,大多进了效实中学、宁波中学等省重点学校。中城小学1996届毕业生苏盛同学,是校围棋队高级组队员,考入效实中学后,学习成绩一直在年级段中名列前茅。2000年9月,他被学校推荐保送到新加坡求学。事实证明学围棋能够促进学生的学习,所以学校的围棋教学得到了家长的大力支持,从而使中城小学的这一特色教育获得了源源不断的动力。可以说,围棋活动的开展提高了学生的注意力,开掘了学生的洞察力,增强了学生的记忆力,丰富了学生的想象力。

其次,陶冶了学生人格情操和开发了学生的心理潜能。围棋是一种条件对等、规则明确的竞赛活动,能够培养少年儿童遵守纪律的习惯,进而打消优越感,增强自信心和求胜心。对少年儿童正常社会心理的形成,在社会大环境中正确处理人与人间的关系,以及在事业上的自信、追求和竞争等都是十分有益的。另外,下围棋要讲究棋品。优秀的棋品要求下棋者严肃认真,一丝不苟,作风顽强,意志坚定,尊重对手,服从裁判,胜不骄、败不馁。这些良好的棋品对好品德的形成无疑会产生直接的影响。围棋比赛是规则范围内的竞争,如对弈过程要"落子无悔""观棋不语",可以培养学生的规则意识。下围棋应讲究礼仪,如棋手在对弈正式开始之前要相互寒暄致意,对局中要保持谦让的姿态,取子、认输都讲究规范,这是对学生进行文明礼貌教育。

良好心理素质的培养,就是力图使学生能自知、自信、自控、自律、自强,情绪稳定,承受力强,意志坚定等。而围棋教学对这几方面的培养有其独到之处。经常下棋,可以帮助学生克服急躁和优柔寡断的不良性情,增强战胜困难的意志、毅力和勇气,培养学生良好的非智力素质。学生复盘探讨时,或多或少能接受经验教训,理解胜负之因除技艺之外的意志、毅力、情绪等因素,从而逐步弥补改正之,达到"胜不骄,败不馁"的精神境。精神医学专家认为下围棋可以把人们从日常繁杂的工作和学习中解脱出来,作为一种宣泄,维护身心健康。长期下围棋,能重塑儿童的性格,以静制动,达到人格、才能、心智的和谐发展。

最后,提高了学生的审美能力。国画大师黄宾虹说中国艺术本是无不相通的,"虽音乐、博弈(围棋),亦有与图画相通之处"。围棋是一门历史悠久、魅力无穷的东方艺术,具有诗歌的意境、音乐的旋律、舞蹈的节奏,而它那美妙无穷的变化更令人叹为观止。自古以来,诗人们把围棋所蕴含的美感转化为诗句。和琴、书、画一样,围棋是受到文人雅士赞赏的高雅艺术,可以用来修身养性,装点美的生活。下围棋的过程也讲究美感,棋盘上出现愚形被认为是不美的,如果棋型不美就意味着效率不高,必然要影响胜负。因此,长期参加围棋活动毫无疑问能够提高学生的审美能力。

2. 与"棋"同行,促进了学校整体的发展

竞技提升,围棋比赛频频获奖。经过多年努力,围棋也成了中城小学的品牌,产生了广泛的影响。中城小学的围棋代表队参加各级各类围棋比赛,成绩斐然:多次获省、市比赛团体冠军,在历届的浙江省应氏杯少儿围棋邀请赛中,中城小学围棋队保持总分前三名;1995 年 2 月,中城小学五名棋手应台湾围棋教育基金会之邀,赴台与台湾围棋爱好者切磋棋艺,以七场六胜一负的佳绩载誉而归。学校培养的小棋手黄晨、陈哲泳、汪雨博、陈嘉慧等先后获得全国青少年围棋比赛冠军、世界青少年围棋比赛亚军等殊荣。其中,黄晨还走上了职业棋手的道路,现为围棋职业五段,在全国首届智运会上获得男子专业组第六名,多次返回母校与学弟学妹们交流下棋,延续围棋梦想。汪雨博多次代表浙江省参加全国围棋比赛和中日围棋交流活动,在全国首届智运会上获女子业余组第四名,在第十四届全运会群众比赛围棋决赛中,斩获女子个人公开组金牌,成为宁波市首个全运会围棋冠军,也创造了浙江围棋选

手在全运会上的历史最好成绩。

围棋为翼,学校的办学声誉鹊起。学校里,教师学围棋、谈围棋、比围棋氛围日渐浓厚,围棋与人生、围棋与教学、围棋与生活成了教师不断感悟和实践的主题,围棋精髓引领下的学校教师,积极参与新课程改革。近年来学校在围棋方向取得了较好的成绩:学校现为全国棋类实验学校,全国围棋特色示范校,浙江省体育特色学校,浙江省围棋育苗工程十佳育苗基地,宁波市体育传统学校,宁波市围棋训练基地。与此同时,中城小学编撰的围棋校本课程被评为宁波市首批优秀校本课程;课题"让儿童在围棋活动中发展"获宁波市基础教育成果一等奖,浙江省基础教育成果二等奖。中城小学凭借学校三项传统文化教育特色获评全国优秀传统文化传承学校,其中一项就是围棋。2022 年 12 月,宁波市首届校园围棋赛之"国手进校、校园出国手"活动第一站走进中城小学,浙江省围棋协会秘书长、省围棋队主教练蓝天和全运会女子冠军汪雨博出席本次活动,与中城小棋手互动交流、下指导棋,学校的围棋发展又迈上了一个新台阶。

自 1990 年以来,我们先后接待了来自台湾、上海、杭州等省市 20 多所围棋特色学校的来访;我们也经常组织校围棋队员外出学习,频繁的交流使围棋队员的棋艺得到快速提高。学校多次被《宁波日报》《宁波晚报》《现代金报》等当地媒体报道。

3."棋"助家风,家长与孩子共成长

自中城小学开展围棋教育以来,影响了众多中城学子乃至他们的家庭,在他们心中种下梦想的种子,为树立良好的家风灌注力量。

中城小学小棋手朱同学在她的《我在围棋中》这样说:

　　从小,我就是个活泼好动的女孩子,即使长大了也不例外,仍旧是一个"假小子",世上所有新鲜事都会让我"爆发"那调皮的性格,唯独围棋却常常让我改头换面,变得不再调皮。

　　记得有一年暑假,太阳像发了疯似的,不管地上万物的"死活",火辣辣地炙烤着大地。我待在家里,心烦气躁,汗珠一滴又一滴地顺着我的脸颊往下流。这时,爸爸端着棋盘"大摇大摆"地走了出来,像小孩子一般,说:"咱们下一盘怎么样?"反正闲着也是闲着,我答应了。

　　对局开始,我执白先下,俗话说:"金角银边草肚皮。"所以,我毫不犹豫地将第一子下在了右手下方的一个点上,企图占领那一块地方,以争取自己的眼位。姜还是老的辣,老爸一下子就看出了我的心思,先不来管我,也将手中的黑子下在"金角"上,我连忙开始了做眼,老爸一看情势不对,用它那野马般的黑子连忙堵住,我一下子乱了手脚,心想:你怎么敢到我的禁区里来闯,现在我要用浑身解数来跟你搏斗,看你怎么反击。于是,我疯狂地开始进攻老爸的领地,宁失数子,不失一先。这时,门铃响了,有小伙伴叫我去玩,我想,还没跟老爸"决一死战"呢! 对,回去,接着下。于是,我拒绝了她的邀请,又坐到了棋桌边。这回,我得声东击西了,因为我的那块领地快失守了,只要老爸再放一子,就全军覆没了,可一旦我连上一子,就立刻东山再起了,这是攸关生死的一步,所以,我把棋子放在了一个黑子后方,老爸不知我这突然一击有什么阴谋,先挡了一下。哈哈! 我立刻转移方向,终于救出了那块棋,老爸一看中了计,气得两眼冒火,随后,他便不再心慈手软，拿下了这局。哼！下次我一定要努力，"将"你一局。

围棋是一项复杂而有趣的游戏，它包含了丰富的博弈思想，把博弈思想运用到生活、学习、工作中去，可以让我们变得更加聪明，更有办法，可以帮助我们打开胜利的大门。让我们好好学习围棋吧！

另一名小棋手张同学对于自己的围棋经历，她这样说：

围棋是中城小学的特色之一，从幼儿园开始，我们就学围棋了。围棋陪伴了我许多年，它是我朝夕相处的好朋友。

自从我入校以来，学校常常对我们进行围棋指导，常常组织围棋比赛，让我们进行磨炼。学校里的宣传窗上是同学们的围棋成就，是围棋知识……在"名人长廊"里，是我们中城的才子，是我们中城的骄傲，他们都是值得我们学习的榜样。

这几年来，我都很认真地去对待每一次的围棋课，专心致志地听，认认真真地下。在班中，我的围棋水平称不上一流，也没参加过一场比赛，但是我热爱围棋，热爱学校的特色。下围棋就是我的业余爱好之一。

在家中，我一直和爸爸进行激烈的围棋战斗。在棋场中，我们不管男女老少，就像在战场中奋力杀敌一样。我和爸爸天天拼得"你死我活"，可开心了。围棋是我的好朋友，我爱它！

我爱围棋，因为围棋的浪漫。围棋的浪漫，首先是它的别称，幽玄、手谈、忘忧、木野狐等等。听来是否风雅之极？围棋的浪漫，还是一个个动听的术语，黄莺扑蝶、村正妖刀、

大头鬼、相思断……比起烦琐的数学公式、枯燥的几何方程,围棋浪漫很多很多……围棋的浪漫还有:

> 黄梅时节家家雨,
>
> 青草池塘处处蛙。
>
> 有约不来过夜半,
>
> 闲敲棋子落灯花。

我爱围棋,围棋给我带来了很多很多的朋友。曾经在棋室对弈,曾经在玄武湖畔踏青手谈,曾经在电视上聆听国手讲棋。围棋给我打开一扇窗,让我看得更多,笑得更多。所以,我深深地爱着围棋!

中城小学校友、全运会围棋冠军汪雨博的家长对于围棋这一特色课程也是赞不绝口:

我的孩子学棋两年了,在这期间有高潮也有低潮,诚如苏东坡所说"胜故欣然,败亦可喜",毕竟人生是一连串的学习过程,有失败的经验,才能体会成功的甘甜。而且自己的蛋壳要靠自己来啄破,围棋技艺上的瓶颈有老师的指导,观念上的瓶颈则借由日常生活的进退应对来体会。

棋有棋理,正如人行为处世也要依理而行。棋理我不懂,但孩子会教我;人生的事,孩子涉世未深,但是我有经验。从子的连结体会团结合作;从子的效率,甚至布局,攻杀之中体会恰如其分,不能太过或不足;从官子体会求取最大效益的必要性;从做眼求活,体会凡物必有所本;从手顺体会物有本末,事有终始,所以要知所先后的道理……

中城小学另一校友、专业围棋棋手黄晨家长在学校刊物中曾这样评价孩子的学棋之路：

> 和孩子一起在黑白世界里畅游已经有五年了，从大班开始直到现在他在中城小学读四年级。围棋让我们父子俩的感情更深了，围棋让我的孩子更加有定力，更加有信心。
>
> 围棋的形态林林总总，千变万化，有如魔术方块在平面的棋盘上平移旋转。每一个着手背后都有一个细密扎实的理论基础，可以小玩怡情，也可以深究练性。
>
> 随着孩子在棋艺上的进步，专注力也更加提升，连带对于学校课业也更有效率了。对孩子而言，人生是漫长而多变的，我无法陪伴他一辈子，只希望孩子能借由棋局提早体验人生，领悟人生。

英国思想家培根有一段名言："读史使人明智，读诗使人聪慧，演算使人精密，哲理使人深刻，道德使人高尚，逻辑修辞使人善辩。总之，'知识能塑造人的性格'。不仅如此，精神上的各种缺陷，都可以通过求知来改善。"[1]学生学下围棋可以说不但"使人明智""使人聪慧"，而且"使人精密""使人深刻""使人高尚""使人善辩"。围棋活动不但促进学生智力的发展，增加智慧，也提升精神境界。因此，我们衷心地祝愿我们的学生志存高远，胸有"大局"，乐在"棋"中，"棋"乐融融。在今后我们将继续本着为儿童发展服务的宗旨，扎实开展校本课程的开发与实施，力争在校本教研的天地里取得更加丰硕的成果。

---

[1]培根.培根随笔选[M].何新,译.上海:上海人民出版社,1985:14.

三、"小邮局"拓展性课程开发与实施

"邮票是国家的名片。"它代表着一个国家的形象,是一个国家所具有的文化,是记录一个时代发生的大事小情的标记,因此各国的邮票发行部门总是力图把最能反映自己国家特色的东西,最能反映自己国家成就的事件,印制在小小的邮票上,集邮就可以收藏历史,也可以传承文化。与此同时,小小的邮票背后还蕴藏着流通、传递、服务等一系列重要功能,是不可多得的教育发生点。正是发现了这一特点,中城小学借助自有历史基因和内外资源整合的优势,把集邮文化引入校园,并将其作为拓展性课程的重要载体,借助集邮活动助力五育并举。

(一)追本溯源,挖掘集邮育人功能

第一,中城小学传承"集邮历史",自有渊源。校史就曾记载了应星耀校长开设"小邮政局"的始末,也正是在那个时候,教育者们已经关注到"小邮政局"的建立和推行有助于学生的全面发展。因此,中城小学自有集邮文化的优良基因。在社会各界的关心支持下,2019年5月,学校集邮社授牌成立,至此,丰富的集邮活动进入了中城小学的校园,走进了每个孩子的心田。

第二,集邮以及相关活动有丰富的育人功能。集邮不单单是把邮票收集起来,集邮也有自己的门道和规矩。集邮活动有着显著的育人功能。其一,集邮能修养学生的品德。集一天邮很容易,集一个月的邮也不难,但是长时间的集邮却不容易做到。集邮是一种兴趣性的行为,许多人可能在初尝集邮的乐趣之后就因为各种原因而搁置甚至放弃。集邮是一项艰苦、细致的劳动,集邮者不仅需要耐心地收集,还要正确地分类,这些都不可能一蹴而就,而是需要长久地坚持,这本身就是一种行为的修炼。参与集邮活动,

也是锻炼学生坚持不懈品质的有效手段。其二,集邮能开发学生的智力。邮票需要仔细地观察,放大镜是专业的集邮爱好者重要的工具之一,邮票上有很多细枝末节的地方,不仔细观察就看不出来。而很多小学生的注意力不够,因此,集邮可以变相锻炼学生的观察能力。邮票中包含丰富的知识,邮票的积累也是知识的积累,一举两得。其三,集邮能激发学生的内驱力。最开始可以以收集邮票为主,等到窥得门径后,还可以尝试以邮票为主的邮品。这些邮品上都有着丰富的题材,里面也浓缩了许多文化知识,这些五彩斑斓的艺术品是学生喜闻乐见的,在收集的过程中,学生势必对其中包含的知识产生兴趣,对于邮品中出现的不清楚不了解的内容,集邮者便会主动探索和学习,这种行为无形之中提升了学生自主学习、探索的兴趣和能力。其四,集邮能提升学生的社交能力。集邮活动是一项社会性的文化活动,"以邮会友"可以增强学生间的交流,锻炼学生的社交能力,集邮爱好者之间互相交流,既能拓宽自己的见识,也能和他人一起分享集邮过程中的喜与乐。

(二)连珠成串,构建集邮生发课程

让集邮文化在校园里落地生根,让小小的邮票和学生遇见,需要一次次尝试,需要一个个活动,更需要一堂堂课。

1. 成立"中城小邮社",培养学生兴趣

2019年5月,中城小学成立了学生社团"中城小邮社"。社团致力于弘扬和传承邮品文化,陶冶学生艺术情操,增长学生集邮知识,学习邮品设计,从而开阔学生的视野,提高他们的综合素质。

"中城小邮社"自开办以来,活动丰富多彩:邀请集邮辅导员和老集邮家们为小邮友们做邮品历史、邮品设计等主题讲座,开展相关节日、活动的邮品设计比赛,举办"我最喜爱的一张邮票"分享会,定期组织"邮友会"交换邮品,扩充自己的小邮集,不定期组织参观主题邮展,撰写集邮主题作文刊登在《宁波集邮》报上……其中一次又一次的邮品设计讲座及比赛扩充了学生的邮票知识,规范了学生的设计方法,提升了学生的设计能力。多名学生设计的虎年邮票在壬寅虎年春节期间于宁波市孙传哲邮票艺术纪念馆内展出。一系列学生喜闻乐见的活动为小邮友们提供了交流学习的平台,培养了学生集邮的兴趣,为之后校园集邮文化的创设打下坚实的基础。

2. 走向"少年邮局",体验别样精彩

经过前期的尝试和筹备,2020年9月10日上午,中城小学"少年邮局"成立仪式在中城小学隆重举行,这是宁波市首家入驻小学的"少年邮局",邀请浙江省集邮辅导员作为"少年邮局"辅导老师,全体工作人员均由在校中高年级学生担任,经前期培训、考核、竞聘上岗。

之后每周三的中午是学校"少年邮局"营业的日子,学生们在辅导员老师的带领下,进行换戳、盖戳、邮品售卖等常规工作,也是学校志愿服务劳动的重要阵地。全校同学都很期待周三,因为那一天可以来邮局,挑选自己喜欢的邮品,盖一枚喜欢的邮戳。目前,在原有活动开展的基础上,经校领导和集邮辅导员共同商议,学校采用每月"2次营业+1次活动"的形式,将"中城小邮社"和"少年邮局"有机联合在一起。

对于小学的孩子来说,丰富的活动是拉近他们与邮品关系的有效途径,从2019年开始,学校已经开展了许多活动。六一的"葫芦娃"邮票网上抢购给孩子们送去了节日的快乐;"大手拉小手"老集邮家进校园,借助校外力量向同学们传播邮品知识;"分别过年,爱不分别"活动让留甬过年的孩子为远方的亲人寄去新年的祝福;"红色集邮讲座"恰逢建党百年之际,用邮品讲述党百年峥嵘;"特别的爱给特别的你"采用校内流通的方式,给自己喜欢的老师送上真挚的节日问候;"童心喜迎二十大,强国'邮'我向未来"现场邮票设计大奖让孩子们在白纸上进行构图、描线、上色,用细腻的笔触描绘心中的美丽蓝图和对祖国母亲的爱;"见字如面,纸短情长,来自秋天的问候"现场写书信活动让学生用最朴素的方式表达最真挚的情感……同时,寒暑假和学校大型活动期间,组织了以"艺术节""廉洁""少先队""二十四节气"等为主题的邮品在校内展出。这些活动不仅丰富了孩子们的课余生活,也让邮品成了他们生活中不可或缺的一部分。

3. 推进拓展性课程,助力最优发展

随着"双减"政策的推进,课程标准的改革,音体美、综合实践类课程占比上升,这都在呼唤着一批有意义的能有效落实核心素养的拓展性课程。抓住这一契机,结合中城小学近年来深耕集邮文化的经验及良好的校内外资源,学校积极探索,致力于集邮主题校本课程的开发与实践,使中城小学的新课程理念真正落到实处,为热爱集邮的学生获得"最优发展"提供助力。

我们从以下四个方面明确课程目标。

从价值体认角度,学生通过学习校史了解集邮在中城的悠久历史,同时学生在集邮课程学习过程中,激发创造精神,发展劳动实践能力,形成基本的艺术素养,陶冶高尚的审美情操,完善人格,体验集邮活动的乐趣。

从责任担当角度,学生能通过日常小邮局运营工作的体验,初步养成自理能力、自立精神、热爱生活的态度,以及积极参与学校志愿活动的意愿。

从问题解决角度,学生以个人或集体合作的方式参与各种集邮兴趣活动,学习集邮知识,学习邮票的欣赏和评述的方法,借助集邮活动解决学习、生活中的问题。

从创意物化角度,通过动手操作实践,学生初步掌握邮品(包含邮票、邮戳、明信片及一片集邮)设计与制作的基本技能;了解编邮集、制作贴片、设计邮品的基本操作方法;能够运用现代化技术设计并制作有一定创意的数字作品,从而表达自己的情感和思想,美化环境与生活。

根据校本拓展性课程目标,结合集邮活动的特点、中城小学的办学实际以及小学生的年龄特点,中城小学目前正进行的"小邮局"拓展性课程有以下内容。

"'邮'从何来"主题,该主题以夯实集邮知识为目标,主要带领学生了解中城的"小邮局"历史,为学生提供集邮入门知识,具体课程安排如表3-6所示。

表3-6 "'邮'从何来"拓展性课程安排

课程主题	课程内容
集邮在中城	参观校史馆,实地了解学校历史;参观校集邮活动室,感受集邮氛围,初步体验小邮局运作
邮票世界真有趣	了解邮票的历史、种类和作用等基础内容,知道邮票有铭记、图案、面值三要素
信、信封和邮筒	了解信件流通及如何写信、信封,初步尝试给他人写一封信并邮寄
明信片世界	了解明信片的构成及基本作用,初步尝试给他人写一张明信片并邮寄
邮戳知多少	了解什么是邮戳及邮戳的种类,在小邮局学会正确盖戳
集邮工具我了解	从集邮的标识了解放大镜、镊子是集邮不可缺少的工具,学会用护邮袋或者邮集保护邮票
"我集了一片邮!"集邮分享会	将一段时间所集的邮票和小邮友们进行分享交流,互通有无
"集邮我最棒"总结表彰会	通过自评、他评和师评的方式评价学生的表现,进行总结、表彰

"'邮'我设计"主题,在了解集邮知识的基础上,以提升学生创意物化能力为目标,进行系统的邮品设计教学及邮品设计比赛、展览。

在集邮课程中,兴趣的获得和知识的习得是课程开展的重要基础,而动手实践是落实学生核心素养的重要体现。根据相关主题设计邮票或是明信片,主题可以参考学校召开的活动或是结合特色节日,如中城小学的文化艺术节正值十月金秋,学校就可以开展以"指尖的金秋"为主题的邮品设计活动,遇到新春佳节也可设计以生肖、新年为主题的邮品。

邮品的制作方法可以是手绘、剪贴等,也可以融入现代科学技术,用电脑绘图制作。优秀的作品将会定期择优上墙或是集合成册,供参阅、纪念等,同时也会根据实际情况印刷成学校师生的个性化成品用于流通。作为集邮的初体验,学生可以先从集一页邮票开始,即确定一项主题后,集邮者去寻找与之相关的邮票,进行分类、整理和阐述。集一页邮票操作简单,而且内含集邮的基本常识,是漫漫集邮路初体验不错的选择,也是拓展性课程中比较受学生喜爱的课程。

"'邮'向未"来主题,以提升学生的主人翁意识为目标,主要是"少年邮局"工作实践,同时引导学生借助校园邮局的传递功能,传递情谊、反思当下、创想未来。

中城小学"少年邮局"的定位是为学校师生提供邮政服务。邮局的员工由在校学生担任,在学生主动报名的基础上,由专业的辅导老师进行培训、考核,所有工作人员均持证上岗。从一开始的每周三中午营业扩张到现在每日营业,主要的经营项目对标真实的邮政工作人员,同时结合学生特点开展相关业务,如收寄平信,在邮票上加盖普通日戳;出售邮品,目前有纪念封、邮资明信片和普通邮票;为用户加盖"少年邮局"日戳及相关学校师生自主设计的纪念戳;全校师生报刊、信件流通;配合学校相关活动提供邮政服务。邮局的运行让学生了解邮局的工作内容、流程,是"职业体验"的良好试点,同时又为中城小学其他集邮活动的开展提供平台和协助。

邮票的重要邮政手段之一就是流通,邮品的流通可以在校内兴起书信文化,和远方的朋友架起沟通的桥梁。纸短情长,写满祝福的信件所承载的灵魂是群发的电子祝福所不具有的,保留的书信也能成为情感的载体。信件、信封的书写在语文学习中具有人文性和工具性的统一,书信的撰写也是书写能力的体现,弥补了电子信息导致的"提笔忘字"的不足。在亲朋生日、母亲节、父亲节、重阳节、教师节等节假日为同学、长辈、老师送上满满的祝福,既是情感的传递,也是品德的修行。同时,学校还与结对的贵州学校,开展两地学生间的书信联谊。

拓展性课程重在实施,应采取多种形式让学生真正"活"和"动"起来,务求实效。

首先,专项实施。学校把该拓展性课程纳入正式课表,每周安排一课时的时间进行教学及实践。辅导教师通过这一主阵地,充分利用活动,让学生边做边学。学生先学习集邮知识,再学习邮品设计,最后参与小邮局实践活动,亲历从无到有、从有到优的完整过程。

在学校的集邮活动室中,每个学习小组会根据实际情况,讨论制订本小组的学习计划。根据辅导员老师的课程指导,详细罗列出集邮活动不同阶段所需的材料和所要完成的任务,明确每个小组成员在活动过程中的职责,比如在亲身体验"少年邮局"工作人员的过程中,学生逐渐熟悉收寄信件、盖戳、分拣、送件等基本环节,同时能够在学校的相关活动中发挥作用,让学生有获得感。

其次,学科渗透。"小邮局"拓展性课程的内容不能孤立地存在,辅导教师要找到它与不同学科内容之间的关联性,让"小邮局"拓展性课程沟通其他学科教育与活动,起到学以致用的作用。

在学习和实践的基础上,学校组织开展一系列具有跨学科性质的活动,如与语文相结合,学习正确的书信及信封格式,为亲人写一封诚挚的家书;与美术相碰撞,漂亮的图案加上准确的铭记和面值,就是一张精美的邮票;与信息技术相结合,用多媒体软件绘制精美的邮品;与英语相结合,在鉴赏国外邮票时了解中西方文化的差异;与劳动相结合,做一天"少年邮局"工作人员,体验"服务他人,快乐自己"的乐趣;等等。

最后,巧用实践。校本课程的生命活力在于实践活动。学校组织师生借助校园节庆日或者相关活动,"走出去"交流借鉴其他学校的做法,感受真正邮政工作人员的日常;"请进来"传经送宝,聘请老集邮家和校外辅导老师,为同学们讲述集邮知识讲座、辅导学生进行邮票设计等,拓宽视野,增广见识;还可以建立"红领巾集邮中队",以主题活动为抓手,以邮票为载体,以集邮活动室为阵地,将集邮与主题活动、社会实践有机结合,以点带面开展活动。

拓展性课程应以学生在学习中的客观事实作为评价的基础,注重评价与教学的协调统一,尤其要加强形成性评价。既要关注学生掌握知识、技能的情况,更要重视对学生学习能力、学习态度、情感与价值观等方面的评价;强化评价的诊断、发展功能及内在激励作用,弱化评价的甄别与选拔功能。

第一，重视学生的自我评价。在重视教师与他人对学生学习状况进行评价的同时，更应重视学生的自我评价。学生自我评价可以采用问卷形式，也可以采用建立学生学习档案的方式。

第二，注重对学生集邮活动表现的评价。集邮活动表现评价要求通过观察、记录和分析学生在集邮活动中的客观行为，对学生的参与意识、合作精神、操作技能、探究能力、认知水平以及交流表达能力等进行全方位的综合评价。活动表现评价可以采用个人、小组或团体的方式，既可以在学习过程中进行，也可以在学习结束后进行。评价结果以简单的形式加以记录，并给予学生恰当的反馈，以鼓励多样化的学习方式。

第三，引入多元反馈评价。以教师自评为主，校长、辅导老师、学生、家长共同参与的评价制度，不仅让评价更加立体，能从学习的全过程去评估学生的成长与收获，还能使教师从多种渠道获得反馈信息，不断提升拓展性课程教学和实践的水平。

（三）水到渠成，细数集邮点滴收获

其实，刚开始在小学开展集邮活动，曾让校内辅导老师有些担心，害怕做不好，做不深。但是，从旁给予许多帮助的省集邮辅导员老师总是说，小学的集邮活动其实最重要的是启蒙，能够让孩子们从小接触集邮，对集邮感兴趣。

> 担任学校集邮辅导员的第一年，自己就有幸参加了由浙江省邮政公司组织的浙江省青少年集邮辅导员培训，虽然只有短短的三天时间，但是在那里我遇到了许多集邮爱好者和优秀的青少年集邮辅导员，在学到了不少集邮知识的同时，我深切体会了什么是"热爱"。在培训期间的一次交流会上，一位来自温州泰顺中学的林文光老师说了这样一句话，

他说他一辈子就做了一件事,那就是集邮。他喜欢集邮,一开始校领导不支持,他就偷偷集,直到集邮成为他们学校的名片,林老师说自己可以光明正大地做自己喜欢的事。那一刻,我感到他很幸福,能够用自己所喜欢的事养活自己。这也让我想起了自己求学的时候。我的高中有一位宿管大爷。通过同学间的介绍我才知道在他那里可以买邮票,就跑去挑了一套安徒生童话的邮票。后来,在大爷的推荐下,我又追加了一套《红楼梦》全集的邮票。《红楼梦》120回的故事浓缩在一套小小的邮票里,经典的场景更是用细腻的笔触描绘,让我心生欢喜。但是可惜,那时候没有领路人,所以没能坚持下去。如今,在市邮协和校领导的关心支持下,学校有了宁波市第一家小学里的"少年邮局"。记得在前期的试水阶段,小邮局一开门就被学生们围个水泄不通,很多同学还带来自己之前集邮的册子,为自己的邮册注入新的活力。这些都让我们育人者感到惊喜。

扎实的课程记录着学生成长的痕迹,以一种新的方式连接人与人,一个个鲜活的瞬间在集邮活动中被唤醒,一枚枚精美的邮票在收集中被渲染上美好的回忆。

一年级时,我参加学校第十九届相约金秋文化艺术节之"指尖上的金秋"主题邮品比赛,获得了二等奖,不仅有奖状,还有一套崭新的邮票。我的集邮迷奶奶知道这个消息后更是高兴,把她珍藏的好几套邮票都送给了我。慢慢地,我迷上了集邮。经过这几年的积累,我的集邮册里已经有上百枚邮票了。我们学校"少年邮局"每次开门营业,我都会带上

我的零花钱,购买一堆我喜欢的邮票,回家的时候把"战利品"拿出来津津有味地欣赏一番!(周同学)

我第一次接触集邮,还是一年级。那时候,我获得了人生中第一本集邮册,那是一本很大很大的集邮册。有多大呢?对那时的我来说,大到完全拿不动,封面上还刻着五个大字"邮票收藏册"。我的爸爸是个"集邮狂",给过我很多邮票,但我只是往册子里一塞,就不管不顾了。不久后,我的集邮册丢了,开始我并没有在意,直到爸爸问起我才发现。爸爸训斥了我一番,同时告诉我集邮的意义,原来方寸之间藏着那么多精彩:文化、历史、科技……应有尽有,简直是一个微型博物馆!生平第一次,我对集邮产生了兴趣。于是,妈妈又给我买了一本集邮册,我也更加仔细了,每次一拿到邮票,我就马上戴好手套,拿上镊子,小心翼翼地把邮票放进去。更让我惊喜的是,我们学校居然成立了一个"少年邮局"!周三中午定期营业,我总是兴致勃勃地跑去挑选邮票,每一次有新品都让我欣喜不已!(蔡同学)

集邮课程让学生学会以小见大,一次一次的分享与探索让邮票的魅力尽情展现在孩子的面前。学生对邮票的喜爱是主动的,自发的,油然而生的。

有一次,我兴致勃勃地参加了学校集邮社组织的"讲邮票背后的故事"主题活动。那天,我给社友们讲述的就是我最喜欢的邮票——中国邮政于2019年11月29日发行的《精准扶贫》纪念邮票中的河南兰考县。这枚邮票画了一个人的雕像,他就是原中共河南兰考县委书记——焦裕禄。他殚精竭虑、以身作则，硬生生摘掉了兰考县贫困的"帽子"。辅导老师告诉我，邮票的鉴赏不能只用双眼一瞥而过，还应该用上"放大镜"这个伙伴。于是，当我用放大镜细细观察邮票的角角落落时，我注意到了邮票上焦裕禄的身后画了一种特别的植物，经过多方查阅我才知道，那叫"焦桐"，是焦裕禄在兰考工作期间，为治理"三害"，带病深入基层，在了解当地的环境后，带头植树造林，广泛栽种的适合当地种植及发展的树种——泡桐。焦裕禄同志生前倡导栽种的泡桐树如今已成为兰考县经济发展的支柱产业之一。以前我总听老师说"方寸情怀，天地精彩"，小小的邮票内含乾坤，现在自己总算理解了其中的深意。（叶同学）

最令人欣喜的是，孩子在集邮课程中被激发了内驱力，还体会到服务他人的乐趣。相比一份邮品设计的获奖、一次集邮作文的发表，这对学生所产生的意义更深、更远。

以前我觉得志愿服务就是要走出校门，去孔庙打扫卫生，去社区做垃圾分类志愿者，直到学校的"少年邮局"从2020年6月1日开始试营业，到2020年9月10日正式宣布成立。由于我业务考核优秀，工作认真负责，获得了老师们的信任，有幸成为第一任局长。

虽然是局长，但是我不能光说不练，我要具备许多技能：盖邮戳、卖邮票、换日戳、送信、参与小型集邮主题活动、向兄弟学校回信……每天，我都要去邮局一趟，把两个邮戳换成当天的日期。每周三，是邮局营业的日子，我会在中午的时候去邮局主持活动。

志愿服务光有一腔热血还不够,为了提高自己的服务质量,我苦练本领。记得有一次为同学们盖邮戳,邮局有一个钢戳被墨汁糊住了,里面的墨汁也干了,钢戳上的日期怎么拿都拿不下来。集邮辅导员老师教我,把这个钢戳的盖子拧下来,泡在热水里,墨水就会化开,上面的日期就能轻松拿出来了。邮局刚营业的时候,我做得最多的是快速算钱,一开始我计算的时候老是算错,有一次一位同学来买邮票应该给17.8元,可我错算成了18.8元,导致盘账的时候出现问题,老师教我方法:较少较小的数可以口算,一旦数较多较大了,就可以用计算器计算,而且要算两遍,保证数字的准确。有些邮票的价格我记不清楚,这就放慢了卖邮票的速度,每次人一多就会慌。老师就指导我:每次你拿到价目表就多看几遍,加深记忆,然后把纸放在自己旁边,忘了时快速看一眼就好了。在不断的历练中,我的技能提升了,也更有信心。我每天晚上都会练五道小数加法,这样就可以减少算钱时的错误。在家有空的时候,我就多背古诗来加深自己的记忆力。每次拿到价目表时,我会多读几遍,来记住。因为我知道,每个邮品的价格记得越牢,卖邮票的速度就越快。

每周三中午我都要去小邮局营业,虽然一个中午下来很累,但是我很快乐。因为在"少年邮局"工作,就是在为同学们服务,这是我的荣幸,我应该好好珍惜这段时光。我快六年级了,为同学们服务的时间不多了,就这样一个中午。我并不觉得这是一个不能写作业的中午,作业可以补,但为同学服务的时间更珍贵。(陶同学,中城小学少年邮局第一任局长)

第 四 章

"中·城"办学理念与学习空间营造

　　良好的学习空间对学生健康成长的重要性不言而喻。林语堂先生曾说过:"学校应如同一片森林,学生应犹如猴子一般在其间自由跳跃,任意摘吃各种营养丰富的坚果。"学习空间营造是学校教育改革的重要内容之一,对学校的其他各项建设具有基础性和渗透性的作用,如同一个人的气质修养,是一个组织的"精、气、神",会在潜移默化中熏陶、感染学校的每一位师生,让学校成员在不知不觉中接受某种思想、规范和价值标准,是实现学校育人功能的重要载体。这种作用的发挥具有潜移默化的特性,虽滴水击石,润物无声,却有强大的凝聚力和明确的指向性。

　　良好的学习空间绝非局限于学校环境本身,它背后更体现着学校的办学理念。以上海市七宝中学为例,为了使全校师生受到潜移默化的人文环境的熏陶,学校对办公室、教室、学生寝室进行了文化环境上的改造或重建;为了使校园文化环境与"人文见长"的办学理念在格调上融为一体,学校在绿化,雕塑,路名、楼名,文化设施,常用文具、茶具,办公用品六个方面进行学校人文环境的设计和建设,以形成学校特有的文化环境。① 对我们学校而言,我

---

　　①鞠瑞利.以理念引领办学特色创建——上海市七宝中学的实践探索[J].当代教育科学,2014(4):47-50.

们围绕"中·城"这一办学理念,着重从建设与优化美丽的校园、构建和谐的家校社关系和打造无边界的学习空间这三个方面,进行了系统探索。

第一节 "立足校园,放眼社会"
的学习空间营造方略

"只要学习者的学习活动存在,学习空间就存在。"[①]利用学校的一切资源营造现代化、高质量的学习空间,是学校实现大发展的力量源泉,能够促进学生学习,为学生成长提供无限可能。因此,在"中·城"办学理念的统领下,中城小学形成了"立足校园,放眼社会"的学习空间营造策略,目的是打通课内外、校内外之间的学习壁垒,让环境有温度,让学习有张力,以此推动学生和教师的共同成长。具体而言,学习空间的营造既要重视学校中物化形态环境的建设,同时还要彰显环境的育人功能;学习空间的营造不仅仅是以学校为教育场所,更要与家庭和社会形成合力,构成和谐的家校社关系;学习空间的营造需要突破有形边界,给相对于教室这一固定的学习空间而言的无边界学习空间赋能。

首先,加强校园环境的建设,是学习空间构建的基础工程。校园环境是校园文化的物质载体,是可视、可触、可感的校园文化。学校应该注重校园环境的建设,并在此基础上凸显校园人文景观的教育功能。为此,中城小学建设了慈孝长廊、棋园、小雨点剧院

---

①张家军,闫君子.论智能技术赋权下学习空间的诠释与建构[J].远程教育杂志,2021(4):62-71.

等校园景点,一方面促进学生对学校的认识和理解,另一方面落实对学生德智体美等方面的教育,以此实现"蓬生麻中,不扶自直"的环境育人功能。

其次,构建和谐的家校社关系,让家校社从貌合走向心合。学校不是一座孤岛,只有加强与学生家庭、与社会组织的紧密联系,不断优化三方协作方式,才能使教育合力最大化。因此,中城小学以教育团队建设、家校共同体打造和社会体验课程开发等角度为切入口,形成三股合力,助力孩子健康成长。

最后,从学习空间出发,建构无边界学习空间,赋予学习环境更多的可能性,助力学生更好地学习。习近平总书记提出:"要加快建成伴随每个人一生的教育,让学习成为每个人的生活习惯和生活方式,实现人人皆学、处处能学、时时可学。"①可见学习不只是发生在课堂上,更需要突破物理空间局限,让学习这件事不存在空间局限性。因此,中城小学主要从物理空间、关系空间和网络空间三个维度,从人与物、人与人、人与虚拟空间三个层面构建无边界学习空间,打通校内与校外、历史与当下、个人与群体的关系,全方位辅助学生的学习。

学习空间是教育教学变革的动因,改变学习空间可以改变学习实践和学习体验。儿童的学习是即时且就地展开的,因此学习空间已经不再是一个固定的、独立的场所,任何能产生学习活动的场所都可以称之为学习空间。为此,学校必须创建一种互动的、以学生为中心的高质量学习空间,既让学生沉浸于学习活动,享受学习过程,体验学习收获,同时又能促进学生核心素养发展,让学生

---

①习近平.习近平谈治国理政(第三卷)[M].北京:外文出版社,2020:348.

在愉悦中学习和成长。

第二节　建设与优化美丽的校园

　　校园文化是学校在其发展历史过程中所创造的物质财富和精神财富的总和。校园环境是校园文化的外在体现，是校园文化的重要组成部分。同时，校园环境又是校园文化的载体，它提供了空间场所，记载了历史沧桑，展现了校园精神，孕育了校园文化。校园环境建设体现着学校的办学理念和办学特色，是以学校物质条件为基础的载体文化和以人为中心的精神文化的有机统一，是思想教育、精神陶冶的依托，是学校理念内涵和文化底蕴的重要体现。品位高雅、匠心独运、个性突出、科学合理的学校环境设计可以更好地体现学校的文化特色，增强学校的文化氛围，突显学校的人文内涵，提升学校的文化品位。校园环境建设是学校文化识别系统的基础工程，主题突出的走廊文化、园室文化及个性鲜明的校园人文景观对在校师生可以起到"润物细无声"的教育功能。

　　校园建设是每个校长都必须承担的重要工作，所有校长都期望自己的学校成为一个美丽的校园。但何为美丽校园，如何建设美丽校园，每个校长的认识一定是不同的。在历任校长的组织建设下，中城小学形成了一系列以"学校历史""传统特色""学生成长"为特色的育人主阵地，开辟了慈孝长廊、棋园、红旗教育馆等校园游学景点。

一、从一砖一瓦看到学校的历史

　　中城的历史与慈城休戚相关，慈城是一座千年古镇，文风鼎盛,人才荟萃,饮誉浙东,乡人历代重视教育。始建于1048年(宋庆历八年)的孔庙,虽屡遭兵燹,然累毁累建,至今完好。清末,西风东渐,有识之士深知兴教育、倡科学的重要。1904年,当地士绅任仲莘、凌受益、姚蕴之等倡议,借孔庙西侧办学,名"中城蒙学堂"。1905年,清政府下令废科举,兴新学,次年,学校更名为"中城高等小学堂",聘凌受益先生为校长。1911年,应星耀先生来校任教,两年后(1913年),举为校长。学校的声誉日隆,学生人数增至四五百人。后因种种历史原因,学校一再迁址更名。1991年9月1日,恢复中城小学校名。

在中城小学的校园中,处处可以看到这一段段历史的沉淀。一走进学校南门就能看到位于正中的水幕墙,水幕墙上就刻着中城小学的百年校训"诚谨勤俭":诚者天之道,是立人之本;敏于事而慎于言,谨是处事之法;业精于勤,行成于思,勤是积累之功;俭以养德,是守业之基。而"诚谨勤俭"这四个字是由宁波著名的书法家周律之题写的,不仅让学生有了校训的启迪,更让学生有了艺术的欣赏。转过水幕墙,看到的就是提出这百年校训的老校长应星耀先生的铜像以及重建碑,它记录着中城小学的历史和新校舍重建的情况。接着就是名人长廊,名人长廊收集了历来校董信息、办学沿革、老校歌歌词等,镌刻于木质围栏之上,让学校师生走过即可见。中城小学还涌现了不少知名校友,我们编辑了校友风采,悬挂于长廊两侧,如朱祖祥、李庆逵、颜鸣皋三位中国科学院院士,围棋国手黄晨、汪雨博等。走在长廊中,如经历一次中城的历史风雨,可从中体悟中城精神、中城故事。"环顾四周的墙上,还能看见各位曾经就读于中城小学的名人资料等,看见这些,我会油然而生出一种莫名强烈的自豪感和荣誉感,为自己正就读于此而感到无比的骄傲和满足！名人长廊，它承载着中城小学的百年光辉历史，更承载着我们中城学子的理想和骄傲！"

名人对我们来说是榜样，而学校历来重视榜样教育。学校始终坚持"自下而上"的原则，引导学生深度参与，而不是被动接受；赋予学生榜样建构权，充分尊重学生的主体地位，鼓励他们自主参与榜样的选择。根据社会主义核心价值观对个人提出的四点要求"爱国、敬业、诚信、友善"，学校推出了"和善大使""责任之星"等评选活动，由学生全程自主参与，这样选出来的榜样，学生有较强的认同感。近年来，中城小学也涌现了许多优秀的学生，他们即是"今日名人""中城小名人"，名人长廊不仅仅是展示在社会上贡献卓越的名人的场所，更成为今日中城小名人的展示舞台。在各项活动中涌现了不少优秀的同学，如"三独"小明星、劳动之星等，学校也将他们的个人形象和事迹悬挂于学校的名人长廊，张贴于名人长廊的玻璃墙上。

名人长廊的尽头就是学校的校史墙，墙上悬挂着中城小学创办以来曾使用过的校名。

这样的校内景点比比皆是，不一而足。正是这样浓厚的历史氛围，让毕业于中城小学的学子对学校念念不忘。

> 学校的校史墙上面刻着中城小学历来使用过的校名，字体苍劲有力又不乏俊逸高雅。在校史馆中，学校的模型赫然可见。虽然被缩小了很多，却更方便不熟悉中城小学的参观者纵观全貌，而我们看着模型又能如数家珍般地指出自己熟悉的一草一木，一景一物，多么亲切！

二、从一廊一园看到学校的传统

本着"中·城"办学理念,中城小学扎实有效地开展素质教育。在注重特色办学、内涵发展的办学理念基础上,逐渐形成了以慈孝教育、围棋教学为主的鲜明办学特色。而在学校的校园环境建设中,我们利用"长廊文化""园景文化"将传统融入环境,将特色传给学生。

慈城自古被誉为"中国慈孝文化之乡",有着许多的慈孝故事,素有"三孝乡""校中镇"之称。依托慈城这个地域,我们利用学校二楼长廊打造了"慈孝长廊",布置耳熟能详的慈孝小故事与新时期的慈孝解读,同时为了实现长廊文化的多样性,扩大参与面,学校定期将学生的慈孝小报贴到学生作品处,营造"尊敬师长""感恩父母""春风化雨"的"慈心孝风",以达到育人的效果。我们还结合中城小学的办学历史和办学特色,打造了"名人长廊",刻画"慈风"故事于长廊上,如"三娘教子"、汉孝子董黯、宋孝子孙之翰、城东五孝女等,以此来潜移默化地将慈孝思想根植于学生的心中。

围棋则是中城小学的另一大特色,中城小学开展围棋教学具有悠久的历史。"以棋育人"就是学校的特色之一。那么,中城小学作为围棋特色学校,除了常规的围棋课程外,还能带给学生哪些围棋元素,促进他们最优学习发展呢?在无边界学习空间建构过程中,学校将学校一角开辟出来布置成"棋园"。"棋园"以黑白子的"中国流"布局,又配以围棋名人名局介绍,搭配围棋故事、围棋名言、围棋名画等,让学生在定向参与常规围棋课程学习之余,还可以在无边界的学习空间里探索课堂上没有的学习内容,激发学生主动学习的意识,进行深度学习。而围棋教学也切切实实地走入了学生的心中。

> 隐隐约约中,我仿佛看到了自己正和全国围棋冠军汪雨博师姐对弈呢!哈哈,梦想还是要有的,万一实现了呢!因为围棋正是中城小学三大办学特色之一。中城小学更是被授予全国围棋育苗基地,浙江省围棋十佳育苗基地的荣誉称号!我也一定会成为像汪雨博师姐一样厉害的围棋选手。

三、从一草一木看到学生的学习与成长

少年儿童德智体美劳"五育并举"、全面发展,是党和国家的希望,是社会的期盼,建设良好的校园环境能保证小学生在校园中保持身心健康,阳光快乐地成长。中城小学就依据"五育"为学生提供学习和成长的环境。除了完善的教学场所及运动场馆之外,学校在德、智、美、劳等几大方面也着力进行了打造。

(一)德:红旗教育馆、清园

德育是培养学生正确的人生观、价值观,培养学生具有良好的道德品质和正确的政治观念,培养学生形成正确的思想方法的教育。而爱国主义教育是德育中不可缺少的一部分,是为孩子扣好人生第一粒扣子的重要一环。为此中城小学特设了红旗教育馆,在馆内陈设社会主义核心价值观、学生核心素养,王二小、赖宁等小英雄的事迹以及改革开放以来我国取得的辉煌成绩,让学生在此感受红旗精神、榜样力量,培养学生爱党、爱国情怀。学校大队部也会定期组织学生在这里开展活动:红领巾宣讲员为低段的学生讲解小英雄的故事;辅导员老师为中队里的学生细数中国共产党重要会议;学校的最高荣誉——中城之星的获得者的事迹也在

这里展示,吸引着一批批慕名而来的学生。

同时,为了在孩子幼小的心灵中播下廉洁的种子,中城小学特在校园西北角设置了清园,用以展示中城小学的廉洁教育。我们把清廉融入学校的日常工作中,开展了多种形式的清廉活动:廉洁教育进课堂、师生赴清园参观学习。学生还进行了廉洁书画创作,并制作了廉洁绘本,让清廉在校园生根发芽。

(二)智:抹云小书吧

智育是授予学生系统的科学文化知识、技能,发展他们的智力及与学习有关的非智力因素的教育。阅读就是摄取知识的基本途径之一,阅读不仅能引导学生学习相关的文化知识,更能给学生提供课本以外的广博知识,开阔学生的眼界。作为一所百年老校,阅读是中城小学的传统,书香校园是我们致力的方向。为了创建良好的阅读环境,最大限度发挥学校图书室藏书育人的功效,中城小学创建了占地 480 平方米的抹云小书吧,它默默坚守在学校北边的三号楼一楼,与中城学子共同成长。目前学校拥有藏书 55919 册,达到人均近 53 册。学校书香氛围浓郁,与此同时,学校还积极推进中文分级阅读,通过师生研读、亲子共读、同伴助读,丰盈校园的书香。学校在抹云小书吧设置分级阅读测评室,学生线下阅读整本书后,可以利用课余时间来这里进行测评,还可以通过写读后感、微书评等方式与同伴们交流互动,丰富自己的阅读体验。我们将墙面设计成书架,走廊壁橱设计成座椅。学校师生可以挑个暖阳融融的中午,靠在这里,捧一本书阅读,十分惬意!两边墙上还展示着学生自己制作的好书推荐卡。除了学校每周安排的阅读课以外,学生还可以随时到这里借阅图书。

(三)美:小雨点剧院、树叶小舞台、调鼎书法社

美育是培养学生的审美观,发展他们鉴赏美、创造美的能力,培养他们的高尚情操和文明素质的教育。为了给学生鉴赏美、展现美的机会,学校设置了小雨点剧院,用于举行全校性的大型演出以及开学式、休学式等重要集会,现可容纳530人就座,平时采用部分学生现场观看演出,参加集会,部分学生在教室里观看直播的形式。学校配备了一流的数字电影机,中午时间,小雨点剧院开放,有兴趣的学生可以自发到剧院观看科学纪录片、历史纪录片,还有精彩的电影。学生自己拍摄的微电影作品也会在此播放。

另外,学校还设置了树叶小舞台,位于校园西北的小花园,是学生进行才艺展示的场所,每逢艺术节总有学生上台演出。

> 瞧!同学们正在兴致勃勃地讲着故事呢。大家坐在小叶子舞台的四周,听着台上的同学讲着故事,大家都全神贯注,侧着耳朵仔细地倾听着,心里也反复地考虑着要把手里的票投给谁。台上的'小故事家'们也各有不同,有的同学握住拳头,似乎有些紧张,有的同学时不时还用手比画几下,让台下的观众们也身临其境。

调鼎书法社则是借慈城梅调鼎先生之名弘扬书法艺术。梅调鼎先生是晚清书法名家,开创了浙东书风。平时书法社团的学生在这里进行练习,开展活动。

(四)劳:微盆景劳动园、"少年邮局"

培养正确的劳动观,就是要让孩子崇尚劳动、尊重劳动,懂得劳动最光荣、劳动最崇高、劳动最伟大、劳动最美丽的道理,能够辛勤劳动、诚实劳动、创造性劳动,培养对职业的敬畏态度,精益求精

的作风和工匠精神。中城小学历来重视劳动教育,随着新时期发展,劳动教育再一次被推上了教育的舞台,为了积极响应劳动教育复兴的号召,结合慈城"全国微盆景示范点"的地域优势,学校在校内开辟了微盆景实践活动基地——微盆景劳动园作为学生劳动实践的平台。劳动不仅锻炼了学生的动手能力,也提升了学生的审美情趣。不仅如此,在动手与汗水中,学生还品尝了劳动甜蜜的果实。"一花一叶一世界",微盆景,大世界。

另外,中城小学还在校内设立了"少年邮局",其内设陈列柜、售卖区、工作区、邮筒等基本区域和设施,由学生担任营业员开展活动,是学校集邮活动实践开展的重要场地。

校园文化是一种动力、一种情怀、一种希望、一种生活;校园文化是一个不断建设、更新、提高的整体工程,是学校综合教学水平的重要体现,也是学校个性魅力与办学特色的体现,更是学校培养适应时代的高素质人才的内在需要。中城小学在校园文化建设中,以社会主义荣辱观为导向,以学生为主体,以建设优良的校风、教风、学风为核心,以优化、美化校园文化环境为重点,以丰富多彩、积极向上的校园文化活动为载体,让学生在日常学习生活中接受先进文化的熏陶和文明风尚的感染,促进了学生的健康成长,推进了德育建设,提高了学校的发展层次,形成了浓厚的校园文化氛围,营造出了一个文明、和谐的校园。

第三节　构建和谐的家校社关系

学生良好的学习空间不仅仅包括美丽的校园,还应该包括与学生息息相关的家庭和周围社区等。良好的校园文化,离不开和谐的家校社关系的支撑。通过营造灵活、开放、充满活力的家校社关系,确保每一个学生与不一样的个体、与更广阔的世界相连,促进他们在学识、情感、体魄、社会技能等方面的发展。"未来的教育治理体系里,必须形成家校社等多主体统合共生的良性生态育人系统,凝心聚力育人,让学校治理主体更加丰富。"[①]教育是当下热门的话题,儿童是祖国的未来,他们的成长自然备受瞩目。习近平总书记在全国教育大会上提出,"办好教育事业,家庭、学校、政府和社会都有责任"[②]。一石激起千层浪,家校社共育正逐步达成一种共识,国家的"十四五"规划明确提出了"健全学校家庭社会协同育人机制"。家庭、学校、社区朝着彼此关联、补充的教育正向奔赴。这也与中城小学构建和谐家校社关系的教育设想不谋而合。

一、家校社共育密码,激活多空间教育磁场

中城小学作为一所乡镇小学,负有百年盛名,已经形成了集慈孝、廉洁、劳动、艺术、传拓等教育品牌于一身的办学特色。随着教育的不断发展,教育需求的不断提升,学校作为教育主阵地,与家庭教育相互配合,将社会广大教育资源纳入学生的过程性教育之中,掌握家校社联合共育的密码。家校社共育产生的巨大合力,可以激活培养人的教育磁场。发挥共育的作用,是势在必行、迫在眉睫的。

首先,家校以心为桥共担儿童教育责任,有助于学生人格形成和习惯养成。家庭是生命个体来到这个世界生活的首个环境空

---

①窦桂梅.在课程多维整合中,探索未来教育新形态[J].中小学管理,2020(2):61.

②坚持中国特色社会主义教育发展道路 培养德智体美劳全面发展的社会主义建设者和接班人[N].人民日报,2018-09-11.

间,家庭是人生的第一所学校,家长是孩子的第一任老师。家庭教育是个体教育中的重要一环,也是教育空间体系中的基石。每一个孩子都有其独特的个性,而每一个家庭也都有其不同的样态,环境的不同,造就不同的家庭教育理念。学生的教育绝不是学校一方的责任,更应该是学校与家庭协作下的合力,促进学生健康、全面成长。家庭教育要想得以提升,那么首先要提升家长的理念,改变家长的教育观念,同时要带动家长投入学生的生活、学习中。目前,随着时代的发展,越来越多的家长意识到了家庭教育的问题,然而怎么提升?儿童与婴幼儿的教育方法又有什么区别?这些都是困扰着家长的问题。经过多年的小学教育经验总结,我们也发现,这些问题也影响着亲子关系、家校关系,在很大程度上与学生的心理健康、学业思维、社交能力等相关。学校为家长创设家庭教育氛围,提供家庭教育理念学习提升的资源和空间,引导全体家长改变教育观念,参与教育活动,有利于形成良好的家教家风。它将化作一阵东风,于细微中助力学生人格形成与习惯养成,与学校教育相互合作、相互影响,发挥家校育人空间的协同共进作用,为学生美好生命的成长保驾护航。

其次,社会加盟为学生提供多元教育力量,有助于学生德智体美劳全面发展。社会的教育力量是一种特殊的存在,无论是学校教育还是家庭教育,都与其保持着密切的联系。如果与社会教育脱节,那么教育就会如同空中楼阁,难以实现或容易坍塌。社会教育资源多样、全面而深刻,学校的许多教育实践活动都是社会活动的缩影。社区作为学生个体的生活环境之一,有着丰富的教育资源和力量,将社区纳入学生的教育空间体系,将社会资源融入学校的教育,就需要我们将社会教育资源进行选择与整合,最大限度地运用这些丰富、珍贵的资源,在学生的教育历程中起到巨大的支持作用。

最后,学校百年办学史中传承着家校社空间共育的办学传统,为学校构建新时代家校社关系提供了内部动力。中城小学地处千年古城、慈孝之乡慈城镇中心,是一所百年老校,一方慈土孝水涵养了中城的历年学子。自办学来,中城小学历任校长秉持着"教育即生活""学校即社会"的教育思想,具有超前的家校社空间共育意识,强调在"做中学",因此学校很早就开始了艺术教育、劳动实践、职业体验等教育,早在孔庙办学时就开辟了劳动教育场地,开设了"小邮局""小法庭""小银行"等职业体验教育场所。同时中城小学地域优势明显,本土传颂着不少流芳千古的慈孝家风故事,身边随处可见历经时代沧桑的古韵景点,另有多样化的非物质文化遗产,这些都为中城小学提供了强大的社会教育资源,也为中城小学建立和谐的家校社关系提供了可行性,让这一项教育实践有了更美好的前景。

二、转变与重构,营造和谐的家校社共育空间关系

就目前的教育环境而言,越来越多的社会机构、媒体慢慢承担起了教育的责任,越来越多的力量投向了学生的成长教育。但是学校依然是学生教育成长的主阵地,家庭教育新观念的引导与普及还需要学校与社会的共同力量,形式多样的社会资源经过筛选与整合后会对教育产生事半功倍的效果。因此转变教育责任观念,重构教育关系,以学生健康成长为中心目标,建立合适的、和谐的家校社共育空间体系,共画同心圆,将形成巨大的教育合力,打破教育藩篱,复原真实的教育,还原教育本真,真正实现家校社和谐共育,促进学生发展。为了能够发挥家校社联动作用,建立家校

社共育新关系,学校从组织结构建设、实施推进等角度做了如下工作。

(一)搭建组织机构,探索家校社协同共生路径

《中华人民共和国家庭教育促进法》于 2022 年 1 月 1 日起实施,这可以算是国家教育的一个重大实践,要使家庭教育发挥正向的教育作用,首先要从与学生关系最亲密的人——家长身上着手,家校共育路径应运而生。而要让家庭教育与学校教育获得成效,除了家庭土壤,学生需要社会土壤的支持,校社和家社,甚至家校社共育路径也不可缺少。根据现实需求,通过可行性分析,我们将对师资力量与场所空间资源进行整合。

1. 多层级组织,为家校社共育提供指导

学生是一个多元个体,学生成长离不开家校社的共同参与。在教育力量上,我们吸纳了家庭、学校、社会各层为组织力量。在行政—大队部—心理室工作核心机制下,以学校为主阵地,以名班主任和骨干班主任为主力,将学生生活的家庭、社区纳入学习空间中,借助社区、派出所等社会力量,以市、区各级专家为顾问,吸纳优秀家长,从而组成了多元化的团队组织。同时借助慈城的地域资源,建立学生的研学实践基地,如孔庙、真理馆、清风园、盆景园等,为后期的共育实践活动提供广阔的空间场所。

2. 制度规范建设,保障家校社共育工作运行

学校将家校社共育纳入学校工作管理中,建立健全学校各项涉及家校社管理和指导制度,规范家委会章程和工作制度。从校情出发,结合家长实际制定家长学校具体方案,细化活动方案中的家长参与规则,统筹家长课堂计划,每学年初制订学年的家校社工作计划,提前做好活动方案,让家校社共育工作开展有依可循,有序开展。

3.专家莅临,为学校提供专业化指导

在家校社共绘同心圆的过程中,学校是推动工作开展的核心,教师是助力工作顺利开展且获得成效的重要力量。为了增强学校家庭教育指导能力和理论素养,学校邀请了教师培训、教育心理、家庭教育成长指导中心等各级专家莅临中城小学,为教师带来专业讲座,树立指导团成员的家校社共同育人的认同感和意识,提升对学生行为问题与家庭教育问题之间联系的敏锐性,增强家校沟通能力,为家长提供适切的教育引导建议和做法。参与培训后,学校教师纷纷表示受益良多,为接下来的班级工作和家长沟通指导工作指明了方向。资深班主任武老师在听过心理学博士的讲座后表示:

> 对于特殊学生,我们要摆正心态,积极应对,针对不同类型的学生采取不同的措施帮助其矫正。如对于多动症儿童,我们要坚持感统训练,再加上心理、药物治疗。对于拖延症儿童的矫正需要家长的共同配合,给孩子积极的心理暗示,少指责多鼓励,给他一个相对充裕的时间。

英语学科邵老师在听完宁波市儿童成长指导中心徐教授的讲座后表示:

> 徐教授从家校社"为何协同""谁来协同""怎样协同"等方面展开,深入浅出,从理论引领到实践路径,从数据表格到个案实操,为我们学科老师如何做好家校协同指明了方向,提供了切实有效的方法。老师是学校开展家校沟通、师生沟通、生生沟通的重要力量,同时也是开展家校社共育工作的主力军,老师的理念高度影响着家校社空间共育的成效。

（二）家校社联动，为学生全方位成长赋能

家庭、学校和社会在学生的身心成长中扮演着重要的角色，处理好三者关系，让三方和谐联动，对学生价值观塑造、能力提升、心理健康等将起到重要的推动作用，学校以家长学校、名班主任活动、体验活动等为载体，融合家校社三方力量，为学生全方位成长赋能。

1. 注重家长学校建设，发挥以"导"促"学"功能

家长学校作为家校共育的重要枢纽，同时也是提升家长教育理念，转变家长教育观念的重要平台，发挥着凝聚、提升的双重作用，学校以自身为中心，通过"校级—班级"两级平台为家长提供教育资源和空间。

首先，做好母亲素养工程，以教育讲座为媒传递适性教育理念。每年9月，中城小学都会迎来一批新鲜血液。一年级新生开启中城小学的成长求学之旅，与此同时，爸爸妈妈们也开始学习如何做一名合格乃至优秀的家长。为此，中城小学在每年的9月、10月开展了母亲素养工程系列活动。学校从家庭教育育人角度指导一年级家长放平心态，放长眼光，坚信中城教师的努力和付出一定能为孩子创造一个美好的童年；向家长展示绘本阅读对低段学生的重要性，为家长利用教材辅导孩子提供新的思路和新的认识，建议孩子在潜移默化中理解语言、积累语言、运用语言；与家长一起探讨如何帮助孩子学习等并对此进行了深刻的解读。此外，学校还邀请各学科教研员、名师为家长普及学科学习规律，提供适应不同年龄学生的指导建议，邀请名师为家长作习惯培养、心理健康等方面的主题讲座，还会邀请医学界专家医师作儿童卫生健康的讲座，加强学校和家庭的联系沟通，从不同层面提高家长养育孩子的能

力,致力于让家长与学校携起手来,共佑孩子的健康成长。

其次,班级个性化指导,家长会生成教育智慧。班级是学生家长共同组建的大家庭,任何活动、工作的开展都离不开班情影响,同样,一个优秀班集体的建设少不了每一位家长的努力。学校努力组织班主任构建班级共同体。通过线上、线下家长会形式与家长进行一线教育问题的探讨与交流,班主任和任课教师根据班情开展学科、心理、德育、家庭教育等适合该班学生年龄和班情的主题家长会。各班还会邀请优秀家长分享家庭教育方法与理念,以点带面,与班主任共同实现家庭教育指导的目标。

最后,依靠各种媒体,加强家校沟通。随着时代发展,新媒体不断出现,学校充分利用网络教育资源与家校沟通手段,捕捉教育热点,整合教育媒体资源,以讲座视频、网络链接、纸质书页等形式传递到每一个家长的手中,以班主任和积极学习家长为助力,扩大家长参与家庭教育学习的影响面。

2. 发挥名班主任工作室作用,点对点开展个别家庭教育指导

为进一步加强学校年轻班主任队伍建设,解答年轻班主任在班级管理中遇到的问题和困惑,提升班主任的管理能力,学校三个名班主任开展了主题沙龙、个案研讨、入户指导等团队活动。

主题沙龙,透析学生心理健康教育中的家校合作。冯亚君名班主任工作室举行了以"如何干预学生心理问题"为主题的沙龙活动。学员们分享了各自班级中问题学生的案例和困惑,并就其中共性的问题进行了热烈的讨论和分析。江北区名班主任冯亚君针对具体情况开出了"健康良方",促进了学员们专业成长和共同进步。

　　个案研讨,共享学生行为问题背后家校共育的经验。袁晓军名班主任工作室通过班级行为问题学生的跟踪辅导案例的分享研讨,提炼家校共育经验,分享家校沟通技能。

　　入户指导,点对点沟通提升家校共育效果。班主任在经过案例了解、分析思考后,通过入户家访的形式与家长进行点对点指导,在与孩子的沟通技巧、习惯养成、优缺点发现等方面进行针对性提点,进一步加强了班主任与家长之间的联系,将家庭教育落到了点上。

　　名班主任工作室多种形式的活动,为其他教师提供了经验和技巧,促进班主任工作室整体工作能力的提升,为家庭教育指导团队增能。

　　3.盘活多空间教育资源,以"活动体验"增强育人之效

　　学校利用慈城乃至宁波本土资源,不仅拓展了教育空间,而且丰富了教育的形式和各类资源,为学生成长教育提供了更为人性化、个性化的情境,有助于打造具有多重教育意义的"活动体验"。

　　首先,纸短情长,"少年邮局"架起书信沟通桥梁。学校鼓励学生在家长生日、母亲节、父亲节、重阳节等重要假日为家长送上满满的祝福,写下不曾当面吐露的心里话。同时学校还创建特殊情境,组织家长给孩子回信,或是写下沟通话语。"少年邮局"成了家长与孩子传递情感的通道。在特殊时期,"少年邮局"发挥校外流通功能,真正将满怀情感的书信寄到远在千里之外的亲友、笔友手中。一位妈妈晒出了孩子的来信:

> 亲爱的妈妈，能做您的女儿是我最自豪的一件事。妈妈，从小到大，您一直呵护着我，让我在这温暖下长大，我也体会到了您做母亲的辛苦。在成千上万的人都在过大年时，您却过着早出晚归的生活。妈妈，您辛苦了，我爱您！

家长收到孩子的信，惊喜与感慨油然而生：

> 这是我人生中收到的第一封比较正式的来自大女儿的信件，虽然只有简简单单的几句话，但是我依然感受到了你对妈妈的爱。谢谢你成长得这么健康，谢谢你能理解妈妈对你的严加管教，无论如何，妈妈都希望你健康、平安、快乐！

其次，"一庆两会三节"，家校社共绘精彩。"双减"政策实施以来，为了丰富学生的课余生活，学校组织了丰富多彩的校园活动，其中"一庆两会三节"就是孩子们的快乐时刻。"一庆"即校庆日，每年校庆日，学校大队部会协同各部门设计活动方案。在 2021 年的"校庆日"中，学校邀请了各类非物质文化遗产传承人到校，为师生们展示"绝活"，同时让学生亲身体验，近距离感受非物质文化遗产的魅力，如学生现场观看了余姚泗门镇的民俗舞蹈——木偶摔跤表演。梁弄大糕、吹糖人、青草织梦、京剧、捏泥人等项目，也让学生 大开眼界，在他们心中种下了继承与弘扬中华优秀传统文化的种子。

两会即运动会和游园会，三节即读书节、围棋节和艺术节。每逢这些特殊的活动，学校会邀请校家委代表，班级将邀请班级家委代表，让更多家长参与到我们的活动中来。同时我们也会将活动场地拓展到校外，如让学生到周信芳戏剧艺术馆、戏台等地进行京剧表演,在慈城抱珠楼举行读书节特别活动等。

最后,实践性作业穿线,共织家校社共育空间网。学校历来重视学生的实践性教育,我们以服务体验、劳动体验、技能体验等为项目点,为学生创设实践类作业菜单,通过课余、周末和假期,鼓励、引导学生参与。在寒暑假,我们引导学生参与社区主题活动,如垃圾分类、五水共治、传统文化等,鼓励学生参加志愿体验活动,推荐学生走近身边的名胜古迹,寻访身边特别的人。为了进一步落实"双减"政策,让孩子们从传统学科作业中解放出来,培养学生动手能力,我们实施了"周三无作业日"项目活动,以劳动、制作、体艺、思政等由班主任推荐的实践性作业代替各项书面作业,让学生有更充裕的时间进行多学科、跨领域的体验,不仅让学生在科学、生活、审美等方面进行熏陶和提升,还促进了亲子沟通,缓解亲子关系,同时也向家长传递了劳动教育、科学教育、生活审美教育等教育理念。"三色"实践性作业实施评价中也包含了终结性评价与星级学生评价相结合,将"三色"实践性作业参与频次和成果纳入每学期的星级学生评价体系中来,此举让学校、家庭、社会的教育联系更为紧密。

4.挖掘家长力量,以点带面,促进家长理念能力提升

家长在学校工作与孩子成长中扮演了一个不可或缺的角色。家长的目标与学校的办学目标是一致的,为了发展学生,为孩子创建良好的成长环境,获得最优的发展。为了提升家长的教育参与度,与学校一起走进孩子的教育中来,学校组建了家委会。自家委会成立以来,学校和家委会委员们不断完善家委会章程,努力参与学校的教育,极大地提供人力等支持。

第一,热心家长进课堂,让家校共育有温度。学校开通了"家

长进班"通道,在班主任老师和委员们的动员下,开展了"家长课堂",各班利用周五班队课邀请家长进课堂,为学生科普消防、科技、生活养生等知识,带学生进行手工艺创作、美食烹饪、武术等项目体验,一方面扩大了家长们教育参与面,另一方面也让学生收获了课堂中没有的知识。更值得一提的是,学生把来自课内的体验也延伸到了课外实践,丰富了学生的课余生活。

第二,家长志工团有序开展工作,共建家校共育新局面。学校通过家委会动员家长承担校门口早晚的执勤任务。从最初落实的困难重重,到现在的井然有序,我们看到了家长在家校共育中的崭新面貌。家长志工团在疏通交通、保障学生安全方面做出了很大的贡献。在校园运动会等全校性活动中,家长也大力支持学校工作。为了使学生有一个良好的学习环境和丰富的活动,为了给学生创建优美环境,家长自发与老师一起打扫卫生。在美化教室温馨教室评比中,班级家委献计献策,与老师一起布置温馨教室。

三、家校社共振,谱写现代三元协作教育新章

家校社作为教育中的三大力量,经过长期的磨合,已经形成了具有中城小学特色,符合中城小学校情的工作模式,也产生了一定的效果。

(一)学而后教,家庭教育指导成效显著提高

通过开展家庭教育指导培训、名班主任工作室定期沙龙等活动,年轻班主任迅速成长,在活动中学员们感悟颇深。姚老师在沙龙活动中表示:

冯老师谈到冷处理这种方式让我特别有感触。这让我想起了六年级这学期发生的一件事。我们班 A 同学有一次和其他同学因为一点小事闹矛盾，情绪激动。在这种情形下，我没有批评他，而是开导他，试图让他明白每一个人、每一个生命存在的价值和意义。结束聊天时，我还轻轻拥抱了他以此表达对他的关心。后来经过我的调解、处理，两个孩子和好如初。所以，要以柔克刚。六年级学生，现在一个个人高马大，他们在这个阶段更渴望被关注，并且他们紧紧守护着他们所认为的"理"，哪怕这个"理"在成年人那里不堪一击。这个时候，需要的是对他们的关心、关爱，能把道理真正说到他们心里去，这样他们才能发自内心地接受老师讲的道理。

而陈老师在活动之后也有了自己的感悟：

听完老师们的分享，我认为家庭成长环境是影响小学生心理状态的主要因素，直接影响学生情绪的稳定性和性格的全面性。学困生、特殊家庭学生和优等生他们所呈现的心理也各有不同，需要因人而异去疏导、干预。平时可以通过日常班级工作、特色社团活动创设展示优点的平台，通过班级活动或主题班会使学生融入集体，感受集体的关怀和友谊，通过提供个体心理咨询和成长指导，成立团体辅导或举办心理讲座，树立学生积极的人生信念。同时，加强学校与家庭、社会的合作，帮助学生更好成长。

而在实际的家校沟通与学生辅导中，班主任也能够通过发现问题、分析问题、制定方案、定期跟踪辅导的方式，对个别化学生进行针对性辅导。

青年班主任郑老师分享了班级学生的个别辅导案例：

> 班里的 A 同学存在注意力不集中、多动、行为怪异等行为。通过家访，了解到孩子从小和奶奶一起生活，由于奶奶信奉"棍棒之下出孝子"的管理方式，使得孩子很怕她，但同时也不服她。孩子和家人冲突不断，也把负面情绪转移到学校学习生活中。我通过定期和奶奶沟通，劝说奶奶将无效暴力换成尊重、欣赏、鼓励孩子，让孩子感受到自己在这个家庭是被需要、被关爱的。在学校，也将他安排在优等生周围，尽可能发现并放大他身上的闪光点，鼓励他大胆表述自己的想法，并引导他认知：优秀的同学是靠优点去博得其他同学关注的，而不是以打扰影响别人的方式获得关注。这些都让 A 同学的行为慢慢发生了改变。

具有多年班主任经验的王老师也分享了自己的辅导经验：

> B 同学暑假回来后发生了一系列变化，不仅成绩下降得厉害，而且与老师同学之间矛盾激化，时不时发生口角和肢体冲突。我通过对家长深入访谈，分析了他行为背后的心理变化原因。孩子由于缺爱，想博得父母的关注，因此做出了一系列不良行为。我建议学生家长每天给予 B 同学爱的抱抱，直白地表达对孩子的爱意。我还设置表扬打卡区，把老师们的积极反馈，累计积分，予以家庭活动的奖励，让 B 同学积极参与到家庭活动中来，让 B 同学感受到属于家庭一分子的责任感和温馨体验。

班主任根据教育实践案例积极撰写论文,形成可供学习的指导材料。这些论文在区、市级各类比赛中获奖和发表。

(二)点面结合,乡村家长家庭教育水平大幅提升

中城小学地处城乡接合部,这样的校情决定了学校家庭教育中父母参与的缺失,这也是我们开展家校社协同共育的原因。我们不奢求一步到位根本性改变现状,而是希望通过学校老师和校外专业人员的助力尽可能提升家长家庭教育的参与度,再收获家庭教育质量的提升,更新家长教育理念,树立正向的教养观。

目前中城小学家长学校的参与度已超过95%,家长志工团的参与度也已达到了100%,班级通过自愿报名、轮岗等多种方式,让全部家长加入家校共建的行动中来。每月每班开展家长课堂,几年来更多的家长走进了教室,为学生带来了特别的学习体验。在多次家访、家长会、家长开放日等活动中家长评价反馈良好。一年级徐同学的家长在开放日之后,向学校表达了自己的感想:

> 通过这六次母亲素养工程课程的学习,感受挺深。特别感谢学校的用心良苦,专门为家长安排如此实用的课程,让家长知道如何配合老师、学校,加强孩子的思想教育,帮助他们树立正确的世界观、人生观、价值观,从小培养孩子的学习习惯,激发孩子的潜能,陪伴孩子成长。

同时,这位家长表示:

将以身作则,多花时间陪伴孩子,帮助他养成良好的生活和学习习惯,课余时间带孩子参观具有浓郁文化气息和学习素材的博物馆等青少年学习基地,合理安排孩子的课余时间,少看电视,不玩手机,与孩子一起锻炼,加强身体素质,注重膳食均衡,使孩子具有一个良好的体魄,以积极的心态投入学习,感受生活。

张同学的妈妈在听完讲座之后,教育理念也有了进一步提升:

这几次讲座内容都讲到了我的心坎里,每一个内容都是我们曾经经历或者正在经历的。经过这几次的培训和学习,我将稍稍收起内心的焦虑,听从老师的话,放慢脚步,陪伴孩子成长。印象最深的一个词是"支持",我将以陪伴与鼓励支持孩子养成良好的学习习惯、阅读习惯,同时支持老师和学校的教育工作,让家校合作落到实处,为了孩子的健康成长,我将与老师和学校并肩前行。

(三)学生受益,家校社共育指导促进学生健康成长

"双减"政策下的教育旨在解放学生的本性,利用好"减"下来的时间,还给孩子们更多自主发展的空间。借助"周三无作业日",各班积极组织主题活动——从劳动健身到艺术科技,从亲子阅读到特长展示,创意无限。随着亲子活动频次的增加,亲子关系更加和谐,亲子沟通频次和效果提升,促进了学生心理健康发展,形成教育的良性循环。中城小学学生多次在市、区级活动中亮相,展演器乐、京剧,社会活动参与度达到了100%。除此之外,学生从实践体验中体会自我的价值和成长的快乐,充分的肢体体验活动不仅有益于大脑的开发,还能促进逻辑思维和形象思维的发展,更有助于学习能力的提高。在多彩劳动中学生学会欣赏、体验孝敬、学会技能、保护绿化,真可谓一"劳"多得。这些收益都与家校社协同的教育共振密不可分。

家校社共育是现代教育发展的必然趋势,也是学校教育改革的契机,做好家校社协同共育将实现学校教育、家庭教育和社会发展的三赢,最终受益的就是学生。我们将在这条三方协同的共育之路上欣然前行,为这些全面发展、身心健康的未来时代新人提供补给,赋予成长能量。

第四节 打造无边界学习空间

20世纪90年代以来,以激发学生学习兴趣、增强学生参与、促进社会性交互、支持协作学习等为目的,综合利用空间重构、桌椅设计、信息技术等多种手段,设计和改造学习场所成为研究与实践的热点领域。[①] 在这一股力量的推动下,学习空间的重要性不断得到强调。学习空间既是一个重要的理论领域,也是一个鲜活的实践领域。对一位小学校长而言,如何利用学校的一切资源,为学生营造一个良好的学习环境,是我一直思考的问题。随着对学习空间这一领域的关注,我日益认识到,从学习空间出发,建构无边界学习空间,能够赋予学习环境更多的可能性,有助于学生更好学习。

---

①许亚峰,陈卫东,李锦昌.论空间范式的变迁:从教学空间到学习空间[J].电化教育研究,2015(11):20-25+32.

论及无边界学习空间，需要认识常规意义上大家对学校以及学习空间的理解。可以发现，无论是传统的私塾、书院，还是现代意义上的学校、班级，长期以来，我们对学习空间的理解，主要都聚焦于特定的区域。尽管我们也倡导"读万卷书，行万里路"，但还是认为学习需要固定的场所，因为固定的场所更适合学习的发生。就当下而言，学校里的"教室"这一固定的学习空间，方便提供各种有助于学习的资源。事实上，在一定的有边界的空间内进行学习，确实更有助于那些系统知识的传授，更方便以讲授方式开展的教学，从而提高学习的效率。另外，在"教室"这样一个固定的学习空间，也更安全，更有保障。问题在于，在一定的有边界的空间内进行学习，并不适合所有学习的发生，尤其是那些需要通过动手操作、参与互动等途径获得的与实践操作有关的知识，固定的学习空间提供各种有助于学习资源的优势不但受到弱化，而且还对学习的发生形成了局限。另外，每个学生的禀赋和潜能是不一样的，每个学生在数字、文字、音乐、色彩、运动等方面的学习能力也是不同的。从本质上说，学习空间的设计就是要创建一种以学生学习为中心的学习环境，构建的是一种学习者可以随时随地与同伴共同学习的场所。随着我们对学习内涵认识的不断加深，可以发现，有些学习尤其需要通过在学习中探索，在探索中掌握相关的知识和能力；有些学习需要在交流中产生，通过与同伴、师长的交流与沟通，从而对学习有更多的理解。更关键的是，儿童的学习规律告诉我们，每个儿童都有其偏好的学习方式，不同儿童学习的进度又有所差异，在一定的有边界的空间内进行学习，与学生尤其是小学生的成长特性存在一定程度的错位。因此，如何改变习以为常的学习空间概念，构建更适应学习发生的环境，构建更适合儿童学习的空间,更好地挖掘学生潜能,让学生发现自身价值,体会学习快乐,从而促进学生最优发展,成为摆在我们面前需要探索的课题。

作为一名小学校长,我在办学和管理的过程中,始终思考这样一个问题:学生来到学校到底需要什么? 在学校里将发生什么样的学习? 学校为孩子们的学习又准备了什么? 这些问题最终都指向了无边界学习空间的构建。不同形态的学习场所背后蕴含着不同的教育理念和教育思想。我国对学习空间的研究最早出现在建筑学领域,主要从建筑学和现代美学的视角对学校空间进行设计与规划。但是,学校不是单独的物理存在。一花一草,一砖一瓦,一条连廊,一面墙壁,都可以被设计者或教育者赋予学习的意义。从课堂到草坪,任何的校园空间,包括教室、实验室、自习室、宿舍,甚至虚拟的社区等,都属于学习空间的范畴。[①] 从这个意义上说,为了管理一所学校,校长首先需要认识校园,了解校园的角角落落,看到校园每一个地方的育人可能,并通过功能转换改造校园各区域的学习空间。如果我们能将原本就赋予学习意义的校园空间充分利用起来,为学生的学习提供更多的机会和可能,每个学生的全面发展这一目标就会离我们越来越近。

基于上述考虑,作为一名小学校长,我所理解的无边界学习空间,就是突破有形的教室边界,打通教室与教室的藩篱,从整体上活化学校空间的育人功能。如果说教室是四面墙遮挡的小空间,那么整个校园就是无边界学习空间。这一观念的假设包括但不限于如下:

---

①陈向东,许山杉,王青,等.从课堂到草坪——校园学习空间连续体的建构[J].中国电化教育,2010(11):1-6.

> 学习不仅发生在教室中，还会发生在图书馆、走廊、餐厅等教室之外的场所，需要打破教室这一固定空间的藩篱；
>
> 学习是一种社会活动，学习者的社会性交互对于学习而言至关重要，关系空间的建构势在必行；
>
> 学习不仅发生在物理空间，还可以发生在虚拟场景之中，打通历史与当下的壁垒；
>
> 学习是学习者主动参与学习活动的过程，学习可以在任意时间发生；
>
> 学习者之间存在着个体差异，他们需要不同的空间支持与服务；
>
> ……

从某种意义上说，将学习空间从固定的教室向走廊、校园、人际关系乃至虚拟网络空间伸展的过程，本质上体现了从儿童学习的视角不断优化学习空间，是学生学习自主意识唤醒的过程，是"要我学"向"我要学"转变的过程，是人类学习本能、学习能力自然生发的过程。因此，从学习空间入手为学生学习提供支持，首先就需要充分构建校园这一空间，给相对于教室这一固定的学习空间而言的无边界学习空间赋能。

基于上述对无边界学习空间的理解，我们主要从物理空间、关系空间和网络空间三个维度，从人与物、人与人、人与虚拟空间三个层面构建无边界学习空间。我们期望无边界学习空间可以打通校内与校外、历史与当下、个人与群体的关系，全方位辅助学生的学习。慈孝文化是中城小学的特色，学校开展了诸如"走进慈城综合实践活动""基于微电影的慈孝文化宣传"等活动，开发指向慈孝文化培育的慈孝文化读本,并制定"慈孝之星"等制度,传承慈孝文化。因此,在构建无边界学习空间的过程中,我们也期待无边界学习空间的建构与慈孝文化的传承和弘扬能做到有机整合。

一、物理空间

物理空间是学校开展教学活动的物质环境,是学习空间存在的物质基础。物理空间主要由学校内部的各种物质、物理因素构成,包括教学设施、空间布局等诸多方面。以班级教室为例,需要进一步强调环境布置的主题化、生活化和情境化,以儿童视角不断优化班级特色文化,让环境中的每一个物件都能随时融入教学情境之中,凸显空间的文化魅力。在校园空间改造中,学生餐厅成为学生参与集体劳动、了解餐饮礼仪、获取饮食健康知识的场所;楼道的各个拐角处,校门口的接送大厅,逐渐成了学生课余阅读和学习的场所,学生在任何一个阅读区落座,都能随手拿起一本书……可以说,学习空间的设计就是着力构建一种有利于促进学生学习的具有生命活力的课堂新样态。学校作为围棋特色学校,在无边界学习空间建构过程中,我们将校园其中一角开辟出来布置成"棋园",里面既有以地为"棋盘"、以石凳为黑白子的"中国流"名局,又有围棋名人名局介绍,还有围棋故事、围棋名言、围棋名画,等等。学生不仅可以参与定向课程学习,还能在无边界的学习空间中探索课堂上没有的学习内容,进行深度学习。

二、学习空间

学习空间是和教学活动紧密联系在一起的,离开教和学的活动,学习空间就不再是完全意义上的学习空间;师生的相互交流、互动参与是学习空间的重要构成要素。也就是说,学习空间还是一个充满交互的社会空间,教师、学生和教学信息等各种因素在其中相互并存、相互作用,这就是关系空间的要义。关系空间是社会伦理、育人目标、社会人际关系学习的微观缩影。生生之间,师生之间,在关联的无边界空间里生发、应对、培育、养成。可以说,关系空间使个体走向群体,相互讨论,生生、师生、师师之间通过关系的建构得以相互促进,共同成长。学校每年都会在中高段年级组织开展校庆日主题活动。这个活动与众不同之处在于设计者、策划者、参与者都是学生,学校就是要为学生创建关系空间运作平台、虚拟社会场景,让他们作为主体参与、体验人际关系空间形成的过程。例如,在"慈城美食"主题活动中,孩子们围绕主题自己策划方案,寻找年糕、乌馒头、酒酿圆子等慈城美食,购买展示用食具,设计美食海报,向师生宣传创意,更是主动做好与班主任的协调,争取老师、家长在现场美食展示中的支持,还借助学校行政部门为他们活动的组织、场地、电源帐篷等提供便利。活动结束后,相关小组的组长会及时汇总美食活动参与体会、得失上报大队部,学校再择优表彰、推送。在这样的人际互动中,学生多方面的能力都得到了锻炼。

三、网络空间

网络空间是为了拓宽学习范畴开辟的更大的学习空间,以互联网思维丰富学习资源的选择性,具有开放性、可控性和灵活性等特征。受到课程、师资等影响,学校教育必定有其局限性。而网络空间的开辟,为学生呈现了另外一个无边界校园空间。网络空间由二维码、无线网络、学习终端组成,通过数字微书的形式呈现给学生,借助"互联网 +"为学习赋能。例如,为了弥补学校占地空间、教育空间的不足,我们借助校园无线网络环境开发了"二维数字游学"系统,建立了一个虚拟的网络学校,目前已经有设计动物、植物、物理宇宙空间、人工智能、艺术世界等 100 多项内容,而且还在不断充实中。这样一来,学校可以将"植物园""动物园""宇宙世界""博物馆""艺术馆"等搬进"虚拟校园"。学生在课余假期借助自助终端出借系统,用学校的平板电脑进行主动学习。这样,每一个孩子都能在网络空间中找到自己喜爱的学习项目和内容,进一步挖掘潜能,激发优势学习力。

学校的无边界学习空间正在构建之中。2019 年,中城小学被评为宁波市文明校园、智慧校园(江北区唯一获此殊荣学校)。学校"基于慈孝文化的无边界学习空间建构研究"还被列为宁波市 2019 年重点规划课题。可以说,无边界的学习空间主要着眼观念、方法的改变,通过环境创设和文化营造,打通课内外、校内外之间的学习壁垒,让环境有温度,让学习有张力,并以此推动学生和教师的共同成长。

第 五 章

"中·城"办学理念与学生全面发展

"任何时空境遇中的教育,其最终指向都是在学生健康成长的基础上实现全面发展,这是一切教育的初衷。"①换言之,无论是教师队伍建设,还是学校课程发展,抑或是学习空间的营造,学校作为教育的主阵地,应该利用好一切资源实现教育的最终目标——促使每一个学生能够获得全面而有个性的发展,让学生成长为一个有根的、自主发展的、能创造的人。小学教育作为教育大厦的基石,肩负着为学生日后全面、和谐、深度发展奠定基础的重任。高质量的学校教育应致力于"立德树人、五育并举"的崇高目标,竭力营造健康的教育生态,从而推动学生全面发展。2021 年推行的"双减"政策,更是对教育界加强五育并举的时代呼唤。为了促进学生的全面发展与健康成长,教育工作者必须在学生的成长历程中,既看得见"当下",也看得见"未来";既看得见"部分",也看得见"整体",要能在"一育"中巧妙渗透"五育"的精髓,同时在"五育"的实践中实现"一育"的目标,使五育共生与融合,进而助力"双减"政策的有效实施,实现学生的全面发展。

①靳玉乐,杨征铭,艾兴,等.学业负担治理的历程检视与进路探寻(笔谈)[J].现代教育管理,2022(7):1-16.

第一节 "传统底色,现代素养" 的学生总体培养目标

"找准起点,才能制定合理的研究路径和发展规划。"[①]"培养目标是义务教育课程的总纲和蓝图,统领义务教育课程的发展方向。"[②]因此,如何确定学校的培养目标,确定怎样的培养目标,对任何学校来说都至关重要。在办学实践中,每一所学校都要基于国家的培养目标,建立起具体的、便于在实践中落实的且能切实引领学生发展的培养目标。中城小学经过对教育实践进行持续性的探索、思考和研究,结合"中·城"办学理念,确立了"传统底色,现代素养"的学生培养目标,旨在通过教育让孩子既有"传统"的根,又有"现代"的魂,让他们更加从容地走向未来,应对更多不确定性带来的挑战。所谓"传统底色",即打好地基,在学校教育教学工作中不断挖掘和利用慈城优秀的地域文化和学校百年办学传统,为学生的人生打下全面而扎实的基础。所谓"现代素养",就是指在学校教育教学中要尊重教育规律、尊重孩子的成长规律,注重唤醒学生的自我意识,发展学生的自主能力,培养学生的个性品质。同时,"传统底色,现代素养"还表明学校教育教学工作贵在历史传承,只有在继承中创新,在创新中发展,才能为学生形成现代的人格奠定扎实的基础。

---

①于萍.从目标修订到文化升级:学科核心素养培育的整校推进[J].中小学管理,2020(8):40-42.

②吴刚平.有理想、有本领、有担当——义务教育培养目标解读[J].全球教育展望,2022(5):3-13.

　　这一培养目标突出表现在德育方面。新时代我国将立德树人、培养德智体美劳全面发展的社会主义建设者和接班人确立为教育的根本任务。党的十八大报告首次将立德树人确立为我国教育的根本任务,党的十九大报告又进一步提出要落实立德树人根本任务,培养德智体美劳全面发展的社会主义建设者和接班人。2017年教育部印发的《中小学德育工作指南》提出,将课程育人作为德育工作的重要途径,要求把中小学德育内容细化落实到各学科教学目标中,并根据不同学科、不同地域、不同民族的特点,因时制宜、因地制宜,对学生进行价值观、人生观方面潜移默化的引导。① 因此,为了实现"传统底色,现代素养"这一培养目标,中城小学始终将德育视为学校的首要工作,坚持"育人为本,德育为先"的理念,通过慈孝教育、清廉教育和生命教育三方面,进行传统与现代的结合,力求培养既尊重传统、又面向现代、还展望未来的学生。

　　慈孝是中华民族传统美德,是人们立身处世最基本的道德规范。慈孝教育也始终处于中小学德育的重要位置。一直以来,中城小学都十分注重慈孝教育,通过现代转换与诠释传统的慈孝文化、优化育人环境、组建适合各年龄段的活动和社团等方式,着重围绕慈孝传统,构建慈孝文化,实施慈孝教育,以此增强学生的感恩意识和责任意识,促进学生的健康成长和全面发展,打造以"慈孝"为核心的德育品牌。

　　廉洁既是一种思想观念和价值取向,也是一种育人要求,是学生应具备的美德之一。中城小学"诚谨勤俭"的百年校训中包含着

---

　　①俞国良,李森.我国"立德树人"教育政策历史进程的文本分析与启示[J].西南民族大学学报(人文社会科学版),2019(6):217-222.

丰富的廉洁含义,是中城小学开展廉洁教育坚实的基础。近年来,中城小学始终坚持"贴近实际、贴近生活、贴近学生"的原则,通过诚信长廊、校史长廊等平台营造廉洁氛围,并开展了一系列廉洁课程,引领师生以"清风"沐心,以"廉洁"正身,让廉洁文化浸润孩子们的心灵,把清正廉洁的种子播撒进孩子们心田,帮助孩子们扣好人生第一粒扣子。

生命教育作为教育的第一线,塑造学生健全人格、培养学生关爱生命、激发学生内驱力是其应有之义,更是学校德育的天然使命。为了让学生学会爱自己、爱生命、爱生活,中城小学依托红色精神熏陶、"三礼"教育和研学活动三方面对学生开展生命教育,让其在活动中学会尊重生命、理解生命、热爱生命,积极地对待生活,独立健康地生存发展,更加从容不迫地走向未来。

学校德育应该让孩子们浸润在浓厚的文化氛围之中,采用丰富多彩的手段,如水一般,潜移默化地浸润学生的心灵,使学生的品德、人格不断臻于完美。因此,学校应当充分重视德育工作的开展,调动教育智慧来拨动孩子的心弦,唤醒孩子的灵魂,真正实现德育工作的有效性。

第二节 弘扬慈孝文化,创新育人模式: 慈孝教育的探索与实践

"百善孝为先。"慈孝历来是中华民族传统文化的重要组成部分,历史悠久,源远流长。大力弘扬包括慈孝文化在内的优秀传统文化,是培育和践行社会主义核心价值观、提升我国文化软实力的

一个重要途径。目前,我国正处于经济腾飞和多元文化碰撞的特殊时期,东西方文化思潮的相互碰撞与整合,使得学校、家庭、社会舆论导向在青少年的教育中片面地强调了知识和能力,而忽视了传统道德教育,造成了青少年群体的道德滑坡。令人遗憾甚至痛心的是,这生生不息、绵延千年的人类传统美德——慈孝出现了严重的缺失与危机。因此,提高当前学生的思想道德素质,弘扬中华民族的传统慈孝文化,对学生进行慈孝教育是迫在眉睫的,它也应该成为学校德育工作的当务之急。

一、安身立命,深挖慈孝育人内涵

学校将慈孝教育作为学生德育的重要组成部分,有着重要的现实意义。

首先,慈孝教育能健全学生人格。学校进行慈孝教育能为学生的身心健康成长提供一个人本生态的教育环境。进行慈孝教育,有助于增强学生的慈孝意识,指导他们的慈孝行为,可以健全学生的人格,提升其生命的质量。在杜威看来,环境能够引发一定的反应,个人生存的环境可以改变他看待事物的观点,会渐渐在个体身上产生一种行为系统,一种言行上的意向。[①] 进行慈孝教育可以增进学生对生命意义的理解,让他们懂得他们享有的一切并不是理所当然的,要由衷地对别人的馈赠、帮助表示感激,能真正体谅父母的辛苦和他人的善意。慈孝教育还可以激发学生对长辈、他人心存感激,懂得人与自然的息息相关,领悟人与人之间相处的真谛,从而提高学生人际交往素质,做到大家和谐相处。

①杜威.民主与教育[M].薛绚,译.南京:译林出版社,2021:11.

其次,慈孝教育可促进学校发展。中城小学位于历史文化名镇宁波市江北区慈城镇,与浓缩儒孝文化精髓的孔庙仅一街之隔。宁波的江北区作为全国首个获得"慈孝文化之乡"称号的城区(市),"慈孝文化"在这块土地上是极其深厚且悠远的。而江北区慈城镇,是一座拥有 2400 余年历史的江南古县城,被称为"慈孝之乡、进士摇篮、儒学胜地",其慈孝文化底蕴的深厚,在全区堪称首位。慈城自汉朝以来,历代被皇朝旌表的孝子(女)有 30 多人,慈城逐渐形成了具有地方特色的慈孝民间文化,其中以汉朝董黯、唐朝张无择、宋朝孙之瀚最为出名,因此慈城又被称为"三孝乡""孝中镇"。慈城目前也保留着完整的慈孝文化遗址,如张孝子祠、慈湖董孝子溪、节孝祠、孝子井和三忠墓等。在慈城,除慈湖、慈江、慈溪等以"慈"命名外,还有一些街巷包含慈孝文化的意蕴,如慈溪巷、董溪、孝溪、慈水、忠孝桥、礼桥、义桥、高义桥、孝子池等。另外,随着社会对优秀传统文化的重视,慈孝文化的传承保护和利用也迎来了新的机遇,因此,在中城小学开展"慈孝教育活动"具有得天独厚的地理优势与基础条件。我们认为有必要以"中国慈孝文化之乡"为契机,运用身边丰富的本土慈孝文化资源,大力弘扬慈孝文化,努力使每个学生都对社会、对他人、对自我充满爱心和尊重,努力实践"让孩子享受童年幸福,为孩子奠定一生基础",使百年名校焕发勃勃生机,让学校得到持续发展。

最后,慈孝教育将弘扬传统文化。中华民族是最懂得慈孝感恩的民族,我们的文化里记载了数不尽的诸如"上书救父""打虎救父""望云思亲""汲水救母"等关于慈孝的故事。从汉朝流传至今的《孝经》集中反映了中国古代的孝文化,在中国历代的家庭道德建设中发挥了重要的作用。慈孝是一种美德,慈孝也是一种责任,更是一种人生境界的体现。我国正处于经济转型和多元价值观在不同领域、不同层面的矛盾冲突时期,慈孝教育从道德的角度、从人们的内心深处,为社会的全面和谐发展提供了一个可靠的平台,推动各项建设的健康发展,使各种价值观始终存在着一个方向与指针意义上的规范与引导。因此,我们有必要开展慈孝教育活动,进一步弘扬中华民族的优秀传统文化,以满足当今社会的需要。

二、布慈传孝,打通育人任督二脉

学校德育工作综合了地域优势和学校传统文化,确立以"慈孝"作为主题词,全面推进孝德教育。通过创建具有慈孝文化特色的校园环境,构建弘扬慈孝文化的活动序列,形成具有慈孝文化特质的社团矩阵,从而促进教师、学生和学校的和谐、可持续发展。

(一)以草木展慈孝,以环境润德行

"染于苍则苍,染于黄则黄",校园环境以它"外显内隐"的方式,对师生发挥着持久的影响。因而,我们着力改进校园环境,使之凸显慈孝文化特质,从而持久地感染人、陶冶人,达到潜移默化的教育效果。基于此,近年来,学校对校园环境进行了进一步的设计与美化。

1.墙说慈孝

中城名人文化长廊的木板的一侧述说着慈城的慈孝故事,让学生进一步了解慈城源远流长的慈孝文化和中城名人文化;另一侧展示学校慈孝活动图片,让学生熟悉学校开展的慈孝活动,时刻注意养成慈孝品行。长廊的展板上还设计了慈城诗词,让学生与

经典为伍,为家乡自豪。连廊被重新布置成慈孝长廊,所有的展板和学生作品展示都以慈孝为主题,既有历史上与慈孝有关的故事,又有校慈孝之星的风采展和他们设计的慈孝小报等。

2. 展述慈孝

展示生命的成长也是感恩他人的最好体现。除了专门展示慈孝的主题墙,学校的每个教室内外都有大片的布置阵地,年段的走廊也有自己的主题和集中展示学生成果的场地。展示的作品可以是一张照片、一篇作文、一幅图片,也可以是一份字迹工整的作业、一张有进步的练习,尽可能地定格孩子珍贵的成长瞬间。

近年来,每个班级还利用走廊的闲置平台,设置了一个生物角,由学生自行布置、安排养护。生物角最能感受生命成长的不易,感受父母的呵护、师长的教导、同伴的帮助。等一朵花开、一片叶绿,看一只小乌龟什么时候动起来……生物角成了下课后孩子们最喜欢聚集的地方,连平时坐立不安的调皮孩子也会在那里驻足,不忘记给花浇水,在风雨欲来时提醒班主任老师把花草搬进教室躲雨。自然可以治愈一切,养花是一件"有益身心、胜于吃药"的事。

(二)以活动悟慈孝,以慈孝育人品

1. 提炼慈孝内涵,诠释时代意义

随着时代的发展、社会的进步,人的价值观念也在进步。要发挥我国传统文化的积极作用,就必须使传统的东西与当今时代相适应,实现创造性的转换,使传统文化古为今用。我国传统文化浩如烟海,博大精深,但其中良莠不齐,精华与糟粕并存。慈孝文化也不例外,它有其合理内核,铸就了中华民族世世代代的慈孝传统美德,但不可否认,其中也有不正确的成分,即"愚忠""愚孝",如"父叫子亡,子不得不亡"等。还有些慈孝伦理道德因为落后于时代发展的步伐,为时代所淘汰。所以,当今的慈孝文化不应是传统慈孝文化的复古,而是经过重新诠释的慈孝文化,是与时俱进、不断创新的慈孝文化。

"慈"指和善、疼爱,它强调的是长辈对晚辈的慈善和爱护;"孝"指孝顺、尊敬,它强调的是晚辈对长辈的尊重和孝顺。它们合成了一个词语,那就是"母慈儿孝,父慈儿敬"。"孝"最早产生于原始社会的祖先崇拜,与中国传统的农业社会结构有着密切的关系,并随着生产力的提高和生产方式的改变而不断发展及注入新的内涵。到了西周时期,已发展成为"孝养父母、祭享先人、继承祖先遗志"等三方面,这些内容虽仍被束缚在家庭范围内,但从中体现出一种可贵的利他精神,成为孔子"仁"学思想的源头,并被其系统论证,构成我国传统伦理道德的价值核心。概括传统慈孝的合理内涵,不外乎"爱敬忠顺"这四个字:爱敬于家庭,忠顺于国家。由此可见,与时俱进的慈孝文化,必须推陈出新,对慈孝的理解不能仅停留在"父慈子孝"的字面理解上,我们有必要对传统孝道进行一些合理的梳理,提炼出其中的精华之处,再探索慈孝文化新的载体,挖掘出慈孝中隐含的道德自律和互爱文化,拓展、加深慈孝文化的原有空间,将原本属于家庭、宗族的狭隘的慈孝延伸到对自己、对他人的责任,延伸到对师长、同学、邻里的友善关爱,实现传统慈孝文化的现代转换与诠释。因此,除慈孝原本包含的内涵——孝敬外,责任、和善是新时代赋予慈孝文化的新的内涵。这三者共同成为慈孝文化的三大核心品质。

第一,孝敬是慈孝文化的基础。孔子曾说过:"孝悌也者,其为仁之本与。"孝,即孝顺父母;敬,即尊敬亲长。一个没有孝敬父母、尊敬长辈之心的人,怎么可能期待他对他人、对社会、对国家充满爱心呢?孝敬父母本来就是人人应该做到的,一个人对几十年如一日最无私地爱着自己的人都没有感恩之心,不讲孝道和感恩,有极大可能使家庭陷入无序和不稳定的状态。因此,孝是调节代际关系,填平代沟,实现家庭和睦,构建和谐社会的一剂良药。但是,仅仅孝敬家庭成员,这是不够的。孟子也曾说过:"老吾老以及人之老,幼吾幼以及人之幼。"从孔子、孟子等人对孝的内涵的原始诠释出发,我们认为,一直以来,施孝的对象不能局限在家族内部成员,还应该扩大到整个社会成员。对小学生而言,就是要让他们懂得,"孝敬"有三个层面:小孝、中孝和大孝。小孝就是听从自己父母长辈的教导,关心他们的健康,多参与家务劳动,替他们分担忧虑,即要有"感恩之心";中孝就是要尊敬师长、尊重他人的长辈,以诚待人,即要有"仁爱之心";大孝就是热爱祖国、热爱人民,即要有"赤子之心"。

第二,有无责任感是衡量一个人精神素质高低的重要指标,是促进人际关系的重要方面。"穷则独善其身,达则兼济天下"的思想已成为中国传统中不朽的处世美德,它体现出来的就是对自己、对他人、对社会国家怀有一颗慈善的心,是为了感恩世界所赋予我们的恩赐而必须担负起的一种责任。责任即分内应做的事情,也就是承担应当承担的任务,完成应当完成的使命,做好应当做好的工作。对小学生而言,责任就是对自己的言行有要求,在学校里勤奋学习、对家庭尽一些力所能及的义务、对社会能做一些力所能及的贡献。学校要培养学生的自我责任心、环境责任心、家庭责任心、他人责任心、社会责任心。对学生而言,在课堂上认真听讲,努力学习是对自己的学习负责;每天积极锻炼身体,是对自己的健康负责;在校遵守纪律,文明活动是对学习环境的负责;平时勤俭节约,不乱花钱是对家庭的负责;为别人着想,能及时向弱者伸出援手是对他人的负责;遵守公共秩序,爱护公共财物,保护环境、节约资源是对社会的负责。

第三,和善是待人接物时的一种态度,它不期望任何回报和认可。你对别人和善,别人会还你真诚。和善是加强人际交往,增进人际关系的调和剂。慈孝思想中的"兄友弟恭",其实就是对和善内涵的描述。它强调的是家族内的兄弟姐妹乃至全天下的同辈人之间都要友好相处,互相爱护,以达到社会全面和谐的目的。对小学生来说,学校应该通过教育,让他们逐步形成外向、活泼、自信的个性和行为特征,善于主动与人沟通,乐于给予同伴帮助,最终呈现出平等、团结、互助、和谐的氛围。

很显然,责任、孝敬、和善这三方面与中华民族所提倡的"和""合"思想不谋而合。可见,在传统的慈孝文化传承教育中融入适合时代的新的思想,能在客观上为中华民族的生存和发展起到重要的推进作用,同时这三者间又形成了一种相辅相成、层层促进、不断螺旋式上升的关系,其中责任是基础。社会学家认为,当一个人富有责任心时,他的自我便真正开始形成,其影响力逐渐扩大,义务感逐渐增加。这样就促进了其"孝敬心"的增长,会对身边所有的人、事、物焕发出极大的热情,对家人孝顺、对他人尊敬、对社会自然产生敬畏。而这种博大的"孝敬"一旦产生,必定能营造出一个充满爱的和谐天地,最终达到家庭、社会一片和善的最高境界,这种境界又能很好地促进社会成员产生更多更大的责任心。如此循环上升,就能不断推动社会文明的进程。

2.编撰德育教材,丰富课程资源

在慈孝教育活动持续开展的过程中,学校不断积累实践经验,丰富教学素材,编写了《慈水涓涓》。它是全校师生追寻祖先足迹,在教育生活中努力践行孝道的硕果。全书以江北区古代流传较广的慈孝故事、现代社会影响较大的慈孝事迹,以及江北区籍名人勤奋学习、报效祖国的感人事迹和他们撰写的关于故乡的文章等为主要内容,共收集了 56 篇文章,分上、下两册,每册又分为"思源""孝敬""勤奋""责任""和善"五个篇目。每篇文章后都有"资料链接"和"思考与行动",帮助学生理解文章的主要内容,体会文章中表达的思想感情,将体悟与实际行动相联系,从而达到读"慈孝"文章、悟"慈孝"文化、做"慈孝"之人的育人目的。

学生在阅读各种不同主题的真情故事时,更深切地体会到自己能够健康快乐地成长离不开身边的每一个人,从而对辛勤培养自己的父母、学校、家乡、祖国都抱有一颗感恩的心,将孝敬父母、回报社会作为自己义不容辞的责任。

3.确定活动类型,构建目标体系

"思而悟,悟而行,行必高远。"我们把引领学生在活动中进一步感悟慈孝文化的内涵,并在生活中从一点一滴的小事做起,从而养成良好的品行和人格,作为中城小学慈孝教育的核心目标之一。根据慈孝文化的三大核心品质,针对自我、家人、他人、社会等方面,学校分别对低年级、中年级和高年级的学生提出了适合各自年龄段的活动目标,具体如表 5-1 所示。

表 5-1 中城小学慈孝教育活动目标体系

核心品质	低年级	中年级	高年级
责任	1.按时到校上课 2.自己准备好各学科学习用具 3.坐要正,站要直,读书、写字姿势正确 4.上课专心听讲,积极发言。放学后,按时、独立、认真地完成作业,写完作业认真检查 5.自觉遵守公共秩序。遵守交通规则,行路文明安全	1.积极锻炼身体,认真做好早操、眼保健操,讲究个人卫生 2.穿着整洁得体 3.主动预习、复习,积极思考,敢于发表自己不同的见解 4.爱护公共设施,能阻止别人的破坏行为 5.不乱扔废电池、白色污染物。自觉分类回收废品。做环保的小卫士	1.节约用钱,不盲目攀比,不向父母提过分要求 2.学习、掌握必要的自我保护的方法 3.守时守信,承诺的事情一定要做到,言必信,行必果 4.爱护公物,能主动维护校园、教室卫生,维修部分设施
孝敬	1.做到自己的事情自己做,还能主动承担力所能及的家务劳动 2.从身边的小事做起,关心身边人。例如给需要的人让座等 3.对同学的父母、长辈有礼貌 4.热爱自然,不损害一草一木。珍惜眼前拥有的一切	1.父母的声誉与财产应全力维护,未经许可,丝毫不取 2.每逢吃饮,先请父母品尝;餐前帮父母盛饭拿筷 3.在平时要公开说出对父母的爱。学会主动向父母示爱 4.理解老师的工作,主动关心老师,做老师的助手 5.每年至少参加一次种绿护绿的活动	1.关心家人的身体健康,了解他们的喜好。家人生病时,能主动照顾,不求回报 2.不与父母顶嘴冲撞;有误会时,试着向父母有理有据地讲明道理,说明情况 3.管住口舌,不能辱骂人,不要说任何人的坏话 4.积极参加学校、社区组织的活动

核心品质	低年级	中年级	高年级
和善	1.性格开朗,对自己有信心 2.不在背后说别人的坏话 3.团结友爱,不与小伙伴吵闹。一起游戏,行为文明 4.热心帮助学习上有困难的小伙伴	1.正确对待自己的优缺点,能不断地扬长避短 2.竞争对手胜利时,不嫉妒,大方地恭喜对方 3.说话、做事公正、公平,不与他人斤斤计较 4.尊重每个同学的人格,不欺负弱小	1.不掩藏自己的薄弱处,能对自己提出更高的要求 2.会换位思考,理解他人,对人宽容,能看到别人的优点,对别人的帮助表示感谢。正视他人的错误,能热心、耐心地帮助他人改正错误

在目标体系的基础上,我们进一步发动全体学生和家长,在家校本中制定了富有特色的"日行一孝"栏目,把学生在家的行为也列入学校规范内容。

4.形成活动系列,创建活动品牌

基于上述基础,学校进一步梳理以往开展的各项活动内容,提炼活动内容主题,形成了以下四个活动内容系列,创建慈孝活动品牌。

亲近传统,品读经典,体悟"慈孝"。学校充分利用毗邻孔庙的地域优势,挖掘传统文化内涵,把"慈孝"教育与学校"三礼"教育、经典诵读等相结合。例如,举行"开笔礼""成长礼"等,感恩父母、感念师恩,通过诵读《慈水涓涓》,把经典诵读与"慈孝"教育相结合,使传统文化与现代教育相得益彰。

亲近父母,感受亲情,懂得回报。我们把引领学生了解父母、长辈的生活,感受长辈亲情,并进而学会感恩,懂得回报作为重要内容,结合各个节日开展了系列活动。例如,开展"欢乐中秋,情浓意浓"的中秋"送祝福"活动,"感恩父母,弘扬慈孝文化"活动,"关注母亲,感怀亲情"活动等。在活动过程中通过开展主题班会,制作感恩卡、手抄报,举行慈孝故事比赛,拍摄微电影等形式鼓励学生了解父母、长辈一天的工作,激发学生感恩父母的情感,从而培养学生尊敬父母、长辈,学会感恩的良好品德。

亲近学校,提高觉悟,承担责任。用学校百年厚重的文化传统,进一步增强学校的凝聚力和全体学生对学校的归属感,弘扬尊师重教的风尚,培养学生尊重教师、热爱班级、热爱学校的优良品质是"慈孝"教育的重要内容。在新校舍建立 30 周年纪念时,学校重新设计校史室并将之搬到学校的一楼,让百年浓厚的校史变得自然亲切、触手可及;拍摄制作《一路中城》宣传片,让学生在拍摄、观看的过程中,重新认识美丽的校园和一代又一代中城人走过的路。同时,让学生了解中城名人的故事,如知道应昌期捐资兴学的义举,中城小学的围棋顾问、著名围棋国手陈祖德与癌症抗争的故事,从中城小学毕业的中国科学院院士的奋斗故事等,从中汲取力量。

亲近家乡,感恩社会,学会奉献。通过组织学生春秋两季研学及寒暑假社会活动实践,走近家乡的名胜古迹,让学生感受美好的风土人情,感恩祖国的强大与社会的兴旺。例如,在三月学雷锋纪念日进行"慈孝文化我先行"志愿服务活动,组织学生清洁校园、为敬老院送去一场文艺汇演、社区垃圾分类、为老人写"福"送"福"活动等,引导学生承担小公民的责任,搜寻家乡慈孝遗迹,体会家乡的慈孝文化,欣赏家乡的自然风光,从而服务社区、服务社会,懂得感恩,学会奉献。

(三)以慈孝立社团,以社团促发展

学生是一个个鲜活的生命体,学校教育必须尊重生命,坚持以人为本,促进学生的多元发展。围棋教学的成功使我们深刻认识到促进人的发展必须走文化加特长的道路。为此,我们进一步挖掘地域文化和学校文化中蕴含的慈孝文化元素,慈孝教育和多元发展并举,开展各项社团活动。

我们围绕两位家乡名人——京剧麒派创始人周信芳、晚清著名书法家梅调鼎分别成立了"信芳艺术团"以及"中城调鼎书法社";围绕学校名人——中国科学院院士颜鸣皋,成立了科技和信息技术社团;立足非物质文化遗产传承,成立编织、金石传拓社团,传承优秀传统文化;还组建了田径、篮球、乒乓球、木球、散打等社团,促进学生多元发展。全校有60%以上的学生参加了各项社团活动。每个社团必须了解其相关文化。例如,艺术社团必须了解周信芳艺术特点以及他与日寇抗争的感人事迹;科技和信息技术社团必须了解颜鸣皋归国的故事及他为新中国航空事业发展做出的卓越贡献……

为使社团活动达到培养学生特长,促进学生全面发展的育人目的,学校定期举办各种体艺活动,主要有秋季田径运动会,三月"围棋节",四月"科技节",五月"读书节",十月"文化艺术节"等。其中"读书节""文化艺术节""围棋节"都历时一个月。迄今,中城

小学已举办了 33 届田径运动会,23 届"围棋节",22 届"文化艺术节",18 届"读书节"。每次活动我们都有明确的主题,其间开展与慈孝教育相关的体艺活动,从而使社团活动与慈孝教育相融合,达到"以慈孝立社团,以社团促发展"的目标。

(四)以慈孝树标杆,以评价利养成

为更好地推进慈孝教育活动,培育学生的慈孝品行,学校还开展了多种形式的评价活动,以进一步增强学生的慈孝意识,提升其慈孝行为,做一个有"责任、孝敬、和善"品质的现代合格公民。每学年,学校以在校内更容易显现的两点——"和善""责任"开展活动,各班根据事迹,利用队活动课每周或每两周评选一次班级"和善大使"或"责任之星",并将个人事迹在年段的主题墙上展示,一学期评选一次校级"和善大使"或"责任之星",综合一年的表现,在学年末由全校老师和学生评选出 10 名校"慈孝之星"。

此外,学校还将慈孝类评价与少先队的红领巾争章活动相结合,设计了"慈孝章"这一校级特色章。根据学生年龄特点设计类目,定期给学生制定可行的争章要求,对学生的在校、在家表现进行评估,颁发奖章。这样一来,用制度的形式来规范学生的活动,长此以往就让学生在具体的活动中逐步培养了与人为善、孝敬父母和讲求责任的良好品质,从而达到了学校进行慈孝教育的目的。中城小学"慈孝章"的争章细则如表 5-2 所示。

表 5-2　中城小学"慈孝章"争章细则

年级	内容	要求
一	好习惯星	1. 养成良好的读书习惯,读书、写字时做到"一拳、一尺、一寸" 2. 不躺在床上或在走路、乘车时看书 3. 每天能自己准备、整理学习用品 4. 上课专心听讲,积极发言。放学后,按时独立、认真地完成作业,并认真检查
	爱校星	1. 知道学校的历史,了解校训、校风 2. 掌握"六知六会一做" 3. 为学校做一件好事,并说出自己的体会
	好朋友星	1. 能说出身边的同学的优点 2. 喜欢与同学交往,能和同学友好相处,不吵架、不骂人,不讥笑、欺负同学 3. 诚实守信,答应别人的事要努力做到 4. 能主动地帮助同学
二	孝敬星	1. 学会敬重父母、长辈的基本礼节和礼貌用语 2. 听从父母的正确教导,不向父母提无理要求 3. 自己的事情自己做,为父母、长辈分担家务。从身边的小事做起,关心身边人,如给需要的人让座等 4. 记得父母的生日,做一件让他们高兴的事 5. 对同学的父母、长辈有礼貌 6. 每逢吃饮,先请父母品尝;餐前帮父母盛饭拿筷
	文明星	1. 知道基本礼节(握手、行队礼等) 2. 会正确使用基本的文明用语(您好、请、对不起、没关系、谢谢、再见) 3. 遵守基本的文明规范,不随地吐痰,不乱扔垃圾,在公共场所不大声喧哗 4. 自觉遵守公共秩序。遵守交通规则,行路文明安全
	劳动星	1. 认真参加校内劳动,认真完成卫生值日 2. 在家能帮助父母干力所能及的家务活 3. 举例说出 2—3 项劳动的名称和方法 4. 尊重劳动者,爱惜他人劳动成果

续表

年级	内容	要求
三	守纪星	1.遵守学校纪律和社会公德,并且知道这样做是对老师、对同学、对他人的尊重 2.在公共场合自觉遵守社会公德,不大声喧哗,不随地吐痰,不乱扔垃圾
	手拉手星	1.积极参加"手拉手互助活动",并有一位"手拉手"小伙伴 2.了解"手拉手"小伙伴的基本情况,为小伙伴做一些力所能及的事情 3.帮"手拉手"小伙伴解决一个困难;学习"手拉手"小伙伴一个优点 4.能和其他中队或外校的一位小伙伴交朋友,坚持通信,交流生活、学习心得
	自理星	1.学会自己盛饭、洗脸、刷牙、洗手、洗脚、穿脱衣服、系鞋带、剪指甲、洗澡 2.会叠衣、被,会整齐放置衣帽鞋袜和小件日用品 3.会学着自己照课表整理书包、文具盒和玩具 4.在家长的指导下学会五项家务活,并在一个月内做10次以上 5.学会洗袜子、红领巾和内衣裤。坚持自立,力所能及的事情自己做
四	团结星	1.平时与同学团结友爱,不与同学吵架或打架,一个月做两件以上帮助同学的事 2.说三句以上关于友谊的名言或一个故事 3.学习掌握在社交场合中有关谈吐、举止、仪表、礼节等方面的知识 4.与他人合作设计、组织一次快乐的活动 5.能指出并帮助同学改正在校内的不文明行为
	礼仪星	1.能说出自己尊敬老师或者父母、长辈的一件事 2.上学、放学、回家会给老师、同学、家人打招呼,会使用常用的礼貌用语 3.能给长辈让座、让餐、让路(听老师、家长评价) 4.客人来访时能让座、沏茶(听家长评价) 5.平时能做到仪表整洁大方,理学生头,着学生服(听老师、同学评价) 6.能说出三个在公共场所应做到的礼貌行为。敢于在社交场合表现自己,热情大方、文明礼貌

续表

年级	内容	要求
五	家政星	1.能做五项以上家务活,并且每月能做 15 天以上。坚持自己整理、收拾房间(听家长评价) 2.能为自己做一餐简单中餐,并注意营养的搭配(家政日记一篇) 3.自己会到银行存款,知道节约用钱(看存折原件) 4.星期日当一次家,操持主要家务,根据家庭成员情况安排食谱,累计三次以上(家政日记一篇,并由家长写意见) 5.会使用两种以上家用电器
	环保星	1.爱护环境卫生,不随地吐痰、乱丢杂物、乱涂乱画,坚持做到垃圾分类处理(听家长、老师、同学评价) 2.能举例说出垃圾分类种类(当场说) 3.能做到学校规定的"二轻一静"(轻走、轻说、静静听)的要求(请三位以上的同学证明) 4.能说出三种污染空气或水质的现象(日记一篇) 5.一月内参加两次社区义务环保劳动(看争章日记或居委会反馈意见) 6.调查居住环境,写一份调查报告或建议书 7.收集环保方面信息 20 条以上(可写在日记中)
六	友谊星	1.微笑待人,及时感谢别人的帮助 2.为他人的进步和成功感到高兴,会表示祝贺 3.收集有关友谊的名言、故事或歌曲,送给三位新伙伴 4.能和新伙伴结成对子或与师长结成忘年交,互尊互爱,建立情感 5.能为伙伴着想,关心了解伙伴的喜和忧 6 伙伴懊丧、失败和遇到困难时,及时给予安慰、鼓励和帮助 7.伙伴有缺点、错误时,善意地劝导和提出建议 8.和伙伴相处,要尊重对方,不和伙伴吵架,不给对方起绰号

续表

年级	内容	要求
六	诚信星	1.做人诚实,不说空话、大话、谎话,不隐瞒自己和他人的错误,言行一致。不随便允诺别人自己做不到的事情,答应别人的事就要尽力做到,没有做到的要说明原因,表示歉意(听老师、同学评价) 2.学习、评比、竞赛不弄虚作假,不抄袭他人作业,不搞假签名,考试不作弊。学习踏实,不能不懂装懂,如实向家长老师汇报学习生活情况(听老师、家长评价) 3.拾金不昧,拾到钱物能及时送还失主,找不到失主时能主动交公 4.遵守与他人的时间约定(听老师、同学评价) 5.能背诵三条诚信格言 6.能说出两个诚信故事。制作诚信读书卡 7.每周制定一句行为承诺(校园、家庭、社会),请监督者进行行为评价
一至六	争章流程	各班每个学期必须争一星,通过举行班队会,师生讨论要求,确定训练方式和考核方法,低年级教师进行有目的的引导确定。完成每星要求条目的80%即获得此星,一年级至三年级每学年获得两星及以上,四年级至六年级获得两星,即可在学年末获得"慈孝章"。争章活动学期总结、考核上报校大队部审核。学年结束,根据评定结果将争章情况记载入素质报告单,公布名单进行表彰,并向家长汇报

三、水到渠成,采撷慈孝教育硕果

(一)建立了完善的慈孝教育的活动体系

通过多年的努力,学校在慈孝教育的实践探索中逐渐建立、补充、完善并最终形成了中城小学慈孝教育的活动体系(如图5-1所示），为以后继续开展此类活动提供了经验与依据。

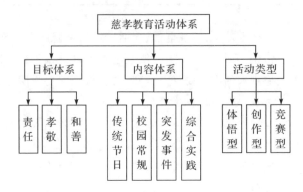

图 5-1　中城小学慈孝教育活动体系

在提炼"责任""孝敬""和善"为慈孝文化的三大核心品质的基础上，学校结合节假日，围绕学生在校常规、身边突发事件及综合实践探索活动开展活动。例如，结合春节、元宵节、清明节、端午节、重阳节等传统节日开展的活动，就使学生的慈孝意识、慈孝行为不断深化，让他们感恩父母、家人，懂得回报；根据学校常规制度、规定守则进行的活动，使学生明白遵纪守法、努力学习是其必需的责任和义务；利用社会上的突发事件及时组织的活动，让学生更加珍惜眼前的幸福生活，感受到"一方有难、八方支援"的温情和为他人奉献自己的爱心是令人愉悦的。不仅如此，综合实践活动还锻炼了学生的综合能力，提高了其自身的综合素质。

一系列的慈孝教育活动利用体悟、创作、竞赛等丰富的形式，使活动主题系统化，活动形式多样化，活动目标序列化，从而提升了德育工作效果，促进了学生品德的发展。

（二）培养了具有强烈慈孝思想、拥有积极主动慈孝行为的学生

学校开展慈孝教育活动以来，学生在慈孝思想意识和慈孝行为等方面发生了很大的变化。

1. 学生初步具备了慈孝的思想意识

通过慈孝教育,很大一部分学生明白了慈孝的重要性,懂得了慈孝的道理。"原来,我们的父母长辈、老师同学为我们的健康成长付出了那么多的汗水与心血,我要感激身边每一个陪伴我长大的人!""'孝'是中华民族文化中一条光芒万丈的人性标准。'孝'艰难又美丽,它惊天地,泣鬼神的真情魅力催人泪下。父母的恩情,怎能不令我们去孝顺他们呢?中国历史上,孝子孝女屡见不鲜,他们的行为虽不相同,但真情却同出本心。我觉得,慈孝的精神应该生生不息,成为一颗闪耀的夜明珠,流传在一代又一代人身上!"这一句句真挚动情的话语是学生在慈孝教育系列活动的"慈孝征文比赛"中写下的。

在访谈中,家长和教师都普遍反映孩子的慈孝意识增强了,他们认识到这是作为一个公民应具备的基本素质,懂得了每一个人不仅要孝敬尊长,还要感谢同伴的帮助、学校的培养,要勇于承担责任,贡献于社会、国家和大自然。

2. 学生拥有了积极的慈孝实践行为

学生形成的强烈的慈孝思想意识,自然引导着他们在行为上的改变:能清晰地记得父母、长辈的生日,并在他们生日当天送出自己精心准备的礼物与祝福;自己的事自己做,还能帮助父母做力所能及的家务;在拥挤的公交车和地铁上,能毫不犹豫地给需要的人让座;看到地面的垃圾主动捡起……

从访谈中,家长们普遍反映:孩子的责任心明显加强,对待自己的学业认真勤奋,也有了较强的家庭与集体的观念;变得更加孝顺懂事了,能体谅父母,不再需要父母帮忙整理房间,家中有家务活要干时,孩子也能自告奋勇地负担起一部分;每次接受长辈、邻居的帮助时,都能听到孩子真诚的道谢声;每逢节假日,孩子会主动要求与父母一起去看望爷爷奶奶、外公外婆;各个节日,家长都收到过孩子亲手制作的礼物;人与人之间的相处更加和谐,同伴间出现问题时能互相退让,兄弟姐妹间发生矛盾时,会照顾弱小……教师们普遍体会:学生的自律自理能力有很大的改善,平时更守纪律,课间活动更加文明;经常能听见学生主动与老师打招呼;学校进行大扫除时,以往学生专挑轻松任务的现象不见了,大家争着去完成最脏最累的活;组织社会义工服务队时,出现了报名人数远远超过原定人数的现象;组织学生去敬老院、贫困家庭慰问时,大家踊跃参加,有的学生还自发地组织团队,利用节假日带上用自己的零花钱买来的食品去敬老院慰问,陪老人们聊天,给他们表演节目,帮助打扫卫生;在与贵州学校微心愿结对、为学校困难学生募捐时,学生表现积极、活动反响热烈。

(三)构建了浓郁的校园慈孝文化的氛围

良好的学校环境能够营造浓厚的教育氛围,无论是"硬环境"还是"软环境",都能使师生在潜移默化中受到熏陶,从而为校园文化的形成奠定基础。

硬环境是指由一定的空间及其物体组成的校园文化的有形部分,既包括土地、校舍、教育设备、自然物资、功能场所等,也包括地理环境、规划布局、绿化、景观等。它是校园文化存在和发展的物质基础,是文化内核的载体。为了优化硬环境,中城小学从校园布置入手,大到一幢幢教学楼,小到一条条标语、一张张图片,都紧紧围绕"慈孝"这个主题精心设置,充分利用一切宣传阵地进行宣传动员。

软环境是指校园的制度、师生的行为、人的精神面貌、各项比赛、外界评价等。为了提升校园软环境,学校积极组织学习含有慈孝教育内容的文件精神,开展相关活动,为慈孝教育活动的开展营造浓厚的舆论氛围。例如,历任校"慈孝之星"评比、事迹展播、人物上墙,开展"给老师写写心里话""我来当一天妈妈""慈孝微书制作比赛""给敬老院送温暖""与贵州学子微心愿结对"等活动,强化了沟通,建立了和谐的关系。

(四)打造了学校的慈孝教育的特色品牌

弘扬慈孝文化,坚持慈孝教育必须高度重视品牌的打造。品牌是"名片"和"宣传广告",打造具有学校特色的慈孝教育的品牌是传播慈孝文化、扩大学校影响力与知名度的有效载体。在如今这个经济与文化日趋一体的现代社会,一个有号召力的文化品牌,能给学校带来无法估量的作用,是增强学校竞争力、提升美誉度的有效途径。

经过多年努力,一个彰显中城小学慈孝教育特色的文化品牌逐渐打造成功。第一,我们坚持开展学校慈孝教育的研究与实践,对慈孝文化的底蕴进行了深入挖掘与提炼归纳,极大地丰富了慈孝文化的内涵。经过一系列教育活动的组织开展,培养了一大批具有慈孝意识与慈孝行为的学生,甚至在学生的影响下,也间接地对学生家长进行了教育引导。

第二,我们加大了慈孝教育活动的宣传力度。进一步通过报纸、电视台、电台和网络等新闻媒体,扩大学校的慈孝教育的宣传面,提升学校在区、市甚至省里的知名度。《德育报》《宁波日报》《宁波晚报》《现代金报》以及宁波电视台等媒体都对中城小学的慈孝教育进行了报道。由于这些媒体的宣传,学校慈孝教育受到了社会各界的高度关注,慈城镇政府、江北区教育局、江北区文联、江北区人大、江北区作家协会、宁波市关心下一代工作委员会等机构的各级领导多次来学校参观、开讲座,在肯定、赞扬了学校的工作后,还为我们提出了许多有效的建议。

通过慈孝文化教育的渗透,学校的德育品牌建设总体上得到了进一步提升。学校先后获评"宁波市德育先进集体""宁波市关心下一代先进集体""江北区孝德教育试点"。学校还参加"首届全国基础教育论坛暨全国基础教育协作体交流会",并作为该次会议唯一的小学发言学校交流了以"推进慈孝教育,养成慈孝品行"为主要内容的学校特色建设工作情况。此外,学校的慈孝校本课程"慈水涓涓"被评为省德育精品课程;"构建慈孝教育活动体系的实践研究"获市政府基础教育成果二等奖。

第三节　启廉洁之蒙,养德性之正: 廉洁教育的探索与实践

当前,廉政建设是国家的一项重要工作。早在 2007 年,教育部就发出了《关于在大中小学全面开展廉洁教育的意见》,要求"从 2007 年起,在全国大中小学校全面开展廉洁教育"。2012 年,党的十八大明确提出,将廉洁教育纳入国民教育体系,使廉洁价值理念深入人心。2018 年 1 月,浙江省委教育工委、浙江省教育厅颁发了《关于全面推进"清廉教育"建设的实施意见》,进一步明确了廉洁教育的重要性。我们认为廉政建设的根基是每一个人都具备一定的廉洁素养。人的廉洁素养是教育培养出来的,而且必须从小加以培养,才有可能形成。古代思想家墨子曾说:"染之苍则苍,染之

黄则黄。"要想青少年健康成长,形成廉洁素养,将来做个奉公守法、廉洁自律的好公民,就必须通过廉洁教育进校园活动,将廉洁理念渗透到每一个孩子的心田之中。只有具备了廉洁素养,国家的廉政建设才有可能成功。正是基于这样的理念,开展廉洁教育刻不容缓。

一、风清气正,孕育廉洁良好生态环境

具体而言,学校将廉洁教育作为学生德育的重要面向,是基于以下几点考虑。

首先,学校开展廉洁教育受到"诚谨勤俭"百年校训的内涵引领。中城小学地处千年古城、慈孝之乡慈城镇中心,是一所有着悠久校史的老校,百余年来,凭借着"诚谨勤俭"的校训,培养了一批又一批的中城学子。他们之中既有像朱祖祥、李庆逵、颜鸣皋等这样的中国科学院院士,也有以应昌期等为代表的一大批实业家,学校有着深厚的德育底蕴。"诚谨勤俭"的百年校训,包含了丰富、深刻的德育内涵,如诚信、俭朴、自律、责任等。因此我们认为在中城小学开展廉洁教育有非常独特、深厚的廉洁文化基础。通过基于校训的廉洁主题教育,帮助学生从小在内心深处产生廉洁是一种社会美感,感受到腐败即是丑恶,廉洁即是美好,在内心里播种下廉洁的种子,实现廉洁教育的目标。

其次,廉洁教育是值得探索的德育新领域。根据核心素养培养要求,人的成长需要多方面的素养发展,其中就离不开廉洁素养的养成。因此廉洁是学生能够自我成长的一种需求。从这个角度来说,对于小学德育工作而言,廉洁教育是必须开展的一个全新的领域。在中小学中如何进行廉洁教育,对于绝大部分老师、学校来

说,比较陌生。因此在这样一个新的德育领域中开展实践研究活动,具有重要的意义。开展廉洁教育不仅需要我们去了解廉洁教育的内容体系,更要我们去探索有效教育的手段与途径,扫除中小学德育中相对空白的这一块领域。通过研究,我们发现,廉洁教育其实存在于学校所有的活动中,但需要进一步进行提炼和明确,使之成为我们德育工作的一条明线,从而进一步发挥廉洁教育的效能。

最后,廉洁教育能满足与学生日常生活无缝接轨的要求。德育本身是一种注重体验的教育,传统的德育最大的问题在于说教而非体验。说起德育,很多人会觉得枯燥无味,连教师都有这种感觉,何况学生,德育的效果可想而知。而廉洁绘本恰好能改变这种现象,它更符合小学生的年龄特征,使得廉洁教育与学生的日常学习生活能做到无缝接轨,做到教育无痕。廉洁绘本的创编,不仅能实现德育的趣味性,更能体现学生由内而外的自主性德育体验。学生能在绘本的创编中体验廉洁的含义,同时通过充满趣味性的绘本的阅读,养成关注德育、体验廉洁的主动性,并且将德育意识付诸实际行动。

综上所述,学校是开展廉洁教育文化的重要力量和必然选择。中城小学从实际情况出发,围绕学校的办学目标和办学理念,在百年校训"诚谨勤俭"引领下,挖掘学校校训中的廉洁内涵,在开展廉洁教育中把廉洁文化与慈孝文化以及"诚谨勤俭"百年校训深度融合,提出了"启廉洁之蒙,养德性之正"的廉洁教育目标,通过建设具有中城特色的廉洁文化氛围,推进基于课程的廉洁文化融合教育,构建廉洁教育活动序列打造学校廉洁教育体系,从而改变由外及内的德育现状,实现由内而外的有效德育目标,切实提升德育实效。

二、深度融合,基于课程感悟廉洁文化

为促使廉洁文化教育全方位、立体化推进,我们努力做好融合的文章,不断推进课程整合,开发廉洁教育资源,引领学生在课程学习中体悟廉洁文化。结合学校校情和小学生的认知特点,我们认为廉洁教育可以从慈孝教育、学科教学、成长体验三个角度,多方位链接配合开展。

(一)以"诚谨勤俭"为指引,梳理廉洁教育目标体系

为了廉洁教育在小学日常教学工作中落脚,使之卓有成效,我们认为廉洁教育的目标体系的建立既要紧紧围绕廉洁的核心内涵,也要充分结合学校的办学理念、校训,包括学生的日常行为规范。具体通过以下三个方面展开。

首先,要建立廉洁教育的目标体系,需要对廉洁内涵的基本素养进行充分的认识与理解,为廉洁教育目标找准"靶心"。廉洁一直是中华民族的传统美德,廉洁也是我们每一个人的一种素养。学生的核心素养包括多个方面,其中就有健全人格、自我管理以及责任与担当,廉洁显然也属于核心素养的具体范畴。廉洁包括一些基本的素养,具体来说包括人的自律意识、规则意识、诚信品质、勤劳朴实、谨言慎行等诸多品质。这些廉洁相关的素养都是我们廉洁主题教育的主要目标和落脚点(如图5-2所示)。

廉洁素养	"诚"——提倡"诚实""诚信",不搞弄虚作假;
	"谨"——提倡"谨言""慎行",不去恣意妄为;
	"勤"——提倡"勤劳""勤心",不会好逸恶劳;
	"俭"——提倡"俭朴""俭退",不求骄奢淫侈。

图5-2 校训廉洁素养主题解读

其次,结合校训挖掘廉洁内涵,建立廉洁主题教育目标体系。学校结合办学历史中生发的基本办学理念、教育思想,提炼出了"诚谨勤俭"的四字校训。在这四字校训中,蕴含了丰富且全面的育人目标,其中就有廉洁之要义。学校通过师生的广泛交流讨论,组织专家、骨干教师进行深入研究,对学校四字校训中内含的廉洁要义做了深刻挖掘,整理出了廉洁相关的一些基本素养。同时结合小学生的年龄特点,进行具体解释,明确并梳理出了廉洁主题教育的二级目标,具体如表 5-3 所示。

表 5-3　基于校训的廉洁素养框架

诚(与人交往的态度)	诚实:真诚老实【不撒谎、实事求是】
	诚信:说真话,做实事,反对虚伪【说到做到】
	诚心:真心诚意【交友方面】
	诚恳:真诚地恳求【求人帮助时的态度】
谨(自律)	严谨:形容态度严肃谨慎,不胡乱说话【学习上的科学求真态度】
	谨慎:对外界事物或自己言行密切注意【对自己说的话要自己掂量,对自己的行为要处处小心】
勤(生活习惯)	勤奋:认认真真、坚持不懈、积极、努力地工作或学习【学习上要刻苦】
	勤劳:辛勤劳动,做事尽力,不偷懒【做值日、帮助老师做事等】
俭(生活作风)	俭朴:俭省朴实【节约】
	廉俭:清廉节俭【自身平时的生活作风、不攀比】

最后,结合《中城小学学生日常行为规范守则》,进一步有效完善廉洁教育的目标体系。如果说前面基于校训挖掘的目标体系是抽象概括的,那么把目标体系结合在学生日常的行为规范、学习生活中,就使得廉洁教育目标有了落脚点,具备了生命力。我们把日常行为规范22条逐条进行分析,把有关廉洁品行、修养的条例进行

明确,在学生日常行为培养教育中加以重点关注,具体如表5-4所示。

表5-4 《中城小学学生日常行为规范守则》对应的廉洁目标

《中城小学学生日常行为规范守则》	对应廉洁目标
第五条:自己能做的事情自己做,主动承担力所能及的家务活	责任意识
第六条:认真做好班级值日工作,积极参加学校劳动	勤劳品质
第七条:遵守公共场所秩序,不插队,不喧哗	遵守规则意识
第八条:不乱扔垃圾,学会垃圾分类投放;不在公共设施上涂抹刻画	责任意识
第十二条:不说谎,不作弊;答应别人的事努力做到	诚实守信的品质
第十三条:使用他人东西先征得同意,借东西及时归还	诚实守信的品质

(二)与学校德育相融合,为廉洁教育增效

我们坚持育人为本、德育为先,努力寻找廉洁文化与慈城地域文化、学校精神、办学传统的契合点,从慈孝文化、校训、教学特色中寻找廉洁文化内涵,从而确立了中城小学廉洁主题教育目标体系。学校先后开展了"构建慈孝教育活动体系的实践研究""新时期榜样教育研究""'诚谨勤俭'小学廉洁主题教育研究""俭文化视野下小学生廉洁启蒙教育的时间与研究"等省市级立项课题引领下的内涵丰富的德育实践活动,将廉洁文化教育与学校德育进行了深度融合。

2006年起,我们以"责任、孝敬、和善"作为现代慈孝文化的核心目标,持续推进慈孝文化建设。通过开展责任之星、和善大使、慈孝之星等评选活动,让学生在树榜样、学榜样、做榜样的活动中培育廉洁品行。开展廉洁教育以来,我们把廉洁文化和慈孝文化深度融合,编写了廉洁教育教材《慈水涓涓》,组织教师编写廉洁教学设

计,制作了《清明与廉政》《一生倾听银元的声响》等廉洁教育录像。

(三)与学科相融合,挖掘课堂中的廉洁内涵

为了开展好廉洁教育,让全体学生能切实感悟、感知廉洁的内涵,全校老师利用"道德与法治"以及其他各个学科尤其是语文学科教学开展廉洁主题的融合性学科教学,我们围绕学校廉洁教育目标,梳理了语文、品德学科的教学内容,找到渗透廉洁文化的教学内容,并提出廉洁文化主题,开展相应的学科渗透活动,分年级专题设计了整合性课堂教学方案,每学期开展1—2课时的主题廉洁教学。我们还从学科教材中寻找法治教育的渗透点,努力在学科教学中渗透法治教育,培养学生的法治意识。

小学德育的主阵地在于"道德与法治"学科的课堂教学上,因此廉洁主题教育离不开品德课。开展融合性品德课教学,是实践的重要环节。全体品德课任课老师(以班主任为主)先后撰写了廉洁主题教学设计。每学期的主题教学活动通过有效的课堂教学,帮助学生感知、体会廉洁(如表5-5所示)。

表5-5　廉洁教育结合品德学科的典型教学设计

"诚"的教学设计					
课题	年级	课题	年级	课题	年级
"以诚待人"	一	"中城学子以诚为贵"	三	"廉洁,从诚做起"	五
"诚"	二	"诚在我心中"	四	"立诚树诚人之道也"	六
"谨"的教学设计					
课题	年级	课题	年级	课题	年级
"严谨细致"	一	"中城学子谨律谨立"	三	"千里之行从谨做起"	五
"谨"	二	"谨伴我行"	四	"治学严谨锐意创新"	六

续表

"勤"的教学设计					
课题	年级	课题	年级	课题	年级
"一双勤劳的手"	一	"中城学子以勤为本"	三	"廉洁从'勤'做起"	五
"勤"	二	"以勤为伴努力前行"	四	"天道酬勤"	六
"俭"的教学设计					
课题	年级	课题	年级	课题	年级
"做个节俭的孩子"	一	"中华传统勤俭节约"	三	"俭以养德从小做起"	五
"俭"	二	"俭伴我行"	四	"静以修身俭以养德"	六

例如,三年级"道德与法治"课的老师执教的一堂以"诚"为主题的廉洁教育课"中城学子以诚为贵"。全课分四个板块教学,不仅设计精巧,而且主题鲜明,课也上得生动有趣,非常吸引人,让学生深刻感知了"诚"在生活中的重要性,生活中人人都需要做一个诚实守信的人,教学效果非常好。

【第一板块】导入新课:故事新闻导入

《球星吻驴的故事》思考:巴克利这轰动全球的举动给了我们什么启示呢?(板书"诚")

【第二板块】感悟平台:感知诚的内涵

1.什么是"诚"? 诚:从字形上分析,"诚"字从言,成声。"成"意为"百分之百""完全"。"言"与"成"联合起来表示"百分之百的讲话""不打折扣的言语"。本义:实打实地说话。

2."诚"可以表现在哪些方面?(1)对国家来说,诚是(忠诚)。(2)对个人来说,诚是(诚实、诚信)。(3)对朋友来说,诚是(坦诚)。(4)对处事来说,诚是(诚心)。过渡:你看,简简单单的一个诚字,居然有这么多的内涵呢!其实,身为中城学子的我们,就应该谨遵我们的校训,做一个以诚为贵的人。

【第三板块】探究平台(一):诚实为人,诚信待人

1.我国是一个礼仪之邦,历来崇尚诚实守信的道德品质,自古以来流传着许多恪守信约的名言、典故。

格言篇。孔子:人而无信,不知其可也。孟子:车无辕而不行,人无信则不立。墨子:言不信者,行不果。韩非子:小信诚则大信立。

故事篇。《我不能失信》《曾子杀猪》《狼来了》。

成语篇。开诚布公;一言既出,驷马难追;推心置腹;拾金不昧;表里如一;诚心诚意;襟怀坦白;光明磊落;光明正大;开诚相见;开心见诚;信誓旦旦;信以为本;言而有信;言行一致;一诺千金。

2.同学们,其实在我们的日常生活中,在我们的身边,也有很多关于诚实守信的故事,你能来说一说吗?

3.诚实守信是为人做事的基本准则,是做人的首要之德。你看,在我们的中城校园里,就有这么一条诚信走廊(出示图片)。它让大家以"诚信"作抵押,随时取用长廊中的体育用品、学习用品和图书,其目的不正是培育我们的诚信品格吗?

【第三板块】探究平台(二):坦诚相待,诚心交友

1.真诚告白:你选择朋友的首要标准是什么? 为什么要选择这样的人做朋友?

2.案例展示:如果你就是小华,你会怎么做? 总结:在我们生活中,很多时候都会存在这样的冲突,当发生冲突的时候,你诚心实意地替他做出清醒的判断,对于好友所犯的错误不包庇,不纵容,你才是一个真正合格的好朋友。

【第三板块】探究平台(三):忠诚为国,廉洁自律

1.颜鸣皋简介:提到忠诚为国,我们不得不提一个人,那就是颜鸣皋先生。颜鸣皋是中国科学院院士,我国著名的科学家。他是位报效祖国的大孝子,在我们的校本教材《慈水涓涓》里就有一段关于他出国归国的故事。

2.学生结合《慈水涓涓》,自读颜鸣皋的爱国事迹。

3.交流体会:同学们,你们读了颜鸣皋爷爷的爱国故事,一定感触很深吧? 谁来说一说你此时的感受?

4.拓展:其实,在这本书里,还有很多关于忠诚为国、廉洁自律的名人事迹,不妨在下课的时候找一找,大家相互讨论下。

【第四板块】实践平台:内化主题,创编绘本

通过今天的学习,想必每个同学对诚又有了新的理解,谁能来谈谈? 把这节课的感悟,以绘本的形式表现出来。要求:(1)联系诚的含义,选择其中一方面作画。(2)结合日常生活实际,富有教育意义。

我们还将语文课和廉洁主题教育相融合（如表5-6所示）。当然，虽然不是所有语文课都适合，但是确实有较多的课文直接涉及廉洁素养。实施中，先梳理符合廉洁主题的课文，比如《吃水不忘挖井人》体现了感恩、真诚的可贵品质，《桥》阐述了诚信的重要性，等等。教师的课上得精彩，学生在学习文本的同时，理解了廉洁的内涵，感知廉洁的效果特别好。

表5-6　廉洁教育结合语文学科的典型教学设计

课文	年级	课文	年级	课文	年级
《吃水不忘挖井人》	一	《一面五星红旗》	三	《桥》	五
《千人糕》	二	《万年牢》	四	《一夜的工作》	六

例如，四年级有一篇课文叫《万年牢》，很多教师经常用它来上公开课，因为这篇课文蕴含深刻的廉洁主题思想。通过四年级语文老师的精心设计，《万年牢》公开课的课堂效果非常理想，是一节典型的语文和廉洁主题教育相融合的课堂。以下是这节课关于廉洁主题教育的教学片段。

> 1.品读语句，体会父亲特点。（主问题：父亲是怎么做糖葫芦的？）
>
> 2.师：了解一个人，光了解他的经历是不够的，接下来，让我们进一步走近这位父亲。
>
> 3.第二段：从父亲挑选果品的动作"洗干净""去了把儿和尾儿""挑出来""晾晒"体会"一丝不苟""选料精良"；从"最好""上等"体会"要求严格""态度真诚""质量保证"。
>
> 4.引导：做生意的人都会想办法降低成本，多赚钱，父亲这么高标准、严要求地选择果品，可见他不是单纯地为了赚

钱,他这样做是为了_____。(让顾客满意、做好自己的品牌、保证糖葫芦的质量。)

5.第四段:从"甩出长长的糖风""好像聚宝盆上的光圈"体会"手艺高超"。教师小结:"我的糖葫芦糖蘸(zhàn)得均匀,越薄(báo)越见功夫,吃一口让人叫好,蘸出的糖葫芦不怕冷不怕热不怕潮,这叫万年牢。"

6.谈体会:万年牢其实就是我父亲_____。(预设:制作糖葫芦的品牌、质量、要求、标准、态度……)

7.第六段:抓住父亲的态度、语言,从而体会"态度真诚""坚持原则""讲究信用"。教师小结:"在大字号工作,父亲仍像过去那样态度真诚,坚持原则,宁愿失去体面的工作,也要(凭着良心做买卖)。他总是这样告诫自己(读父亲的话)他总是这样告诉顾客(读父亲的话)。"

8.从中你又体会到,万年牢其实就是我父亲_____。(预设:做生意的良心、诚信、原则。)从中你又体会到,万年牢其实就是我父亲_____。(预设:人生的态度、做人的品行。板书:人品。)

此外,围棋、京剧是中城小学的教学特色,我们还将廉洁与特色教学相融合,挖掘学科里的廉洁元素。围棋的大局观、得失观等棋理棋规中蕴含了丰富的廉洁文化内涵。京剧中有许多忠心爱国、反腐倡廉的曲目,还有像周信芳等京剧大师勤奋学戏、抗日爱国的事迹。我们在围棋学习中引领学生遵守规则,培育"黑白分明、落子无悔、不得贪胜"等廉洁品行;开展"小麒童唱廉洁"戏曲传唱活动,让学生在学唱京戏、学习京剧艺术的过程中,感悟廉洁文化。

（四）与成长体验融合，培养学生廉洁品行

在推进廉洁教育与课程融合，打造廉洁教育课程的同时，我们还致力于不断丰富与廉洁教育密切相关的特色活动，培养学生的廉洁品行。

1. 诚信之旅，让廉洁扎根儿童的心灵

"诚信之旅"就是让每一位学生制作一张"诚信卡"。诚信长廊、开放式书柜等放着的图书、学习和活动用品，学生可以凭借"诚信卡"任意取用，用完后完好无缺地归还到原处。我们还根据实际情况，增设了诚信小超市。诚信小超市采取无人值守的方式，像是一个自动贩卖机，内设同学们平时学习会用到的物品，如校徽、铅笔、橡皮、胶水等。采购员、整理员、记账员都由学生自己担任。通过这些活动，引领学生在用诚信做"抵押"的过程中懂得自律，学会"慎独"。

2. 多方位链接，让廉洁丰富儿童的生活

学校立足孩子的成长环境，开展多方位的生命链接活动，使学生在思想感情上产生学榜样、做榜样的愿望，处处践行"诚谨勤俭"的校训，并以小手牵大手影响家长树立廉洁意识。

廉洁教育多年来已经成为中城小学德育课题的一项重要内容，依托本地古镇廉洁教育资源，学校不断转变观念，加强廉洁教育在学校校本课程中的重要作用，将廉洁教育纳入学校的毕业课程之中。学校组织每一届的六年级毕业生走进慈城清风园，通过实地观察学习，身临其境感受廉洁奉公的精神。在临别学校之际，此项活动让同学们在心灵深处感受了一堂生动、有意义的廉洁教育课，同学们也写下了自己的内心感悟，为毕业生们思索人生、树

立志向、修炼品行指引了方向,为未来的人生之路奠基。

学校通过组织学生欣赏廉洁电影、推荐廉洁书籍等活动,让学生在与文本对话中感悟廉洁文化;通过红领巾讲堂、国旗下讲话等平台,链接伟人故事开展廉洁主题讲话,让学生在故事中感悟廉洁;学校通过组建家委会,成立家长志工团,让家长参与到学生成长教育中,搭建母亲素养工程、家长会、家长课堂等平台,向家长们宣传廉洁,小手拉大手,家校共育,共树"好家风"。江北教育微信公众号的爱"廉"说栏目刊登了中城小学廉洁事迹,走进了中城小学学生周梓涵的温馨家庭与所在班级,为我们树立了好班风、好家风的楷模。

3.微电影行动,让廉洁插上飞翔的翅膀

相比起传统的说教,微电影是一种更好的德育工作形式,优秀的微电影作品虽然不长,却蕴藏着令人回味无穷的道理。我们结合学校社团活动,尤其是学校的微电影社团,组织学生利用社团时间,编排廉洁话剧,拍摄廉洁微电影,开展讲廉洁故事比赛、廉洁辩论赛。中城小学学生利用假期拍摄了《探寻廉洁之旅——慈城古县衙》微电影,并且把拍摄的微电影带到学校和同学们分享,让同学们在古县衙旧址中感受到了廉政建设的遗风,领悟到廉洁品行的重要性。清风园是位于慈城的全国第一批廉政教育基地,这里的清廉文化源远流长。学生组成的"红色行动"小分队,利用假期时间到此参观,将拍摄而成的微电影进行剪辑制作,将此作为廉洁教育的教学资源,感染其他学生,让他们感受、体验高质量的廉洁思想教育。

4.故事创编,让廉洁内化于心、外化于行

为了进一步让廉洁内化于心、外化于行,我们开展了创编廉洁绘本的"小手绘廉洁"实践活动,再进一步梳理了校训、学生守则和行为规范等蕴含的廉洁含义,从四字校训出发初步形成了绘本创编目标与内容定位。

我们认为各年级学生学习特点存在差异性,绘本制作的内容定位也应该存在不同。

> 低年级:
>
> 1.激发和培养学生制作廉洁绘本的兴趣。对于低年级小朋友,我们主要以树榜样的方式来激发和培养其制作廉洁绘本的兴趣,就是通过学期末的评先进,比如廉洁小标兵,来进行表彰,树立榜样。
>
> 2.能从自己的校园、生活出发,寻找身边的廉洁小故事。主要从小朋友平时的人际交往、学习生活等场景中来寻找素材,比如和同伴一起玩游戏当中体现出来的诚信,家里吃穿用度当中感受到的勤俭节约品质等,都可以作为绘本的具体内容。
>
> 3.能在家长的指导下绘制简单的廉洁小故事。低年级孩子,无论是其想象能力还是绘本能力,都是比较欠缺的,因此我们允许并且鼓励家长一起参与合作,这样同时也能使我们的家长受到一定的廉洁教育。
>
> 中高年级:
>
> 1.培养和激发学生制作廉洁绘本的兴趣。因为是中高年级学生,我们主要是通过班级和学校层面的展示来激励,在学校的廉洁长廊中展示他们的作品。还有一个很重要的

激励方式是把绘本制作成书,把一些优秀的作品选入《日日清廉》笔记性读物当中,激发学生们创编绘本的欲望。

2. 能引经据典,从慈城、宁波等大范围中找出经典廉洁故事,有创意地改编绘本。到了中高年级,我们不再局限于身边的人和事,要求学生们可以借鉴家乡的一些名人故事,尤其是慈城全国廉政教育基地清风园中的一些故事,进行创意式的改编。

3. 能独立完成不同形式的绘本故事集。要求学生自主独立完成,有利于学生内心的廉洁体验能真实地得到表征和外显,促使学生将廉洁进一步内化,有利于学生廉洁素养的养成。

我们认为只有找到贴合学生兴趣和特点的抓手,教育才能收到预想的效果。因此,我们引领学生从图书和生活中主动发掘体现廉洁文化的人和事,并让学生通过编故事、画绘本等个性化的方式表达出来,真正让廉洁文化入脑入心。

一年级三班方同学是这样理解诚实的,她说:做一个诚实的人就是要说真话,做一个诚实的人,大家都会信任她;当你把不属于自己的东西还给别人时,你就是一个诚实的人;当你向别人承认错误时,你就是一个诚实的人;当你说"我已经玩过一次时",你就是一个诚实的人;当你知错能改时,你就是一个诚实的人。二年级三班的郑同学通过绘本《自律的小姑娘》讲述了自律的故事,认为父母不在家时,自己能合理安排时间,自觉有序地完成各项作业,自己就是一个自律的人。六年级二班的阎同学通过绘本来说明做人不能贪图小便宜。通过绘本,学生把对廉洁的理解生动地表达了出来,自律、有责任心这些可贵的品质就像一颗颗种子播种到了学生的心田。

目前,我们组织学生把自己对于廉洁的理解通过绘本的形式画出来,把学生作品制作成了《日日清廉》笔记性读物。笔记本分"诚""谨""勤""俭"四个主题,每个主题都用优秀的作品编辑成绘本,对应春、夏、秋、冬四个季节,共365天,每天插入一页学生廉洁绘本,对应一页学生笔记。给每个作者发一本,也给全校所有评上先进的学生(责任之星、和善大使、慈孝之星、三好学生)发一本,让学生在使用笔记的过程中,能天天看到廉洁绘本,日日清廉,受到廉洁教育。

三、"清"风拂校园,"廉"花开遍地

(一)提升了中城小学学生的廉洁素养

通过廉洁教育系列活动的开展,尤其是组织学生开展"小手绘廉洁"活动,中城小学学生的品德修养明显得到了提升,绝大多数学生受到了廉洁主题教育活动的影响,具备了一定的廉洁素养,内心深处播种下了一颗颗宝贵的廉洁种子。

学校每个学期根据学生在各项廉洁主题活动当中的行为表现,评选出一大批廉洁小榜样,他们有的被评为"廉洁小标兵"(每班每学期一名,一学期共26名),有的被评为"慈孝之星"(每班每学期一名,一学期共26名),有的被评为"和善大使"(每班每月一名,一学期共104名),还有很多同学都被评为班级"责任之星"(每班每周一名,一学期520名左右)。每个学年共计会产生650名左右优秀学生榜样。这些荣誉的评比不仅肯定了这些学生优秀的品德表现,更会促进他们进一步提升自己的品德修养,引领全校同学

践行廉洁。

廉洁绘本创编,不仅提高了学生的绘画能力、创作能力,也提高了学生在绘本创作中的整体构思能力,进一步发展了自己的想象能力、创新能力。同时通过对绘本的交流互动,也有效促进了语言表达能力、综合实践能力、沟通交流能力等。最为重要的是,通过廉洁绘本活动的开展,外显了孩子们本能向善的美好品德,对于学生养成廉洁素养有着极大的促进作用。我们很多的绘本,尤其是低年级的绘本是孩子们和家长一起合作完成的,因此这种廉洁教育也有效地辐射到了家长,为进一步推动家校共育,树立"好家风"打开了新思路。

(二)汇聚了一批优秀的表征廉洁绘本

通过课题的研究实施,产生了一大批学生创作的绘本。这些绘本虽然出自稚嫩的孩子之手,却极具原创性。绘本描绘的都是孩子身边的故事,而且很多绘本具有中城小学地域特色,学生看了非常亲切,可读性非常强。这些绘本内容丰富,形式各异,从主题上可以分为"诚"字篇、"谨"字篇、"勤"字篇、"俭"字篇,从选材上可以分为"身边的故事""慈城的故事""学校的故事""家里的故事""社会的故事"等。

(三)筑设浓厚的校园廉洁文化氛围

为了利用好成果,我们善用廉洁绘本笔记性读物《日日清廉》,使之成为学生图书馆、宣传窗上随处可见、随处可阅的儿童读物。同时学校继诚信长廊、慈孝课程等德育平台之后,创建一个新的德育平台——廉洁长廊,专门展示学生创编的各种主题的廉洁绘本、邮票,并定期进行更换,使更多的学生作品有展示的机会。在校园环境中构建廉洁文化,与学校相关廉洁教育活动体系相配合,形成廉洁主题活动的常态化,最终使廉洁文化成为校园文化的重要组成部分,使每一位中城学子心灵得到浸润。

(四)深化了中城小学德育品牌建设

2015年,中城小学就已开展校园廉洁教育,在原有的德育体系中拓展了德育新内容,进一步开辟了学校德育工作的新途径。随后学校申报了宁波市德育课题并获得了市德育课题二等奖。课题实施以后,通过学生廉洁绘本的设计绘制、介绍、宣传,学校在廉洁教育方面的成果在区内外产生了一定的影响力,学校的廉洁教育成效获得了上级有关部门及兄弟学校的肯定。学校承接过江北区校园廉洁教育现场会。全国各地教育局相关领导来中城小学考察廉洁绘本主题教育。来参观的专家、同行对中城小学的廉洁绘本及廉洁育人主题活动赞不绝口,充分肯定了学校廉洁教育的成效。

通过廉洁文化教育的渗透,学校的德育品牌建设得到了进一步提升。学校《故乡情怀:丰厚学生生命亮色——浙江省宁波市中城小学慈孝教育、榜样教育、行走教育成效显著》《电光声影里的教育世界——浙江省宁波市中城小学用"微电影"开启校园德育新视界》等文章在《德育报》上发表;校本课程"慈水涓涓""信芳京韵"先后获评浙江省中小学精品德育课程;廉洁文化指引下的多篇课题在省、市、区级获奖:课题"梦的起航——小学微电影行动的实践研究"获省教育科研优秀成果二等奖、市一等奖,课题"新时期小学榜样教育的研究与实践"获市教育科研成果奖二等奖,课题"'诚、谨、勤、俭':小学廉洁主题教育的行动研究"获宁波市教科优秀成果二等奖,课题"'俭'文化视野下小学生廉洁启蒙教育的实践与研究"获市德育课题优秀成果二等奖。

在宁波市首次校长交流会上,学校进行"创优质典范,促最优发展"的工作汇报,交流学校廉洁教育成果,进一步为宁波教育高质量发展贡献了中城的力量。学校也先后获评宁波市法治宣传先进单位、宁波市依法治校示范校、宁波市德育工作先进集体、宁波市廉洁教育示范校,《人民日报》、"学习强国"等媒体先后宣传了中城小学京剧、慈孝、廉洁等学校特色,极大提高了学校的知名度,进一步提升了百年中城的社会美誉度。

第四节 厚植家国情怀,深塑品格修养: 生命教育的探索与实践

生命教育是素质教育下出现的一种具有综合性的教学形式,内含多种课程的影子,德育作为实现立德树人根本任务的主要路径,在其中也发挥主要功能。因此,生命教育应该是教育的第一线,要引导学生正确认识"生命与自我、生命与他人、生命与社会、生命与自然"的关系,养成尊重生命、珍惜生命、理解生命从而实现自我生命价值等良好的生命品质,逐步建立健康的人格,具有积极向上的世界观、人生观和价值观,为学生的健康成长、良好发展奠定基础。生命教育的重要性不言而喻。

首先,生命教育基于时代的要求。20世纪90年代中期,生命教育开始在我国兴起。《国家中长期教育改革和发展规划纲要(2010—2020年)》明确提出"重视生命教育",并将其与国防教育、安全教育等相并列,把生命教育提高到国家层面。2021年7月,中共中央办公厅、国务院办公厅印发《关于进一步减轻义务教育阶段学生作业负担和校外培训负担的意见》,要求减轻义务教育阶段学

生作业负担和校外不合理的学业负担,提升课堂教学质量,增强新时代教育全面育人的整体效能。文件中明确提出要坚持学生为本,着眼学生身心健康成长,积极回应社会关切与期盼。

其次,生命教育源于社会的呼唤。从当前社会现状看,社会上不少人表现出对人生意义的淡漠与对生命的不珍惜,缺少效率意识、拓展精神与创造能力,造成人力资源的严重浪费,影响国家经济建设与社会发展进步。同时,由于信息技术的变革,学生在三观未定、是非观不健全的情况下接受了空前巨大的信息量,给社会稳定埋下隐形炸弹,长此以往后果不堪设想。

最后,生命教育关乎个体的需要。其一,是塑造学生健全人格的需要。一个人只有具备了健全的人格和健康的心理,才能实现言行合一,成为一个具有良好品质的生命主体。小学阶段是学生身心发展的关键时期,同时也是对其进行健全人格培养的黄金阶段。在小学阶段对学生进行生命教育,就是在引导学生正确认识生命的基础上,实现对自身身体健康、心理健康、情感意识、行为习惯以及人格塑造的关注,使其能在学习、生活过程中有意识地进行健康身心、健全人格的自我培养。其二,是培养学生关爱生命这一良好品质的需要。在小学生命教育中,关爱生命是最为基础的教育理念,而这里的生命并不是狭义上自身的生命,同时也包括他人的生命以及所有生命。而在培养学生关爱生命这一品质的过程中,就会使学生对自身周围的人、物产生良好的情感,从而逐渐形成乐于助人、宽容理解的良好品质,有助于学生道德意识以及人际交往能力的培养与提升。其三,是增强学生的生活、生存能力的需要。生命是个体发展的基础,一个人只有在社会生活中能生存、会生活,才能获得良好的生命体验。因此,在对小学阶段学生进行生命教育的过程中,教师不仅应对学生进行自我保护能力的培养,使其有意识、有能力避免或减轻对自身及他人的生命的伤害,同时也应注重对学生进行多种能力、技能方面的教育,使其能更加迅速地适应未来社会生活,为其今后健康全面发展奠定基础。其四,是激发学生内驱力的需要。内驱力是相对外驱力而言,相比于外在的要求和期待,拥有内在的、自发的、向上向善的动力才是人成长的必备条件,这也和中城小学的育人目标不谋而合。好的生命教育能让学生在感受生命平等、伟大的同时敬畏一切生命,也能让学生被生命力量感化的同时自觉化为内在的、向上的驱动力,来面对未来未知的生活,这也是生命教育熠熠生辉的地方。

德育是渗透生命教育一个重要的教育渠道,关注生命意义,培养生命意识,感受生命美好,展示生命精彩,在德育活动中渗透生命教育是一种责任。结合小学生的身心特点及校内外的相关资源,中城小学在德育活动中主要依托以下三部分展开对学生的生命教育。

一、红色寻根找寻生命

慈湖苍松萦忠魂,埋头执笔追真理,云湖热血见初心,革命自有后来人。如今,战争的硝烟早已散去,历史翻开了崭新的一页。千年古镇,慈孝之乡——江北慈城依旧有着红色这一历史底色。这种底色承载着先烈艰苦奋斗的革命精神,是我们伟大民族精神的有力支撑:留守阵地英勇牺牲的朱洪山烈士、追求真理笔耕不辍的冯定先生、在动荡年代创办半浦小学的孙衡甫先生、在云湖抛头颅洒热血的三五支队……饮水思源,慎终追远,虽然英雄离我们远去,但他们的精神永存,是一种取之不尽的生命能量。

(一)清明祭英烈,感生命来之不易

清明节祭扫英烈是学校的传统德育活动,在清明节前夕,学校会组织五年级的师生一早从学校出发,穿过慈湖,约十分钟就能到达慈湖革命烈士陵园,这里曾经也叫朱洪山烈士陵园。活动主要的流程有向烈士墓默哀一分钟,学生代表敬献花篮,退休教师讲话,学生代表发言并带领全体学生宣誓,瞻仰烈士陵园并敬献亲手制作的小白花等。

活动的流程虽然简单朴素,但也是学生与先烈生命历程的一种碰撞。在慈湖革命烈士陵园还叫朱洪山烈士陵园的时候,很多学生对朱洪山并不了解。于是,在祭扫活动前,教师会对学生介绍朱洪山烈士的生平,通过讲故事的方式,一个勤奋好学、关爱他人、勇敢乐观的朱洪山就印在了学生的脑海里。有了前期的熏陶,为烈士做一朵小白花就变成了学生自主自发自愿的行动,既有情志上的自觉,也有实践中的统一,让学生从做一朵小白花开始向烈士的生命表示敬重。在活动最后——瞻仰烈士陵园环节,师生拾级而上,墓碑上简单的文字和数字也触动着学生。在一次活动中,我听到同行的学生说了这样一句:"这个烈士才19岁就牺牲了。"19岁比他大不了多少,还没有感受人生世俗的美好,就为了祖国的明天匆匆离去,这种将心比心的心灵触动是发自内心的。

一年又一年的清明祭扫活动,因深挖其中的精神含义而变得更能唤醒学生见贤思齐的内驱力,感悟生命的来之不易。

(二)整合校园资源,述生命平凡故事

学校善于挖掘、整合校内外资源,搭建德育路径,实现通力合作。近年来,学校将位于2号楼一楼和4号楼连接处的阳光房进行整体设计及装修,并取名为"红旗教育馆"。馆内陈设有中国

共产党党史、社会主义核心价值观、小英雄事迹、长征二万五千里历程、改革开放以来我国取得的辉煌成绩等内容。高年级的学生经过培训、考核成为红领巾讲解员,为有需要的同学提供讲解服务。一年级的入队学习,重温党史主题队活动,高年级的"红色的历程"语文综合性学习等都会在此进行。"红旗教育馆里我印象最深的是党的数次全国代表大会。这一次次会议让我又激动又兴奋。党在每一次全国代表大会上都提出了正确的奋斗目标并为之努力,我认为这正是共产党能让中国人民从站起来到富起来到强起来的根本原因。"参观完红旗教育馆的叶同学如是说。

除了硬件设施,学校还积极组建讲师团队,定期邀请市红领巾宣讲员、区新四军研究会讲师、老集邮家、家长志愿者等在相关节庆日为学生带来红色主题讲座、邮展、老物件展等。这些活动丰富了学生德育活动的形式,增强了趣味性,力求用学生喜闻乐见的方式将"传承红色基因、争做时代新人"浸润在每一个学生的心田。"这个新安旅行团的团员出发时,每个人只带了一只包、一双草鞋和不多的钱。他们翻山越岭来到了许多地方,走了大半个中国,路程比长城还长,没有粮食时,每天只能吃一些野草来充饥,吃不饱穿不暖。但本来只有14位成员的他们的队伍,回来时已成了60人。他们为了我们能安定地生活,每到一个地方都组织一个抗日儿童团故事,而且他们在旅途中还坚持学习!"听了区新四军研究会胡爷爷讲述的新安旅行团,李同学被团员们这种热爱祖国、热爱人民、坚持不懈的精神深深感动。

(三)社会实践活动,悟生命别样意义

寒暑假学校的大队部都会设计适合少年儿童成长的社会实践,其中,寻访红色足迹是中城小学的常规活动。该活动引导学生向周边、向宁波、向故乡出发,走进红色资源丰富的爱国主义教育基地或场馆,参与寻访、体验等活动。2021年9月,宁波市教育局正式向外公布11条"寻访红色足迹,传承红色基因"红色研学精品线路。江北的主要参考地点为慈湖革命烈士陵园、真理园、半朴园研学营地和云湖初心研学基地,这些都在慈城周边。因此,中城小学可以以此为抓手,从江北出发,向其他地区深耕。

在多年的实践过程中,有的孩子参观了慈湖革命烈士纪念馆,感受到今天幸福生活是无数革命先烈用鲜血换来的,因此,要好好学习,锻炼好身体,将来报效伟大的祖国;有的孩子前往真理园,认识了中国马克思主义的先驱,名副其实的教育家、革命家冯定先生,了解了他孜孜不倦的一生;有的孩子参观了应修人故居,感受到应修人的一生是短暂却不平凡的,他被五四的号角唤醒,默默前行,在中国革命史和现代文学史上,留下了光辉和不朽的一页;有的孩子参观了云湖初心研学基地,金沙岙战斗纪念碑记录着三五支队在这里浴血奋战的故事;还有的孩子参与了四明山小战士一日体验的活动,更切身地感受到革命的艰辛。

二、"三礼"教育认可生命

开笔礼、成长礼、毕业礼是中城小学的"三礼"教育,这三个时期是学生成长的重要节点,也是学生成长路上浓墨重彩的一笔。学校地处慈城镇,曾借北侧的孔庙办学87年之久,为了更好地开展"三礼"教育,学校还利用地域优势,将开笔礼和成长礼放在孔庙进行。为一年级新生举行开笔礼启蒙活动,通过亲点朱砂、诵读经典、启蒙描红,讲解"人"字的深刻含义,在传统礼仪中渗透了德育文化;为四年级的学生举行成长礼,要求学生通过鞠躬行礼来感念师者传道授业解惑之恩,和父母互写家书来感恩父母含辛茹苦养育之恩,从而引导学生孝敬父母、尊敬师长,做有责任感的好少年;在毕业礼上,用一台自编自演的汇报演出、一次毕业仪式和一次廉洁基地研学让即将毕业的六年级学生展示六年成长的风采,明白为人处世的道理。

(一)开笔礼:朱砂启智

"开笔"是中国传统上对少儿开始识字学习礼仪式的称谓,是一种流传久远,并且融合了心理学的儿童启蒙教育形式。举办开笔仪式,就是希望通过这一传统的方式,让准备进入求学阶段的小朋友,体会到古代开笔礼庄重的气氛,了解中华民族的优秀传统文化,为日后形成正当的行为规范和高尚的道德情操奠定基础,也使慈孝之风在慈孝之乡源远流长。中城小学开笔礼流程如表5-7所示。

表 5-7　中城小学一年级新生开笔礼流程

地点	活动主题	具体内容
大成殿	开场引言	学生们步入大成殿,排成四列纵队,准备举行仪式
大成殿	介绍孔子	在主持人的带领下三拜孔子像
大成殿	朱砂开智	主持人介绍"朱砂开智"的传统,由校长、退休教师和班主任用朱砂在学生额头正中点上红痣
大成殿	赠礼送福	校长及退休老师为学生代表颁发校徽,并送上入学祝福与期望
明伦堂	学习经典	由老师带领学生读一读《三字经》,而后由书法老师带领学生练写"人"字,写好"一撇一捺",学好"一言一行"
泮池	平步青云	学生排成两列纵队,在老师的带领下跨过正对学宫的青云桥,绕泮池一周,并在讲解员带领下参观孔庙

开笔礼活动，既让新生们感受到传统文化的魅力，也得到了身份的认可。学生认识到自己是一名小学生了，要在中城小学勤学苦习、尊师孝亲、崇德立志、仁爱待人、健康成长。

（二）成长礼：感念恩情

子曰："兴于诗，立于礼，成于乐。"幼儿养性、童蒙养正、少年养志、成年养德，古时童蒙养正以读圣贤之书培养孩童中正平和的心性与习惯。"礼者，敬而已矣。"因此，在 10 岁这个生命的重要节点，以古朴庄重的成长感恩礼来培养与斧正孩子的生活、学习习惯，以礼的秩序与诚敬给孩子添敬畏之心，以德音雅乐沐化戒骄戒躁，培养孩子平心静气的从容心态。成长礼的主要流程如表 5-8 所示。

表 5-8　中城小学四年级学生成长礼流程

活动主题	具体内容
穿汉服、写家书	学生提前穿好汉服，班主任提前收集好父母给孩子的信
正衣冠、识礼数	国学老师进行汉服知识、礼仪知识的宣讲 1. 汉服由来和发展、汉服体现的品德 2. 天揖礼、跪拜礼、成长礼与束脩礼的由来和意义
举行成长礼	1. 静听净手静心、整肃衣冠 2. 束脩拜师：礼拜先贤 3. 感念恩师：学子奉茶 4. 学子聆训：校长成长寄语 5. 成长展望：家长代表寄语、学生代表发言 6. 家长和学生互读书信 7. 诵读经典、击鼓明志
礼成、归校	班级合影、共享成长喜悦，结束活动，步行返回学校

如果说开笔礼时的孩子尚且懵懂,那么成长礼中就能明显感受到学生因年龄的变化而展现出的生命成长,特别是读父母书信环节,很多学生都流下了真挚的眼泪,许多家长的眼眶也红了。这种感动是发自内心的,这封书信也是值得珍藏的。在后期的击鼓明志环节,学生都大声表示了自己的志向,除了做老师、医生等,还有学生想当兵、做消防员。每一个梦想都值得守护,每一种生命都值得记录。

(三)毕业礼:扬帆起航

毕业礼作为学生小学阶段的句点,承载的是学生六年的成长。经过活动优化,毕业礼已从一场简单的仪式拓展为"三礼"教育的重要组成部分,主要由前期准备、中期拓展及后期典礼汇报三部分组成。

在前期准备中,由班主任整理学生六年成长的点滴,事先设计好毕业纪念册,并由学生自编自导自演一场文艺汇报演出。

到了中期拓展阶段,学校利用地域优势,带领学生参观全国廉政教育基地清风园及包含冯定纪念馆在内的真理园,呈现别开生面的廉洁教育和追寻真理教育。特别是冯定纪念馆,它坐落在第六批全国重点文物保护单位——布政房建筑群内,是慈城太湖路边的一处明代古建筑,明代万历年间任湖广布政使的冯叔吉的故居。这里记录着我国马克思主义哲学家、教育家、革命家冯定的童年和少年时代。这个总建筑面积5000余平方米的红色阵地陈列着珍贵的冯定手稿、著作和其生前使用的物品以及照片等历史资料。除了参观,学校还安排了学生代表作为小讲解员,带领同学和老师回顾冯定感悟真理、追求真理、传播真理的进取的一生。

最后的典礼及汇报演出讲求朴素而隆重,由校长亲自为每一位毕业生颁发毕业证,由毕业生代表为任课老师敬献祝福,特别是最后的汇报演出,合唱、舞蹈、书法、古筝等呈现的都是学校社团训练的成果。孩子们用自己的表演诉说着对母校的感谢,对老师的感激,为自己的小学生活画上弥足珍贵的一笔。

三、走读研学拓宽生命

研学活动由学校、有资质的机构等部门根据区域特色、学生年龄特点和各学科教学内容需要,组织学生在与平常不同的生活中拓宽视野、丰富知识,加深与自然和文化的亲近感,增加对集体生活方式和社会公共道德的体验,提升中小学生的自理能力、创新精神和实践能力。研学活动打破了常规课堂的界限,让学生"带着问题上路,满载收获而回",是提升小学生核心素养,拓宽学生生命体验的有效途径。走读研学利用课堂外一切适合学生的资源进行,中城小学主要从校内与校外两个方向进行。

(一)校内研学,内生"聆听中城"

对于底蕴深厚、自有资源丰富的学校而言,可以发挥校内优势,开展校内研学课程,优化校内资源,丰富学生的校园生活。

在一代又一代中城人的不懈努力下,篆刻校训的水幕墙、专业的围棋教室、中国流布局、名人长廊、慈孝长廊、抹云小书吧、红旗馆、慈园、调鼎书法社、小邮局、小超市等纷纷成为校园的小景点,美化着校园。校园环境的变化也是教育者践行当下教育理念、深挖中城办学沿革、解读学校周边资源的最好证明。中城小学校内研学课程安排如表5-9所示。

表5-9 宁波市中城小学校内研学课程安排

主题	研学地点
黑白世界·天地奥妙	围棋布置、围棋教室、中国流布局
诚谨勤俭·中城精神	水幕墙、诚信长廊、清廉园
慈孝故里·再话慈孝	慈孝长廊、道德讲堂、抹云小书吧
先锋事迹·榜样引领	红旗馆、名人长廊、队室、名人雕塑、校史馆
劳作乐趣·方寸精彩	慈园、小邮局、诚信小超市
艺术之花·绽放中城	京剧教室、美术教室、调鼎书法社

其中,"劳作乐趣·方寸精彩"就是富有校园特色的劳动教育主题研学,以校园内的慈园、小邮局和诚信小超市为基地展开活动。慈园是校内的微盆景劳动园,配有基地、花木、工具等,学生可以在老师的指导下,对盆景进行栽培、修剪、维护,在劳动中创造美,体验劳动的快乐。小邮局是学校开展集邮活动的重要基地,小邮局由学生担任营业员,在市邮政辅导老师的指导下开展营业,负责售卖邮品,给联谊的少年邮局写信,在节假日等时间节点组织庆祝活动。诚信小超市设立的目的在于增强学生诚信,以切实解决学生基本学习用品在校内购买难的问题,主要售卖铅笔、橡皮、尺子、记号笔、校徽等学生日常使用的物品,采取"无人值守,自助购物"的形式,学生根据需要随时前往,根据标价购买后自主投币,内设有理货员、记账员等岗位,每日盘账,一周清算欠款上交学校总务处。根据学生的年龄特点和中城小学的实际情况,该研学课程设置目标如表5-10所示。

表 5-10　中城小学校内研学课程"劳作乐趣·方寸精彩"课程目标

学生阶段	微盆景	小邮局	诚信小超市
低年级	1.了解并背诵二十四节气 2.能欣赏微盆景植物并学会浇水等基本养护技能,对微盆景感兴趣	1.初步了解邮品及其作用 2.有集邮的装备,在老师指导下初步开展集邮活动,有集邮的兴趣,了解护邮的知识	在自己有需要的时候光顾小超市并诚信购物,看到不诚信的行为敢于指出
中年级	1.了解每个节气的特点;认识微盆景植物,了解微盆景植物的特点及微盆景的艺术和社会价值 2.能下地种植小苗;学习初步的田间管理;能初步掌握微盆景的制作流程;在园艺师帮助下尝试修剪	1.了解邮品的发展历程和集邮的方法 2.在老师指导下能有针对性地开展集邮活动,并能设计简易的邮品。学会写信的格式 3.了解简单的邮局营业技能	给小超市提出建议,比如小超市可以进哪些货供学生买等。有个别同学可以申请岗位实习
高年级	1.学习二十四节气与农业关系,了解古人"因时而作"的智慧 2.认识微盆景主要造型方式;了解微盆景日常管理知识。学习现代化农业知识,认识科技在微盆景种植、培养中的作用,了解其他农业科技手段、设施 3.下地参与田间管理;在园艺师的指导下修建、造型、上盆;有微盆景作品呈现	1.对集邮有自己的见解,能以集邮为主题开展小论坛 2.至少有一本形式规范的集邮册,能根据主题进行集邮作品和邮品设计 3.学会写信封的格式并和他人有邮件往来	能够担任超市理货员、记账员、点算员等

以微盆景研学课程为例,基于研学目标可以安排如下内容。

【第一板块】学习微盆景知识

在劳动课上学习微盆景的相关知识:低年级初步欣赏关于二十四节气的图片,进行背诵比赛;中年级了解田间操作流程和技能要点;高年级能在此基础上了解现代农业知识。

【第二板块】盆景园实践

低年级欣赏班中生物角中的微盆景作品,前往慈园欣赏中高年级学生的作品并能向他人介绍自己喜欢的作品。中高年级可以前往校外劳动实践基地超艺花木专业合作社进行实地培训,通过先集中讲授后分组实践的方式,在园艺师的带领下实践相关的田间技能。中年级了解"挖土、种植、培土、浇水、施肥、拔草"等流程和技能要点;高年级掌握铲苗、修剪、装盆过程,能根据造型方式对苗木进行修剪,初具设计感,掌握初步的单枝苗木修剪造型。

【第三板块】拓展活动

分为日常养护和作品展评两部分。日常养护方面,在班中设立植物管理员,并实行轮换制,参与学校的微盆景养护。作品展览主要面向中高年级学生,根据主题进行微盆景上盆、修剪、造型,并将优秀的作品放于慈园进行展览,组织年段比赛,定期更换。

【第四板块】课程评价

研学评价注重过程性和终结性的统一,通过自评、他评、师评三方面展开,根据全程认真参与、注重合作、习得相关技能、完成相关作品进行评价,并登记到学生的校内研学记录本中。

校内研学课程的展开基于对校内资源的深入了解和统筹安排，以提升学生素养为大方向，设计适合学生开展的有利于学生成长的研学项目，是生命教育的重要一环。

（二）校外研学，外延博古通今

自研学活动放开以来，各种研学机构如雨后春笋般出现在人们的视野中，这样的情况有利有弊。以立德树人根本任务为引领，学校在甄别、设计研学活动时也分外用心，力求做到"因地制宜、因材施教"，巧妙地利用周边资源来丰富学生的生命体验，打造富有学校特色的校外研学活动。

学校的校外研学主要指向春秋两季展开的研学活动。秋季分年段分批走进慈城，如年糕博物馆、慈孝馆、冯骥才祖居博物馆、半朴园等，亲近传统文化，感受家乡之美，激发爱乡之情。而春季则走向宁波，如天宫庄园、杭州湾大众汽车厂、天一阁、植物园、宁波帮博物馆、达人村等，感受宁波"港通天下、书通古今"的风采。例如，"寻·导·追·创：利用博物馆资源开展小学传统文化教育的项目化学习"这一案例就从学校附近的慈城博物馆入手，利用"寻、导、追、创"四个步骤进行"慈城文化探究"的项目化学习，让学生从研学实践中感受家乡人文历史的华美厚重及中国传统文化的博大精深。

【第一板块】探寻慈城古镇的博物馆

该项目化学习以博物馆参观为切入口，因此，在活动伊始首先要引导学生利用节假日等课余时间，通过自由知识储备、网络搜索、请教他人等方式将慈城的博物馆以表格的形式进行了解。初寻过程重在激发学生的兴趣，构建其初步印象，对所要探究的事物有直观、大概的认识。在这一阶段还

引导学生去关注博物馆开放的时间及是否收费这两方面,既是为下一次的参观做好准备,也让学生初步感受到博物馆的非营利性及开放性。

【第二板块】利用任务单引导有效参观

不加引导的参观无疑是走马观花,是没有意义的,不能使学生们深刻感受和理解博物馆设计者的用心及其所展示的内容。因此,利用任务单的形式优化学生的参观,提醒学生及时记录,让学生带着问题前往、带着收获归来。

【第三板块】追问展品后的深刻含义

通过前期的探究,学生都能感受到博物馆中展示的内容和展出的物品都是富有特色,具有代表性的,是设计者精心准备的。追问展品后的深刻含义能够唤起学生的共鸣。而当再次回顾这些优秀的文化对于学习、欣赏者大多是免费的时候,很多学生十分感动,深切体悟"真正宝贵的物品都是无价的";同时,相对于手机 App 上错漏百出、材料嫁接、一过即忘、浪费时间的快节奏推送内容,博物馆显得格外安静,它们的内容经过锤炼,经得起推敲,常看常新,在走出博物馆后还能对当时所见感受深刻。

【第四板块】文创明信片展、寄

"创"这个环节是一种厚积薄发的过程,正是由于前期的积累才有了之后的延伸。经过前期"实践—指导—再实践—反思"的"积"的过程,学生对于博物馆,对于博物馆中的慈城文化有了自己的认识与见解,也积累了相关的图文素材。因此,这里主要进行了三个"发":第一,利用手机图文编辑软件制作一张特色明信片;第二,举办"明信片上的慈城"小型展览会;第三,展览结束后利用学校的"少年邮局"寄明信片给远方的亲友,和他们分享心中的最美慈城,也是向他人宣传慈城。文创明信片"设计、展示、寄件"的过程,也是学生对慈城博物馆、慈城传统文化的再咀嚼,是对学生综合能力的考验。

第六章

办学理念与学校办学再思考

　　"观念转变、行为跟进"是所有学校改革的基本路径。① 在"中·城"办学理念的引领下,中城小学着重从师资队伍、学校课程、学习环境以及学生发展四个方面入手,努力从行为上予以跟进。经过这几年的探索,目前中城小学已经将办学理念融入育人目标、课程管理、师资培养、德育实践、特色创建、文化建设等方面,也取得了一定的成效。回过头来对这一段基于"中·城"办学理念的学校办学探索进行阶段性反思,我逐渐认识到,基于办学理念的学校办学,尤为需要对以下三个方面进行深入思考。

　　首先,办学理念旨在办更好的学校。这回答了学校办学为什么需要办学理念这一根本问题。近代的教育史让我们看到,为了普及知识,传承、弘扬文化,培养适应社会需要的人才,学校教育起到了关键的作用。特别是工业革命以后,为社会培养大批量的具有一定工业知识和专业技术的劳动者,成为学校教育的主要目标。班级授课制的推进,统一的目标化管理、课程设置、师资培养等都在为这个目标而努力。在这个推进过程中,对学校管理者而言,如何改进学校,选择合适的角度统领校本改进工作,如何保障校本改

---

①陈建华.论中小学办学理念的提炼与表达[J].上海师范大学学报(哲学社会科学版),2020(4):70-77.

进的质量,至关重要。校长的办学也从摸着石头过河,依赖经验办学,逐步向依靠制度办学、基于理念办学迈进。经验办学把学校办学建立在校长个人教育教学积淀上,个性化色彩浓厚,主观性特征明显。制度办学需要建立大量的规章制度,通过条框式工业化产物去规范教育教学,规范师生,规范目标。曾经有学校也模仿企业的质量管理标准制定自身的质量管理标准,虽然在一定的历史时期,学校的各种规章制度对规范办学要求、规范教师的教和学生的学,乃至提升学校办学质量上能起到推动作用,但需要指出的是,教育不是工业流水线,师生不是工业产品,学校更不是工厂。正因为教育面向的是学生这类具有不同基因、不同个性、不同禀赋的有温度、有情感、有生命的个体,所以就注定了用统一的工业标准化去教育培养这样一群人,不会长远,不会办出优质的教育。教育对象的特殊性决定了学校与工厂的本质区别,也说明了学校的教育是因人而异、因地制宜的,也就是说每一所学校都是鲜活的个体,一千所学校就会有一千个样子、一千个教育追寻、一千个文化符号。

办学理念是校长在多年教育经历、教育理解和办学实践的基础上,逐步形成自己办学思想后,基于某所学校的特定教育思考、教育规划和教育目标提出的。办学理念并不是一成不变的,它不仅会根据学校所处的地域环境、文化传统、办学历史进行调整,更会随着时代对学校教育的要求不断发展。从这个角度看,办学理念具有地域特征和时代特征。党的十九大报告指出建设教育强国是中华民族伟大复兴的基础工程,必须把教育事业放在优先位置,加快教育现代化,办好人民满意的教育。而教育的优质均衡发展是实现教育公平的核心,更是办好人民满意的学校,更好地满足人民群众从"有学上"到"上好学"的美好期盼。这就需要我们对办学理念也要进行修正,进行再思考,"以人为本""五育并举""全面发展"等理念要成为校长办学理念修正或制定的重要参考,要能让学校的办学理念体现教育的基本规律,让学校教育回归本原,为学生的幸福成长与终身幸福奠基。只有在这样的办学理念的引领下,学校才有可能真正托起一个个孩子的未来。可以说,基于办学理念的学校办学,是当前学校管理的重要方向。

其次,办学理念离不开区域的支持。这回答了办学理念提炼的重要依据这一问题。办学理念不能脱离社会的发展,也不能脱离学校所在的区域。① 校长在接手一所学校,并基于自己的教育思想提出适合这所学校的办学理念时,肯定离不开对区域文化传统、教育资源等的分析、考量,因为这是办学理念在学校能否得到有效实践、发展并保持一段时间的稳定的重要保证。学校所处区域的地理特征、经济与文化发展状况、区域教育整体发展态势与行政管理特征等,都会直接影响学校发展,也是一所学校在提炼办学理念时不可忽视的方面。② 办学理念需要对区域已有的教育发展积淀,包括它在师资、课程、课堂、评价等方面的情况,以及隐性的传统文化、教育资源对学校办学的影响力进行衡量和把关。例如,广厦小学地处城乡接合部,周边的社区资源、企业资源丰富;宁镇路小学地处宁波的北高教园区,周围大学、高校林立;中城小学地处慈孝之乡,千年古镇慈城,各种名胜古迹、纪念场馆众多。学校只有充分关注并考虑了这些元素,才能让办学理念更加贴近学校实际教

---

①陈如平.如何提出和提炼学校的办学理念?[J].中小学管理,2006(10):4-6.

②徐志勇,高敏,赵志红.让学校诗意地栖居:办学理念的需求场景与凝练策略[J].中小学管理,2020(4):51-54.

育发展的需求,才能为学校教育找到无限的生命力,这样的办学理念才能真正落地,并得以融入、推进,也才能让办学理念在学校教育发展中保持相当长时间的稳定,确保学校教育在师资队伍建设、教学管理、特色创建、评价改革、文化推进中发挥长久而有效的作用。此外,校长还需要学习、研究和领会区域教育规划、政策、方案等隐性的教育支持。党的十九大以来,"双减"政策的推进,新课标新课程落地,以及新的评价改革、新的教学管理指南发布,都会引发区域对学校师资、课程、科研、教学管理等一系列的规划调整与推进政策出台。而这些区域性的教育目标,往往是地方政府重点推进的项目,给予的政策、资金等支持力度是很大的,也是区域中期教育规划的发展重点。例如,宁波市江北区 2019 年 10 月申报参评国家义务教育优质均衡区创建,之前就为城乡教育提质升级,推出了"一校一品""优学江北""名优教师强基计划"等一系列举措。中城小学抓住契机,不仅争取了建设资金,让百年老校再现新的精彩,还丰富了学校内涵建设,提升了师资水平和课程、科研实力。更重要的是代表江北区接受了教育部及各省市教育总督学们的现场考察评估,赢得了荣誉,奠定了全国乡镇学校优质教育典范的地位。这几年,来校参观考察的全国各地观摩团一批接一批,成为学校优质办学的重要展示窗口。这为中城小学的发展提供了有力的区域支持。所以,校长只有把握发展的脉搏,不断修正和丰富办学理念的内涵,才能在时代教育快速发展的当下引领学校发展。

最后,关注办学理念与校长教育思想的双向互动与共同提升。这回答了如何处理办学理念与校长教育思想关系这一问题。适切的办学理念,一定是在校长成熟的教育思想影响下形成的。而校长的教育思想是在一定社会文化的影响下,校长对办学方向、指导思想、办学原则、办学目标和办学途径等的系统认识,是校长自身对学校办学活动的根本价值的认识和行为取向标准。一个好的办学理念肯定来自三个方面:其一,校长自身的教育基础及其对教育的理解。苏霍姆林斯基曾说过:"首先是教育思想上的领导,其次才是行政上的领导。"也就是说,校长的教育智慧首先体现在学校教育哲学上,这是学校的灵魂,领航学校的发展方向。校长眼界和格局决定他思考的维度、高度,并以此衍生出校长个人的学生观、教师观、学校发展观、社会教育观。其二,校长自身的教育实践经历。确立办学理念的过程是一个实践过程,是一个不断探索、不断否定和否定之否定的辩证过程。实践出真知,办学理念是否符合学校实际和教育规律,最终还要靠实践来检验。因此,形成一个成熟的、系统的办学理念,关键要素就是校长要在长期的教育实践探索过程中不断修正和提升自己的教育思想,在实践中不断磨合自己对学校办学的理解,以及在此基础上对办学理念的认识。其三,校长自身不断修炼的过程。时代在变,学生在变,教育也在变,因此需要学校教育的管理者校长不断进修、培训,学习新知识、新理念,开展富有成效的课题研究、校际交流、办学实践。一个校长如果没有多年的成功教育管理实践和对区域教育环境、文化传统、教育观念的深刻认知,是不可能形成校长的办学理念的。于我而言,起初,通过管理方面的实践累积,尤其是在杭州市拱墅区拱宸桥小学挂职的经历中,受到王崧舟校长的影响,让我对办学理念有了一定的认识。这样的认识又反哺我后续的办学实践,直接体现就是我在广厦小学践行了"让每一个孩子获得最优发展"这一办学理念。在对后续实践的总结反思中,进一步加深了对办学理念的认识,同时也进一步推动了我的"生态教育"这一教育思想的形成。这是一个双向互动、螺旋上升的过程。在这个过程中,我的办学实践、办学思想以及办学理念都得到了丰富和迭代。

办学理念指导下的校长办学实践表面上看是校长的自主办学,但这与一般意义上的校长自主办学有巨大差异。校长自主办学更多是经验的复制,校长权力大,很多课程、课堂、师资和文化往往是一人说了算。校长的个性决定学校优劣,决定教育成败,决定学生发展。这样的自主办学往往会将学校办成"工厂",潜藏着危害。而赋予办学理念的校长自主办学那就是学校教育的终极目标,它是基于愿景,着眼未来的,是适合每一个孩子个性化全面成长需求的高品质教育。从这个角度讲,办学理念就是校长自主办学的灵魂。有了魂,才能推进优质教育,才能办出老百姓家门口的好学校,才能造就人民满意的优质教育。

附 录

老校歌

中城小学校歌

中速稍慢、有感情地   佚名 词曲

东 流 孝 水，西 望 宝 峰，

吾 校 适 居 城 之 中。

莘 莘 学 子，惟 明 惟 聪，

诚、谨、勤、俭 守 校 风。

西 彼 知 识，发 我 童 蒙，

小 学 教 育 何 郁 葱。

少 年 努 力，志 大 胆 勇，

得 与 溪 山 长 无 穷。

新校歌

中城小学之歌

1=G 3/4

热情、自豪地

俞广德 词
蒋贻德 曲

（歌词）

在那古镇怀抱的地方，
在那宝峰夕照的地方，

美丽的校园鸟语花香。童年在这里欢笑，
红砖的殿堂书声琅琅。知识在这里起跑，

理想在这里歌唱，我们心连着诚谨勤俭，让知识的
桃李在这里芬芳，我们走进了黑白世界，为智慧的

风帆乘风破浪。啦啦啦啦啦啦啦啦啦，
宝库开采矿藏。啦啦啦啦啦啦啦啦啦，

啦啦啦啦啦啦啦啦啦，百舸争流，相逢花季，
啦啦啦啦啦啦啦啦啦，星群闪耀，昌盛有期，

啦啦啦啦啦，相逢花季，
昌盛有期，

春风沐浴着我们苗壮成长。
阳光孕育着我们走向希望。

啦啦啦啦啦啦啦啦啦啦啦啦啦。

结束句　稍慢　（原速）

走向希望。

中城赋

　　天赐慈城,人杰地灵,南临孝水,北靠翠屏,千年古镇,儒学圣地。岁在甲辰,中城肇始,士绅姚任,义举兴学,文庙蒙校,培英树人,四乡八邻,负笈求学。先辈治学,力主革新,诚谨勤俭,求真尚德。

　　宝峰锁翠,慈湖师古,至于丁卯,应氏昌期,返乡探学,捐资重建,规模宏伟,独领风骚。朝观日出,暮看落霞,闲庭信步,百花妖娆,樟柏葱茏,傲霜斗雪,四时之景,美不胜收。

　　欣逢盛世,承继慈孝,日月星光,书声琅琅。黑白两子,纵横十九,以棋育人,实为大道。信芳京韵,弹指十载,生旦净丑,尽习国粹。莘莘学子,济济人才,星火荧光,薪传八方。

　　百年中城,校风清正,尚志崇文,勤学乐教,人怀懿德,座有春风,杏坛宏图,寰宇四海,家骥人璧,志比天高。

校长,应该做学校文化的首席传承人

　　本书应该是我关于校长办学理念践行与成长的第二本书。从1994年毕业到小学任教,迄今我已在教育岗位工作30年了。而自2000年任虹星小学校长,我在校长这个岗位上也已20年了。在这20年中,我有过茫然,有过摸索,但更多的是学习与思考,特别是从宁镇路小学的模仿办学,到广厦小学的理念办学,再到中城小学努力向思想办学迈进,我自己也在思考与实践中不断成长与丰满。办学理念孕育办学思想,而办学思想又能反哺指导我们的办学理念。正是在这种互相交织螺旋递进的过程中,校长才能不断开悟、成长。教育是一门关于孩子成长的有温度的艺术,而学校管理就要为这门艺术插上飞翔的翅膀。这里面校长是重要的决定因素,校长办学决定学校管理的高度与宽度,更决定教育的温度,而实际上这就是学校的文化符号、文化价值取向。所以,好的校长,首先应该做学校文化的首席传承人。

　　那么什么是文化? 文化就是以文化人,是一群人通过习得,对其所作所为和每件事物的意义共有的认识。它会潜移默化地影响着我们的学校生活和教育教学工作,特别是优秀的中华传统文化。文化里有故事,故事里有理念,有价值观,中城小学的孩子们就是在一个个优秀的中华传统文化故事中浸润与成长,我们的老师就是在一个个传统文化故事背景下传道授业解惑。

　　作为一所有 120 年办学历史的老学校,我的办学理念和实践,就是要更好地助力学校文化的传承与升华。因此,我就要先努力讲好学校文化故事,做学校文化的首席传承人,只有校长传承好了学校文化,才能让学校文化尽最大可能发出耀眼的光彩。2019 年10 月,宁波市江北区作为全国首批义务教育优质均衡区接受教育部督导评估,中城小学以乡镇学校身份接受来自教育部、各省教育厅领导们现场督查。正是我们厚重的百年历史文化和一个个引人入胜的教育故事,感染了他们,为江北区成功创建做出了自己应有的贡献,因为在每一个师生身上都有着"中城文化特质"。

　　弹指一挥间,我到中城小学工作已经整整六年了。从只闻其名、不见其神的旁观者,到深入校园,翻阅典故、查看史料,访谈老师、校友的参与者……我发现自己被深深感染的同时,也逐渐烙印上了中城的文化。回想自己走过的这段路程,在"传承与发展"的文化价值指引下,助力推进围棋、京剧、清廉、慈孝等教育进一步深化;红领巾鼓号队、"少年邮局"、整本书分级阅读、书法与传拓、综合评价改革等方面挖掘、引进、发展。在江北教育"各优其优,优优与共"的精神指导下,让校园美起来,让学生乐起来,让老师亮起来,让文化味浓起来,这是我和团队们一起努力的结果。我们希望通过对中城小学百年历史文化的梳理,对新时代历任校长办学精髓的提炼,把我们基于中城,深化"中·城"办学理念的思考、实践,进行一次系统的专业的总结和呈现,为中城小学的历史增加新的内容,当然这也是对自己办学理念指导下的办学实践的一次回顾。

　　本书虽然是由我用第一人称叙述,但是书中不少内容由我的管理团队一起帮助完成,特别是原副校长丁裕、校长助理俞宁、教科室主任徐红露。在前期的讨论中,他们参与资料搜集整理,一起撰写文字,统稿校对,做了很多的工作。此外一些骨干教师如周吉楚、王云聪、周彤栅、戚文文、沈婷婷、虞姣飞、武有贤、潘叶佩、冯冰峰等也积极参与,在此向他们的辛勤付出表示感谢。学校有这样一支敬业奉献、积极向上、博学多才的教师队伍,是中城的福气,更是学生的福气。这些年,中城管理团队为"中·城"办学理念的深化和践行,为学校文化的进一步积淀,恪尽职守,尽己所能,书中很多内容来自大家参与、经历的教育故事、文化舞台。

在书里,我不仅梳理了百年中城的历史文化,分析了一部分老校长的办学实践和成果,还结合自己 30 年的工作经历、20 年的学校管理成长史,同团队一起,从众多的校史材料和片段化的采访信息中,逐步梳理,线上线下反复讨论,最后由我确定整体框架。框架敲定后我们就开始了造血填肉的痛苦过程,大家通过研讨板块呈现内容,访谈相关的教师,筛选有效信息,文字撰写,校对勘误,最后经历了一年多时间才定稿。书中既有我对办学理念的实践思考,也有对中城办学理念的回顾,以及办学理念指导下的教师队伍建设、课程建设、空间文化建设、学生全面发展等方面的思考与实践。

本书得到了宁波大学汪明帅教授的指导,他对研究的认真态度和工作时的严谨作风给我和老师们留下了深刻的印象。如果说梳理积累,最后撰写成书是我和管理团队研究、思考、实践的收获,那么这个过程中一批中青年教师的理论水平、写作方式、研究能力的提升才是学校最大的收获。

最后,借此书出版之际,谨向所有中城小学的师生、家长、校友及关心、帮助、支持学校发展的领导、专家和朋友们表示衷心的感谢!对关心帮助我不断成长,并资助出版的宁波市江北区教育局表示衷心的感谢!

因为有你们,中城才更美好!

徐扬威

2024 年 3 月